親切的、活潑的、趣味的、致用的

實用歷史叢書

遠流出版公司

王的女人

邂逅政治的紅顏

《實用歷史叢書》

出版緣起

王榮文

・歷史就是大個案

《實用歷史叢書》的基本概念，就是想把人類歷史當做一個（或無數個）大個案來看待。

本來，「個案研究方法」的精神，正是因爲相信「智慧不可歸納條陳」，所以要學習者親自接近事實，自行尋找「經驗的教訓」。

經驗到底是教訓還是限制？歷史究竟是啓蒙還是成見？——或者說，歷史經驗有什麼用？可不可用？——一直也就是聚訟紛紜的大疑問，但在我們的「個案」概念下，叢書名稱中的「歷史」，與蘭克（Ranke）名言「歷史學家除了描寫事實『一如其發生之情況』外，再無其他目標」中所指的史學研究活動，大抵是不相涉的。在這裡，我們更接近於把歷史當做人間社會情境體悟的材料，或者說，我們把歷史（或某一組歷史陳述）當做

「媒介」。

・從過去了解現在

爲什麼要這樣做？因爲我們對一切歷史情境（milieu）感到好奇，我們想浸淫在某個時代的思考環境來體會另一個人的限制與突破，因而對現時世界有一種新的想像。

通過了解歷史人物的處境與方案，我們找到了另一種智力上的樂趣，也許化做通俗的例子我們可以問：「如果拿破崙擔任遠東百貨公司總經理，他會怎麼做？」或「如果諸葛亮主持自立報系，他會和兩大報紙持哪一種和與戰的關係？」

從過去了解現在，我們並不眞正尋找「重複的歷史」，我們也不尋找絕對的或相對的情境近似性。「歷史個案」的概念，比較接近情境的演練，因爲一個成熟的思考者預先暴露在衆多的「經驗」裡，自行發展出一組對應的策略，因而就有了「教育」的功能。

・從現在了解過去

就像費夫爾（L. Febvre）說的，歷史其實是根據活人的需要向死人索求答案，在歷史理解中，現在與過去一向是糾纏不清的。

在這一個圍城之日，史家陳寅恪在倉皇逃死之際，取一巾箱坊本《建炎以來繫年要錄》，抱持誦讀，讀到汴京圍困屈降諸卷，淪城之日，謠言與烽火同時流竄；陳氏取當日身歷目睹之事與史實印證，不覺汗流浹背，覺得生平讀史從無如此親切有味之快感。

觀察並分析我們「現在的景觀」，正是提供我們一種了解過去的視野。歷史做為一種智性活動，也在這裡得到新的可能和活力。

如果我們在新的現時經驗中，取得新的了解過去的基礎，像一位作家寫《商用廿五史》，用企業組織的經驗，重新理解每一個朝代「經營組織」（即朝廷）的任務、使命、環境與對策，竟然就呈現一個新的景觀，證明這條路另有強大的生命力。

我們刻意選擇了《實用歷史叢書》的路，正是因爲我們感覺到它的潛力。我們知道，標新並不見得有力量，然而立異卻不見得沒收穫；刻意塑造一個「求異」之路，就是想移動認知的軸心，給我們自己一些異端的空間，因而使歷史閱讀活動增添了親切的、活潑的、趣味的、致用的「新歷史之旅」。

你是一個歷史的嗜讀者或思索者嗎？你是一位專業的或業餘的歷史家嗎？你願意給自己一個偏離正軌的樂趣嗎？請走入這個叢書開放的大門。

目錄

序　當紅顏邂逅政治

感謝您閱讀本書。

成功的政治人物（在歷史上，他們通常是男的）往往不說一句廢話，不做一件錯事。但也有例外的時候，那就是當他們遇到怦然心動的女子。在心愛的女子和動人的愛情面前，政治人物的智商開始游離，偏離一貫的穩重、進取、凌厲和成功。畢竟，人不全是政治人物，政治不是人生的全部。愛情也是人類生活的重要內容。如果說成功的政治人物有什麼弱點的話，那麼情感世界的致命邂逅、左右支絀就是他們的軟肋。

因此，歷史上的政治人物習慣於隱藏自己的感情。他們裝出不食人間煙火的樣子，幾乎不談及情感。同樣，很少有史書記載傳主的感情經歷，如果難以避免，就寥寥數語一筆帶過，或者用春秋筆法隱晦地分散在各處。前人越是隱瞞，原本可以說清楚的事情就說不清楚了，後人就越有興趣，越要探究個一清二楚。

於是，中國人就產生了一個有趣的心理現象：一方面對情感內容非常敏感，興趣濃厚，八卦得很，一方面卻緊繃著臉，不好意思也很少公開交談這方面的內容。在中國歷史上也順帶產生了一個特殊的現象：由男性主導的政治史將男女共同出演的感情史幾乎排除得乾乾淨淨，似乎中國歷史主要就是政治鬥爭史外加經濟發展、社會變遷、自然演變的合體。女性和男女感情被掩蓋住了，埋沒了。其實，人們的感情貫穿於歷史始終。

我們可以稱之爲中國歷史上的「男明女暗」，男性主演的政治史是明的，女性主演的情感史是暗的；或者說它是中國「男尊女卑」歷史的反映。歷史上，女性地位低於男性是不爭的事實，不然爲什麼會在近代興起男女平等的呼聲呢？但像中國這樣男尊女卑的國家並不多。在西方，雖然女性地位也低於男性，可也沒少出女皇帝、女國王和女性貴族。君位出缺的時候，女性的繼承權也得到承認。

當然，男尊女卑在中國也有一個發展的過程，總的趨勢是女性地位越來越低。春秋時代，女性的身影在政治舞台上還很多。比如楚國的「絕纓大會」，楚莊王就讓愛妃出來斟酒犒賞將領。比如劉邦年輕時風流成性，與情人曹氏生了私生子劉肥。西漢建立後，曹氏的身分是公開的，朝野和嬪妃們都沒有異議。劉肥還被封爲齊王。到隋文帝的時候，獨孤皇后還可以在宮殿外監視丈夫處理朝政，發現不對的地方就公開斥責皇帝丈夫。這雖然是特例，也可證明女性在政治上還有相當的地位。

女性地位驟然下降恰恰是在隋唐時期。武則天成了前無古人後無來者的女皇帝，之後女性就被徹底清除出政治舞台，受到制度、道德各方面的束縛。纏足、「三從四德」等陋習似乎也是在這一時期興起的。比如楊玉環獨霸後宮——主要原因還是唐玄宗的寵愛，在享受盛唐的豐裕的同時也遭到了前所未有的譴責。人們把唐朝由盛而衰的原因歸咎爲楊玉環的媚主禍國。楊玉環最後被憤怒的禁軍士兵絞死了。其實放在漢代，楊玉環的行爲非常尋常，就是一個很普通的寵妃，連干預朝政都算不上——兩漢時期的后妃的言行那才是干政呢，帶動了外戚的興起，發展爲漢朝的政治癌症。

唐朝以後，女性被鎖到了閨房之中，多讀了幾本書認識幾個字就被認爲「失德」。之後也在不得已的情況下出現過幾個臨朝聽政的太后，不過前面都要垂張簾子。因爲男女大防，后妃的臉不能被大臣看到。那時候，男人如果對一個女子的臉看了幾眼就不得了。你如果不娶了那女子，人家可能一輩子都嫁不出去了。發展到明清時期，男尊女卑發展到高峰。最後一個垂簾的太后慈禧太后剷除了政治對手，已經事實上把持朝政了，也還需要大臣們討論出「太后臨朝」的章程來。更有拍馬屁的人千方百計從故紙堆裡搜索慈禧太后可以垂簾的證據和先例來。這從反面證明，大權在握的慈禧太后也受到了男尊女卑的束縛。

清朝滅亡後，慈禧遭到了一致譴責，不僅一般人大罵她，就是清朝的遺老遺少也指責慈禧干政是清朝滅亡的重要原因。所有譴責者都有一個潛在的認識，慈禧太后女人當國本身就是國家不幸。女子怎麼可能治理好國家呢？有一個貶義成語專門形容女主當國：「牝雞司晨」。古人認爲公雞報曉，母雞下蛋，是各自的職責。女主當國類似於母雞來報曉，不管能不能把國家治理好，本身就是國家失調、政治不當的表現。

與之相對應，男女情感在公開場合消失了。公開討論男歡女愛被視爲不道德的行爲，男女戀愛只能暗中進行。男女授受不親，中醫給女子診脈都只能懸著線進行，青年男女示愛的難度就可想而知了。門當戶對、父母之命、媒妁之言，甚至被視爲天經地義的「親上加親」等陋習，衍生了多少人間悲劇。社會風俗的演變，緣起於政治領域的考慮取捨。風俗強化後，反作用於政治領域。我們會發現，唐朝以後政治人物的「緋聞」隨之驟然降低。先秦和漢朝時期的許多男女故事、感情糾紛，到唐宋以後幾乎成了神話。

好在，我們還可以從正史、野史和前人的研究成果中搜索出若干中國政治人物的情感糾葛來，也爲帝國政治抹上一道鮮豔的玫瑰色。於是，就有了這本講述中國古代政治人物的感情糾結、內心掙扎和情感經歷，進而探討政治和情感關係的通俗讀物。本書的許多內容是人們耳熟能詳、衆說紛紜的歷史談資。我只是做了進一步的深入、資料遴選和講述演繹而已。

張程

二〇一五年十二月於朝陽水南莊

編輯室報告——假如王的女人也有臉書

爲增加本書趣味性，編輯室特別以西施、甄宓、陳圓圓、珍妃四位王的女人爲主角，設計了「臉書動態報報」。當然，書中提到的女主角可不只這些，會以這四人爲臉書設計主軸，主要是考量其知名度。讀者若在心中已對這四人有粗淺的認知或印象，看到刻意設計對白之臉書頁面時，也許能發出會心的微笑。

表面上，她們身處深宮大院，失去選擇愛情與自由的權利，實際上，她們眞的既「幽」且「怨」嗎？我們試著集合幾個時代相近的歷史人物，佐以一定程度的歷史聯想力，試著讓她們藉由「臉書動態報報」，表現出自嘲、哀怨或羨慕等情緒，栩栩如生，騰空而出，並不是埋在史料堆中的「深宮怨婦」。

「臉書動態報報」除了穿越時空，讓時代相近的歷史人物一起在臉書上互動外，還試著結合現代情境，於是「能作掌上舞」的趙飛燕想參加雲門舞集，三國時代的甄宓和南唐李後主一起寫詩紓悶……不但強化出歷史人物的個人特色，更能透過相互的留言，了解他們之間愛恨情仇的關係。更重要的是，希望能透過歷史人物的「臉書動態報報」，結合現代生活的元素，打破讀者「歷史＝背誦＋枯燥」的偏見，能輕鬆又自在的閱讀歷史，讓歷史走入生活。

西　施｜首頁｜尋找朋友

漢宣帝

西施您好，想問為何我最愛的許平君這麼早走，
我不愛的霍成君伴我最久，
但最後我卻和沒有感覺的王皇后終老？

讚　留言　分享

霍光

西施 這位施主，您不妨問一下「喬治先生的愛情診斷室」吧！

王皇后

漢成帝

西施妳別以為會捧心就了不起，有種就學趙飛燕
在我掌中輕舞！

讚　留言　分享

趙飛燕　班婕予

西施 你知道漢家天下就要落入王莽手中了嗎？

王莽

王莽 謝謝指教，一切依法辦理。

通知　全部標示為已讀　設定

夫差在**勾踐**的塗鴉牆留言：「寡人今日非常不悅，快進宮來嚐吾糞！」

陳阿嬌在**衛子夫**的塗鴉牆留言：「妳按讚的速度倒是很快嘛！」

漢宣帝說**喬治先生的愛情診斷室**粉絲專頁讚

衛子夫在**鉤弋夫人**的塗鴉牆留言：「還不趕快把拳頭打開，少在那裡裝模作樣了。」

趙飛燕說**雲門舞集**粉絲專頁讚

王莽發表「是時候好好運用我擅長的讖緯之學了」的新貼文

顯示全部

東施

西施姊姊，要怎麼皺眉跟捧心，才會像妳一樣美？

要先裝出一副楚楚可憐的樣子，眉頭要皺不皺，右手食指跟大拇指比一個手指愛心就行了

輸入訊息……

搜尋
西施
動態時報
關於
朋友
相片
更多
簡介
曾在諸暨擔任浣紗女
就讀越王勾踐復仇祕密學院
現居姑蘇台
來自江蘇諸暨
與范蠡的感情狀態是一言難盡
撰寫貼文
相片／影片
直播視訊
生活要事
今天又被自己美ㄒㄧㄥ
相片／影片
感受／活動
公開
發佈
夫差
西施！寡人要處死妳跟范蠡這個老小子！
讚
留言
分享
伍子胥
西施 大王饒命，臣妾一定是被盜帳號了，還請大王明察！
伍子胥
漢武帝
要是我的阿嬌老婆有妳一半溫柔美麗就好了！
讚
留言
分享
衛子夫
陳阿嬌 不精明幹練，難道要像鉤弋夫人一樣好傻好天真！
衛夫人
朋友
范蠡
夫差
勾踐
東施
看看你和朋友有哪些共通點。
查看

甄宓 | 首頁 | 尋找朋友

李後主

甄宓姊姊，這〈塘上行〉寫得真好，把妳的哀愁跟對曹丕的埋怨刻畫得入木三分。
唉唉……
「問君能有幾多愁，恰似一江春水向東流」。

讚　留言　分享

大周后、小周后

宋太宗 好詞好詞！來人啊，賜毒酒！

李後主 皇上饒命，臣不過是同時愛上姊妹以及被封為「違命侯」，但臣沒有反意啊！

韋后

呿！妳整天只為了男人神傷，倒不如學學我，想辦法奪權當政啊！

讚　留言　分享

武則天

唐中宗 妳我患難夫妻，不用奪權我也讓你掌政。

狄仁傑、唐玄宗

狄仁傑 皇上啊皇上 我雖自詡為「唐朝劉德華」還拍過「通天神探」，但我怎麼也想不到陛下會將李家天下拱手讓人！

通知　全部標示爲已讀　設定

甄宓說**曹植**的網誌「七步詩」讚。

曹植在自己的塗鴉牆留言：「我小弟連大象的重量都秤得出來，我這當哥哥的，還怕你這五步詩嗎？」

小喬在**孫吳馬廄**的塗鴉牆留言：「萌萌，站起來！」

小喬正在直播。

李後主在**汴京醫院**的粉絲專頁留言：「請問你們今天有夜診嗎？我喝了皇上御賜的牽機藥酒，現在肚子好痛，可以幫我洗個胃嗎？」

狄仁傑在**通天神探狄仁傑**的粉絲專頁上留言：「第三集再不上映，老子就帶兵抄翻長安東市與西市。」

顯示全部

王的女人 群組

大喬
怎麼突然直播了

小喬
我想讓百姓看看我彈錯音時，帥周瑜回頭的樣子啊！

哭哭

陛下已經好久沒找我了

輸入訊息……

GIF

搜尋

動態時報 | 關於 | 朋友 | 相片 | 更多▾

簡介

在失寵陣線聯盟擔任主席
現居鄴城
來自河北太極
與曹植交往中但一言難盡

朋友

看看你和朋友有哪些共通點。 查看

撰寫貼文 | 相片／影片 | 直播視訊 | 生活要事

陛下，今夜你會不會來，你的愛還在不ㄗㄞ

相片／影片　感受／活動　…

公開▾　發佈

曹植

嫂子，妳這豈不是要害死我？

讚　留言　分享

甄宓 我不用點激烈的手段，你哥怎麼會理我？

曹丕 植弟，這次你要五步成詩，不然就讓你五步成屍！！

甄宓發佈了一篇網誌。

塘上行

蒲生我池中，其葉何離離。 傍能行仁義，莫若妾自知。
眾口鑠黃金，使君生別離。 念君去我時，獨愁常苦悲。
查看更多

讚　留言　分享

曹植、李後主　曹丕

陳圓圓 ｜ 首頁 ｜ 尋找朋友

通知　全部標示爲已讀　設定

明熹宗在**李自成**的塗鴉牆上留言：「只會打仗的老粗，有種來比木工啊，看誰先用木頭做出板凳來」

東林黨在**魏忠賢**的粉絲專頁留言：「你這文盲居然也配當秉筆太監？」

左光斗說**方苞**的網誌「左忠毅公軼事」讚。

陳圓圓在**秦淮八豔**的粉絲專頁留言：「各位姊妹們，我得跟三桂前去雲南了，咱們有緣再相見了。」

魏忠賢在**東廠、錦衣衛大亂鬥**的塗鴉牆上留言：「點齊兵馬，今晚不抄翻東林黨，老子就不姓魏。」

李自成在**劉宗敬**的塗鴉牆上留言：「還不把陳圓圓這個小妮子給我抓來！！」

吳梅村

圓圓姊，我寫了首〈圓圓曲〉，還請您不吝指正！「鼎湖當日棄人間，破敵收京下玉關；慟哭六軍俱縞素，衝冠一怒為紅顏。……更多

讚　留言　分享

吳三桂

陳圓圓 好曲好曲！其中，我最喜歡「全家白骨成灰土，一代紅妝照汗青」兩句。

吳三桂 村弟，這首詩是寫來諷刺我的嗎……

吳梅村

韋小寶

圓圓嫂子，皇上派我帶建寧公主前往雲南跟平西王世子成婚，王爺繁忙，這邊先給妳通報一聲。

讚　留言　分享

建寧公主 皇兄放心，我們會做好監視吳三桂的工作。

康熙 妳這白痴，誰叫妳說出來的

尚可喜、耿精忠

建寧公主

我隨口說說 請王爺不要放在心上！

沒關係啦

他遲早要造反

！？真的假的

（我是韋小寶，借帳號）

輸入訊息……

搜尋

陳圓圓

動態時報 關於 朋友 相片 更多 ▾

簡介

- 在江南地區擔任秦淮八豔
- 曾在蘇州戲院擔任瘦馬
- 現居平西王府
- 來自蘇州
- 與吳三桂的感情關係是一言難盡

朋友

看看你和朋友有哪些共通點。 查看

撰寫貼文 | 相片／影片 | 直播視訊 | 生活要事

從蘇州到北京，再從北京到雲南，何處是是我歸ㄔㄨ

相片／影片 感受／活動 ⋯

公開 ▾ 發佈

吳三桂

圓圓，是我不好，讓妳在北京受苦，我來救妳了！

讚 留言 分享

多爾袞 多謝圓圓姐成全，讓清軍順利入關！

李自成

李自成 好一個「衝冠一怒為紅顏」

吳梅村

魏忠賢

聽說秦淮八豔賽神仙！
不知比起我那無緣的客氏如何？

讚 留言 分享

客氏

陳圓圓 聽說外頭都說您「九千九百歲」，不知比起那萬歲爺如何？

明熹宗

珍　妃　首頁　尋找朋友

通知　全部標示為已讀　設定

珍妃在**清朝皇太后**社團留言：「各位太后們，我新弄到了一台相機，來拍張大合照吧」。

咸豐在**電影〈慈禧祕密生活〉**的粉絲專頁留言：「找梁家輝演奕訢，未免也太看得起鬼子六了？」

慈禧在自己的塗鴉牆留言：「誰有耐用的珠簾？原本的垂簾聽政久了就壞了。」

包龍星在**李蓮英**的塗鴉牆留言：「恭喜李公公為國捐軀，我一定啟稟皇上將你風光大葬。」

珍妃在**北京胡同市集**的塗鴉牆上留言：「哪個攤子還有賣好一點的相機，我要自拍用的」

孝莊太后在慈禧太后的塗鴉牆上留言：「早知道妳這麼會管教晚輩，就叫妳分享幾招給我了」

顯示全部

孝莊太后

珍妃，妳跟董鄂妃倒有幾分神似，都一樣跟我們這些長輩處不好。順治那小子還因為董鄂妃病死要出家呢！

讚　留言　分享

慈禧太后

董鄂妃 幸好我是病死，不然被丟進井裡的，搞不好會是我。

冒辟疆 誰也不許動我的董小宛！

順治 有毛病是不是！董小宛比我大十幾歲，哪有可能是董鄂妃！你去殉葬吧！

玉銘

感謝珍妃幫忙，讓我這不識字的一介草民，也能買個官過過官老爺的威風。

讚　留言　分享

慈禧太后 厲害厲害，文盲也能當官，想必有過人之處。

光緒 啟稟母后，不認識字要當官的話，價錢會高一些，細節可能要問一下珍妃。

珍妃

玉銘

我只是想表達感謝

請珍妃別放在心上

你是白痴是不是？

買官還來留言，想害死我嗎？

輸入訊息……

GIF

搜尋

動態時報 | 關於 | 朋友 | 相片 | 更多

簡介

- 在皇宮內擔任皇帝最愛的妃子
- 曾在紫禁城擔任攝影師
- 現居紫禁城
- 來自滿洲鑲紅旗
- 與光緒穩定交往中

朋友

看看你和朋友有哪些共通點。 查看

撰寫貼文 | 相片／影片 | 直播視訊 | 生活要事

未雨綢繆，我得先把皇城中的水井都封起來，然後再去學游ㄩㄥ

相片／影片　感受／活動　…

公開　發佈

光緒

珍妃Baby，妳別理親爸爸，我一定會帶妳離開北京躲避八國聯軍！

讚　留言　分享

慈禧太后

李蓮英 萬歲爺豈不是沒將老佛爺放在眼裡！

光緒 我當然不放在眼裡，老佛爺是要放在心裡尊重的，像你這樣提個不停，是何居心？來人啊，賜李蓮英代替珍妃，丟到井裡去！

咸豐

光緒吾姪，珍妃這妞看來不錯，很合我胃口，可惜晚生了幾年。不然我一定立她為后。

讚　留言　分享

慈禧太后、慈安太后

浣紗女

西施、夫差、范蠡的愛恨情仇

清晨，「特特」的馬蹄聲打破了苧蘿山腳下的寧靜，透過輕紗般的霧靄，避開絲絲飄垂的柳枝，一位大夫騎著白馬來到小溪旁。靜靜的溪水邊有一位純潔美麗的少女，一頭飄逸的秀髮遮蓋不住清純的臉龐，一雙纖纖玉手在碧波中划蕩著層層舒展開的白紗。「多麼美麗的女子啊！」大夫的讚美聲驚動了浣紗的少女，她回頭看到了一位成熟英俊的大夫騎著白馬，緩緩來到跟前……這是越國大夫范蠡和浣紗女西施的第一次見面。范蠡發現了西施，並把她帶向了國都，帶上了吳越爭霸的歷史舞台。

諸暨有女名西施

一

西施姓施，傳說名字叫做夷光，世居諸暨苧蘿山。苧蘿山有東西兩個村子，施夷光住在西村，所以被叫做西施。意思是住在西村的施家女兒。西施父親賣柴，母親浣紗，家境貧寒，但天生麗質，傾國傾城，連皺眉撫胸的病態都被東村的鄰家女子仿效，還發生過「東施效顰」的笑話。

相傳西施在溪邊浣紗時，水中的魚兒被她的美麗吸引，看得發呆，都忘了游泳，「撲騰」一聲沉入了水底。於是，後世用「沉魚」來形容女子的美貌，西施也因此與王昭君、貂蟬、楊玉環並稱爲中國古代四大美女，成爲美的化身和代名詞。四大美女享有「閉月羞花之貌，沉魚落雁之容」。沉魚落雁閉月羞花，沉魚爲先；所以四大美女，西施居首。

當然這些都是後話，在當時西施只是村子裡若干浣紗少女之一，清晨踩著露珠去溪邊浣紗，吃飯時間踏著輕快的歌聲結伴回家。秀麗的美女，輕柔的細紗，純淨的溪水，三者在苧蘿山的美景映襯下動靜一致，多像一副美麗的山水畫。如果西施終生都在溪邊浣紗，倒不失爲平靜圓滿的一生。可是在那個村子旁響徹清脆馬蹄聲的上午，西施的美貌引起了路過的越國大夫范蠡的注意。西施的命運改變了。

范蠡找到了西施的父母，拿出「百金」，希望能夠帶走西施。

父母恭敬而惶恐地看著峨冠博帶的范蠡，又偷偷看看一旁的女兒。西施羞澀地低著頭，好奇地偷偷瞄范蠡幾眼，臉上漸漸出現了紅暈。父母見狀，狠心同意范蠡帶走西施。

范蠡默默表示感謝，他用平靜莊重的語言向兩位家長保證，一定照顧好西施，不會讓傷痕和痛苦出現在她身上。

就這樣，西施離開了故鄉。對於西施來說，她跟著一位成熟穩重、值得信賴的大夫離開了家鄉。西施對這位大夫還萌生了情愫。在西施的父母、鄉親們看來，渾身散發著鄉土氣的西施撞了大運，正在擁抱美妙的前途。

對於范蠡來說，他是爲了心中的一個宏大志向來完成國君勾踐交代的任務——儘管他也對純潔青春的西施暗生愛慕之心。可心中的志向讓包括范蠡在內的越國男兒們義憤塡膺、熱血沸騰。那就是：報國復仇！

范蠡不是越國本地人，而是楚國宛（今河南南陽）人。他出身平民家庭，卻志向不凡，老想做出驚天偉業來。春秋時候還是貴族政治當道的時候，當官辦事先看出身。才華橫溢的范蠡不管這一套，總喜歡指點江山品評人物，結果招人厭惡。范蠡在祖國處處碰壁，還被同胞看成是瘋子，覺得在楚國沒有出頭之日了，便離開了楚國來到越國。到了越國，范蠡沒有馬上高調地指點江山，而是出奇地沉寂了幾年。就像潛伏的獵豹等待獵物出來一樣，范蠡也在靜候機會的到來。

越國和北方鄰國吳國是夙敵。周景王二十六年（公元前四九四年），吳王夫差與越王勾踐在夫椒（今江蘇太湖中的洞庭山）決戰。勾踐大敗，只帶著五千殘兵敗將逃入會稽山。

越國到了危急存亡時刻，范蠡卻認定這是自己大展宏圖、施展平生抱負的大好時刻。范蠡在勾踐窮途末路之際投奔麾下，獻上了「卑辭厚禮，乞吳存越」之策。這無異於雪中送炭，勾踐依計而行，忍氣吞聲卑躬屈膝地向夫差投降討饒。夫差提出了苛刻的條件，包括懲罰性的賠款、越軍解散、吳國監督越國行政等等，還要求勾踐去吳國當人質。議和後，勾踐心灰意冷，范蠡又向勾踐慷慨陳述「越必興、吳必敗」，建議「屈身以事吳王，徐圖轉機」。於是，范蠡被拜爲上大夫，陪同勾踐夫婦在吳國做了三年奴隸。他忍受了常人難以忍受的屈辱、艱難和困頓，還要時常勸慰一同身處逆境的勾踐夫婦：「忍以持志，因而礪堅，君后勿悲，臣與共勉！」疾風知勁草，板蕩見忠臣，范蠡由此成了勾踐的股肱之臣。三年後歸國，范蠡與同樣從楚國逃到越國的文種擬定興越「滅吳九術」。

這「滅吳九術」和西施的命運息息相關，究竟是什麼內容呢？第一是要有越國必勝的信心。第二是贈送吳王奢華財物，既讓吳國信任越國，疏於防範，又讓夫差習於奢侈，喪失銳氣。第三是先向吳國借糧，卻用蒸過的大穀歸還。夫差見越穀粗大，就發給農民當穀種，結果第二年長不出稻穀，導致吳國大饑。第四是贈送夫差美女，讓他迷戀美色，不理政事。第五是向吳國輸送能工巧匠、巨石大木，引誘夫差搭起宮室高台，空耗國家財力民力。第六是賄賂吳王左右的奸臣，敗壞吳國朝政。越國選中的奸臣是伯嚭。第七是離間夫差和忠臣的關係。這個忠臣主要是伍子胥。第八是越國積蓄糧草，充實國力。第九是鑄造武器，訓練士卒，尋找機遇攻吳滅吳。文種和范蠡在吳越爭霸過程中，提出了一整套現實到驚人、坦白得不能再坦白的外交計畫，可以說到了不擇手段的地步。千年後義大利的馬基雅維利如果能夠看到文種、范蠡的思想和實踐，一定會認爲發現了遠古的知己。

在宏大計畫中，進獻西施軟弱夫差和勾踐在吳國違心品嚐夫差的糞便一樣，只是一個小戰術而已。

二

西施就是在這股報國復仇的大潮中，跟隨范蠡，來到了越國的都城會稽（今浙江紹興）。

西施看到的會稽城是一座蠢蠢欲動的火山。吳國不允許越國的首都有防禦設施，會稽城就只有城牆而沒有城門，城裡的越國人都枕戈待旦。駐留會稽負責監督越國的少數吳國人能明顯感受到越國的仇視情緒，儘管在越國人表面上都對吳國畢恭畢敬。越王勾踐帶頭臥薪嘗膽的故事就不用說了，根據南北朝時期的《拾遺記》卷三記載，當時越國執行了一套無所不用之極、現實到驚人程度的復仇計畫：

越謀滅吳，蓄天下奇寶、美人、異味進於吳。得陰峰之瑤、古皇之驥、湘沅之蟬。殺三牲以祈天地，殺龍蛇以祠山嶽。矯以江南億萬戶民，輸吳為傭保。越又有美女二人，一名夷光，二名修明，以貢於吳。

最後一句說到的兩個美女，「夷光」就是西施，「修明」則是另一個美女鄭旦的別名。越國挑選了許多美女，最後選中她們兩位進行培訓。

西施以爲是跟隨范蠡出來過好日子的，不想卻要接受早已安排好的角色，去吳國充當美女間諜。這不是年少的西施預想的生活。范蠡平靜而鄭重地向西施述說吳國的罪惡、越國受到的摧殘，說到越軍大敗君臣受辱時范蠡強忍著熱淚，說到全民動員勒緊褲腰帶復仇時范蠡語氣卻變得堅毅了許多。按照他的邏輯，復仇大業人人有責，西施身爲越人就應該爲國付出。說到這的時候，范蠡的心隱隱痛了一下。一開始，他是抱著尋找美女間諜的目的找到的西施。西施的青春美貌，讓范蠡猶豫了，是否要讓這麼純潔無邪的少女執行那麼骯髒罪惡的任務呢？若干的猶豫最後被熱切的復仇激情制止了，范蠡被自己的說辭說服了：報國大業，人人有責，況且捨身取義也是一件光榮的事。

其實，范蠡是被自己雄心勃勃的個性說服了。他認定西施能幫助自己建立名垂青史的功績。

范蠡的眼淚、懇切和愛國，傳染給了西施。她相信范蠡，才孤身一人走出鄉村。她更相信成熟穩重的范蠡能給自己美滿的未來。相處的日子裡，西施慢慢喜歡上了范蠡。范蠡說要向吳國報仇，西施就相信要報仇；范蠡說報仇是每個越國人的責任，西施就認爲自己也要爲復仇大業做出犧牲。只是，范蠡要求西施做出的犧牲是不是代價太大了呢？不過，既然范蠡熱切地希望自己去做，既然國君和范蠡他們認爲自己的犧牲能產生巨大的成果，西施就懵懵懂懂地答應了下來。

其實，西施是被心中對范蠡的信任、崇拜和愛慕之情說服了，一半被迫一半主動地投身於遙遙無期的復國大業。

巴爾扎克認爲：「人生的最高目的，男人爲名，女人爲愛情。」范蠡和西施的抉擇就是一個注腳。

越國開始了對西施、鄭旦兩人的「包裝」。要讓鄉村女子成爲驚豔宮廷的美女，只是美貌是不夠的，還要經過嚴格的儀態和禮儀訓練。兩年後，西施從浣紗女蛻變成修養有素的宮女，一舉手，一投足，均顯出體態美，待人接物，十分得體。再配上華麗適體的宮裝，西施一出，周邊一切黯然失色，旁人無不歎爲天人。

范蠡看著西施完成了蛻變。每當訓練中的西施看到范蠡，露出微笑，有禮貌地行禮的時候，表面平靜的范蠡心中都不是滋味。他已經四十歲了，西施的年紀不到他的一半。可范蠡心中彷彿有許多話要對西施傾訴。西施越美麗，范蠡想告訴她的話就越多。看到西施後，范蠡又不知道說什麼了。發現西施、挖掘潛質、培訓儀態，這些都是范蠡安排好的。他設計好了一條通向歷史偉業的道路，怎麼能半途而廢，自己阻攔自己計謀的實施呢？

西施依然淺淺地笑著，看著范蠡。范蠡遠遠地關注著西施的訓練進度，忙著政務。

準備停當後，西施、鄭旦被當作貢品進獻給了吳王夫差。夫差驚訝於兩人的美貌，立即「笑納」爲妃子。「朝爲越溪女，暮作吳宮妃」（王維〈西施詠〉），西施實現了地位的突變。

然而，前方道路對西施意味著什麼呢？她喜歡這樣的人生安排嗎？

姑蘇迷蒙

一

勾踐、范蠡君臣要對付的吳王夫差，也就是西施的君主，曾經是一位傑出的有志青年。

夫差即位後，重用老將伍子胥，操演軍隊，第二年就大敗越國，迫使死敵越國臣服於吳國。之前，吳越爭鬥了幾十年，夫差的父王闔閭因爲對越戰爭慘敗生病而死。夫差不僅報了父仇，還勝利解決了吳越宿仇，創建了一份不小的功業。可他還不滿足，還開鑿了連接長江和淮水的運河，叫做邗溝。這條運河打開了東南地區通向宋國、魯國的水道，爲吳國進逼中原做了準備。夫差的眼光已經超越了東南的吳越地區，開始注意中原大地了。不斷的成功讓夫差自信心滿滿，認定自己文武出衆、吳國兵強馬壯，可以逐鹿中原爭當霸主了。

就在夫差志得意滿要追求更大功業的時候，謙卑的越國送來了西施等美女和金銀珠寶等貢品。夫差接受了。

夫差對越國越來越放心。越國的軍隊被打散了，城池被拆除了，每年還被動、主動地向吳國繳納沉重的貢賦，哪裡還有能力造反？這不，越國君臣再三搖尾乞憐，一再討好自己，不就是他們怯懦虛弱的表現嗎？

至於西施，夫差想當然地以爲是越國送來的一位美麗而天眞的少女。夫差正好需要美女和珍寶。即位以來，夫差終日忙於政務、南征北戰，太累了，需要休息。年輕美麗又溫柔聽話的西施在一個非常恰當的時刻，進入了夫差的眼裡，一下子俘虜了夫差。天底下竟然有這麼美麗的女子！夫差在驚嘆之餘，慶幸自己是個成功的君主，威震東南，才能配得上天下絕色。夫差覺得，西施和她背後的奇珍異寶是對自己已經取得的成績的嘉獎，也是對之後作爲的鞭策。

夫差坦然享受了越國進獻的財富，又拿出吳國的國庫積蓄來營建宮室，安置美女，供自己享用。夫差非常寵愛西施，想方設法地爲她提供奢華的生活，在姑蘇建造春宵宮，築大池，池中設青龍舟，長時間與西施嬉戲，又爲西施建造了表演歌舞和歡宴的館娃閣、靈館等。據說西施擅長跳「響屧舞」，夫差就專門爲她築「響屧廊」，排列數以百計的大缸，上鋪木板。西施穿木屐起舞，裙繫小鈴，舞蹈起來鈴聲和大缸的回響聲，「錚錚嗒嗒」交織在一起。夫差很自然地陶醉在如夢如幻的情景中，專寵西施。

說夫差因爲享受而「妖惑忘政」，其實並不準確。夫差將大量時間和精力投入到享受沒錯，動用國力徵發徭役爲西施大興土木也沒錯，但夫差並沒有放棄政務，放棄追逐更大的目標。邗溝在修建，吳國軍隊密切關注著中原局勢，夫差也在琢磨著如何登上春秋霸主的寶座。姑蘇台和西施，只是夫差休憩的地方，是他對自己之前努力的犒賞。雖然他對西施投入的感情是眞的，雖然這樣的犒賞顯得那麼奢侈，但夫差覺得値得。

重臣伍子胥多次勸諫過夫差，提醒他吳國的國力和個人的精力都是有限的，要把有限的力量投入到宏大的政治志向上去。可惜夫差不接受忠言。許多後人將伍子胥之後被夫差賜死當作是夫差從貪圖享受墮落到昏庸無能的重要證據。實際上，夫差因爲伍子胥的屢次逆顏勸諫很不滿，但伍子胥的死主要是「通敵」導致的。吳國要稱霸，必然要打敗北邊強大的鄰國齊國。伍子胥竟然把兒子送到齊國去寄居！在越國收買的吳國大臣們的聯合攻擊下，被誣陷爲叛徒內奸賣國賊，最後被信以爲眞的夫差勒令自殺了。

在這裡，夫差所犯的不是沉迷女色的錯誤，而是許多政治家取得成功後常犯的錯誤：盲目自大，好大喜功。

二

吳國的首都姑蘇就是現在的蘇州，是個溫秀清麗的地方，完全配得上西施這位絕世美女。

客觀的說，西施在吳國首都姑蘇的生活可能是她一生中最優逸、最受寵、最高貴的時光。

西施過著讓鄉間女伴們夢寐以求的生活：衣食無憂，生活安逸，還有一個百般寵愛她的丈夫——夫差。但是西施並不快樂。因爲和絕大多數女子不一樣，西施不能自由自在地生活，她生活在虛僞的歡樂之中；她沒有眞愛，她離已經占據心房的白馬王子越來越遠了。夫差是非常不錯的丈夫，卻不是她心愛的丈夫，可西施必須爭取天天和夫差在一起，用美色和歌舞麻痹夫差，讓他更加寵愛自己，因爲這是她的任務。

這個任務不是靠跳舞撒嬌就能完成的。既要讓夫差感受到自己的魅力，又不能顯露出「媚君禍國」的樣子，裝出在政治上的無知，裝出對國家大事毫無興趣的樣子，免得智商並不低的夫差疑心。更讓西施心力交瘁的是，她還要應付錯綜複雜的後宮爭鬥。西施集千百寵愛於一身，那就是多少人的眼中釘肉中刺啊！和西施一樣來吳國執行任務的鄭旦就在長期的冷落中鬱鬱而終。柏楊先生在他的《皇后之死》一書中這樣寫道：

兩位美女沒有辜負她們所受的長期嚴格訓練，進宮後不久，就把吳王宮的其他得寵的漂亮小姐，統統擠掉；把吳夫差先生吃的死脫。不過，兩位美女之間，西施與鄭旦，美貌相同，生活背景相同，所受的教育相同，可以說沒有一樣不相同。可是，在吳夫差先生色迷迷的尊眼裡，卻有了差異，大概西施女士的調調正適合他的調調，他就也特別寵愛西施。相形之下，鄭旦女士就感覺到寂寞，美麗的女孩子最悲痛的是受到冷落，過了一年，她竟憂鬱而終。吳夫差先生難過了一陣，把她安葬在黃茅山，立廟祭祀。嗚呼，鄭旦女士這種下場，使人疑問叢生，可能兩位同是越國的美女發生內鬥。然而，無論如何，西施女士名傳千古，而鄭旦女士卻與草木同朽，默默無聞。

當年朝夕相處學禮、同時來到吳國的好姐妹就這樣撒手人寰了。她的死多少和自己有關。西施的孤寂、內疚，可想而知。之後的時光中，西施只能孤獨地生活在異國宮廷中，把眞實想法深深埋入心底。

在山陵上修建宮殿，也許是爲了能夠眺望南方的家鄉；常常去姑蘇城南遊玩，也許是爲了拉近和家鄉的距離。西施的家鄉在遙遠的南方，那裡有她的父母親人，還有范蠡。

留在越國的范蠡在忙碌地應付吳國、發奮圖強的間隙，也常常想起被自己葬送幸福的西施。從反饋回來的訊息看，西施等人的任務完成得相當不錯，可范蠡老在想如果西施沒有去吳國，或者自己當天遇到的不是西施，這個美麗純潔的女孩如今會是什麼樣子呢？有否婚配？是否每天清晨還在溪邊浣紗？

想的次數多了，范蠡告誡自己說，政治鬥爭原本就要讓道德和軟弱走開。爲了報國復仇，西施的犧牲是應該的，也是光榮的；爲了追逐內心的夢想，范蠡也應該把西施送入吳國。如果想早日見到西施，那就發奮進取爭取早日滅亡吳國吧！

江湖過眼

一

公元前四七三年的冬天，吳國首都姑蘇城被奔襲而來的越國大軍攻破。夫差自殺，吳國滅亡了。

在吳國的最後幾年，西施的生活更加壓抑。吳越爭霸的天平向越國傾斜了，而夫差還在熱衷與中原諸侯爭鬥，常年奔波在外；被夫差的享受和宏圖大業折騰得筋疲力盡、民不聊生的吳國社會普遍視西施爲禍國災星。吳越大小戰爭不斷，姑蘇城內動盪不安。西施連表面的安逸和享樂也失去了，心情陷入無邊的黑暗中。

不知道夫差在生命的最後時光中，有沒有懷疑西施？或許他東奔西跑，忙得焦頭爛額，已經無法看破越國的詭計了。

隨著吳國灰飛煙滅，西施彷彿也跟隨吳國沉入了歷史的深淵，不知所蹤了。

離西施時代很近的墨子在《墨子．親士》篇中提到：「是故比干之殪，其抗也；孟賁之殺，其勇也；西施之沈，其美也；吳起之裂，其事也。」歷史學界認爲這可能是關於西施最早的紀錄。「沈」和「沉」兩字在先秦古文中是互通的。有人據此認爲，西施在吳亡後被淹死了。

具體是怎麼個淹法？後人衆說紛紜。後漢趙曄的《吳越春秋》的逸篇說「吳亡後，越浮西施於江，令隨鴟夷以終」。「鴟夷」是裝屍體的皮囊。西施被越國裝入皮囊，沉到水底淹死了。那麼問題又來了。吳國被滅亡了，越國人爲什麼要溺死了有功之臣西施呢？《東周列國志》說西施是被越王勾踐的夫人殺死的。因爲勾踐從姑蘇凱旋，把西施帶回了越國。越王夫人認爲西施是「亡國之物，留之何爲」——八成是這位越王夫人害怕西施威脅自己的地位，就讓手下把西施誘出，綁上大石沉入江中。在這裡，西施被認爲紅顏禍水，是政權的不祥之物，只能得到沉江被殺的命運。還有民間傳說認爲西施是被憤怒的吳國百姓殺死的。吳國滅亡後，百姓們遷怒於西施，認爲是這個越國來的狐狸精勾引吳王，導致吳國滅亡的。於是，吳國百姓們用錦緞將她層層裹住，沉在揚子江心。這其實是「紅顏禍國」說的另一個翻版。《東坡異物志》記載：「揚子江有美人魚，又稱西施魚，一日數易其色，肉細味美，婦人食之，可增媚態，據云系西施沉江後幻化而成。」似乎可以做爲西施被淹死在長江裡的一個佐證。

西施葬身江底的說法是第一種說法，而且很有市場。後世文人在題詠西施時紛紛採信此說。比如李商隱曾作〈景陽井〉絕句一首，雲：「景陽宮井剩堪悲，不盡龍鸞誓死期。腸斷吳王宮外水，濁泥猶得葬西施。」稍晚的詩人皮日休也有〈館娃宮懷古〉第五首：「不知水葬今何處，溪月彎彎欲效顰。」美人已去，芳蹤難覓。紅樓中同為苦命人的林黛玉曾寫下〈西施〉一詩，認為葬身江水是西施最好的命運：

一代傾城逐浪花，吳宮空自憶兒家。
效顰莫笑東村女，頭白溪邊尚浣紗。

吳亡後西施去向的第二種說法是越王勾踐喪盡天良，竟在西施歸國當晚就要她「伴寢」，也就是要把西施占為己有。不得不說，越王勾踐除了臥薪嘗膽的一面外，人品很差，是那種只能「共患難」不能「同富貴」的小人。如果讓西施委身夫差還有為國復仇的精神激勵，現在讓西施伴寢就完全是為了滿足勾踐的淫欲了。西施自然不願意陪勾踐睡覺，最後以「不能伴寢」的「抗君之罪」被勾踐處死。

第三種說法則給西施安排了一個安逸平凡的後半生，說西施在吳亡後返回諸暨故里，重過平民百姓生活。可好事的傳說者又根據初唐詩人宋之問的〈浣紗〉詩「一朝還舊都，靚妝尋若耶；鳥驚入松網，魚畏沉荷花」的內容，說回到故鄉的西施在一次浣紗時，不愼落水而死。可惜這種說法很少有人提及，流傳有限。

二

有關西施去向的第四種說法流傳最廣。它和范蠡有關。

不願意西施悲慘死去的人們考證出「西施之沈」中的「西施」並非特指越國的西施，而是在春秋戰國時期對美女的一個泛稱。也有人驚喜地發現，「鴟夷」除了包裹屍體的袋子的意思之外，還有另外一個意思。范蠡曾經自號「鴟夷子」，那麼這裡的是「鴟夷」會不會是指范蠡呢？如果是，那麼原本以爲西施被裝在「鴟夷」裡沉到江裡淹死了，現在就應該解釋爲西施隨著「鴟夷子」范蠡浪跡江湖去了。

明朝梁辰魚寫的《浣紗記》就描繪了一幕英雄美人歸隱江湖的情景。滅吳後，范蠡功成隱退，攜西施泛舟而去。范蠡與西施的因緣，最後通過范蠡之口說的是：「我實脣殿金童，卿乃天宮玉女，雙遭微譴，兩謫人間。故鄙人爲奴石室，本是夙緣：芳卿做妾吳宮，實由塵劫。今續百世已斷之契，要結三生未了之姻，始豁迷途，方歸正道。」按照《浣紗記》的說法，敢情西施和范蠡的情緣早在天上就修成了，他們是下凡美夢成眞來的——儘管情節曲折了點，西施的付出慘重了些。

這個結局很符合中國人的感情要求，得到了廣泛傳播。京劇、漢劇、川劇、滇劇、秦腔、越劇、婺劇、黃梅戲、楚劇等劇種有關西施內容的劇碼，雖然劇情各有千秋，男女主人公的結局都沒有離開《浣紗記》描寫的基本框架。有關西施與范蠡雙宿雙棲的說法在文學作品中出現最多。李白就說西施「一破夫差國，千秋竟不還」。蘇東坡則寫得更明白：「五湖問道，扁舟歸去，仍攜西子。」兩位大文豪都認爲范蠡、西施這對愛侶駕一葉扁舟，優游五湖而逝。

第四個結局之所以廣泛流傳，還有一個原因是范蠡的確是滅吳之後歸隱江湖了。從歷史眞實性上來說，這個結局有一半起碼是站得住腳的。

越國滅亡吳國後，范蠡覺得自己處於非常不妙的環境中。一方面，他是滅吳的大功臣、策畫者和主要執行者，在國內聲望很高，功高震主；另一方面，我們已經知道越王勾踐是一個狹隘自私的小人，范蠡很自然遭到了勾踐的猜忌和提防。於是，范蠡主動選擇了功成身退，保全自身。當年，范蠡從楚國逃到越國，就是希望能施展才華實現抱負，現在已經證明了自己的價值。東南的局勢平定了下來，對喜動不喜靜、渴望創業的范蠡來說，越國也已經不是最好的停留地了。所以他離開越國，前往了北邊的齊國。到了齊國，范蠡寫信給老朋友、老同事文種說：「蜚（飛）鳥盡，良弓藏；狡兔死，走狗烹。越王為人長頸鳥喙，可與共患難，不可與共樂。子何不去？」文種沒有范蠡那麼看得開，選擇了留下，最後被猜忌他的勾踐殺了。

在齊國，范蠡自號「鴟夷子」，帶領家人和跟隨者辛苦勞作，成為了巨富。據說，齊國君臣和百姓見了，推舉范蠡做了丞相。范蠡勉為其難，治理了幾年齊國取得成績之後，又覺得平靜的生活不適合自己冒險的個性，再次掛冠而去，來到了陶地。陶地交通發達，范蠡積極開展商貿，多年後成為天下巨富，被稱為「陶朱公」。

假設西施後半生跟隨范蠡浪跡天涯，想必她也度過了豐富多彩卻缺乏史料記載的後半生。但是，從感情上來說，西施算不上幸福。她依然在選擇個人生活上沒有絲毫主動權。范蠡的個人意志非常強大。他離開越國，不是因為冒險保護西施，帶著西施平安生活而掛冠而去；而是為了個人安危，避禍出逃。在齊國，范蠡又因為心中激蕩不安的激情又一次選擇遷徙。正如西施對是否要去吳國沒有選擇權一樣，她的後半生也沒有選擇權。范蠡在做這些事情上有多大程度考慮了西施的感受，後人不得而知。

做為一名政治人物，西施是成功的；而做為一個女人，西施是失敗的。她短暫的一生與夫差、范蠡聯繫在一起，前者給她帶來虛假的華榮，卻伴著眞正的恥辱；後者給了她不可靠的愛情，卻伴著眞正的痛苦。

三

在整個吳越爭霸的大局中，西施僅僅是一枚極小的棋子，作用有限。她的感情經歷非常惹人同情，卻如風中柳絮，閃過人眼就消失得無影無蹤了。

那麼西施在夫差身邊起到多大的作用呢？我們且不說西施不能向越國透露吳國機密，更不說西施沒能操控夫差離間吳國君臣，單單在迷惑、軟化夫差方面，西施的作用也很有限。夫差沒有向西施透露國家機密，更沒有讓西施參與朝政，而且在臣服越國後依然保持著昂揚的政治鬥志和精幹的政治智慧。吳國國際地位持續提高。西元前四八二年，吳王夫差約晉定公、魯哀公等中原諸侯到黃池（今河南封丘縣西南）會盟。在黃池，偏居東南的吳國在夫差的成功操作下獲得了天下霸主的地位。在「滅吳九策」的作用下，吳國的國力的確下降了，但吳越兩國的實力對比並沒有一邊倒。衰落的吳國和崛起的越國的實力對比相去無幾。從西元前四八二年勾踐趁夫差北上爭霸，傾巢而出，偷襲吳國開始，一直到西元前四七三年，越軍採取了長期圍困戰術，攻陷姑蘇為止，吳越的爭霸持續了十年。因此不能說臥薪嘗膽的越國實力遠超過吳國。越國勝得也很艱難。

西施在政治上僅僅是讓夫差誤信越國的忠誠，對越國疏於防範的道具之一。因為西施是女兒身，因為她柔弱的身軀承擔了不平常的經歷，所以吸引了後人不斷猜測，留下了諸多的議論。有否認西施存在的，有拔高或者低估西施作用的，有提出「紅顏禍國」言論的，有將道德指責加以政治鬥爭之上的。唐朝詩人羅隱曾有〈西施〉詩一首：「家國興亡自有時，吳人何苦怨西施。西施若解傾吳國，越國亡來又是誰？」家國興亡成敗是各種複雜因素綜合作用的結果。吳國滅亡是各方面矛盾激化爆發的結果，而不應歸咎於西施個人。將一國的衰亡歸結為個體的美色，是為亡國君臣擺脫責任的托辭。「西施若解傾吳國，越國亡來又是誰？」如果西施忠誠吳國，後來越國的滅亡又能怪罪於誰呢？在歷史大勢面前，個人的作用畢竟是有限的。羅隱的評論可謂公允。

如今，西施已經隱沒在江湖上超過兩千年歷史了。她逐漸成為了一個傳說，一種文化資源和東南子弟童年的記憶。凡此種種，為西施的故事平添了無數情趣。「西施浣紗，要有紀念地，東晉大書法家王羲之一題字，浣紗石就此確定下來。西施從越國到吳國，是怎麼走的？一路之上，也就出現了不少與之相關的風物：嘉興的西施妝台、德清的馬回嶺……便令人有了無限遐想。到了吳國都城姑蘇，文章自然更得做足，於是在蘇州靈岩山一帶，館娃宮、西施洞、響屧廊、香水溪、脂粉塘、百花洲、錦帆涇等一連串地名也都紛紛出現。甚至還出現了許多以西施命名的物產，諸如西施魚、西施舌、西施乳、西施藕、西施花、西施銀芽（茶）、西施豆腐（菜肴）、西施襆綢等，而且往往又有與之相應的傳說流布。」

史實只允許一說，傳說卻可以肆意蔓延。拋卻西施身上的恩怨悲喜，如今的紀念和傳說可能是西施最好的歸宿。

金屋嬌

陳阿嬌與漢武帝的金屋夢碎

漢武帝劉徹一生深深愛過四個女人：年幼的劉徹就揚言要娶表姐陳阿嬌為妻，還要蓋一座金屋子把阿嬌藏起來，最終陳阿嬌卻被貶長門宮憂鬱而終；第二位皇后衛子夫家奴出身，深得劉徹寵信幾十年，最終卻以三尺白綾自縊身亡；李夫人因為一句「北方有佳人」而集三千寵愛在一身，卻紅顏薄命，家族傾覆；鉤弋夫人陪伴了晚年的劉徹，並生下了繼承人劉弗陵，卻被劉徹勒令自盡。為什麼劉徹愛她們，又深深地傷害她們呢？

金屋藏嬌

漢景帝時，某一天皇上的姐姐、館陶長公主劉嫖把四歲的膠東王劉彘抱在膝上，玩笑著問他：「你要不要娶妻子？」

胖嘟嘟的劉彘當然說要娶妻子了。

長公主指著周圍上百個宮女問劉彘，有沒有中意的人啊？

劉彘煞有其事地看看，搖搖頭表示沒有看中的人。

長公主就指著自己的女兒陳阿嬌，對劉彘說：「我將阿嬌嫁給你做妻子，好不好？」

劉彘馬上響亮地說：「好！如果能娶阿嬌姐姐爲妻，我一定蓋座金屋子給她住。」

童言無忌，館陶長公主和在座的劉彘母親王美人聞言哈哈大笑，一旁的宮女們也禁不住抿嘴偷著笑。而劉彘則睜大著眼睛，純眞地看著大人們。

這段後來被提煉爲「金屋藏嬌」成語的對話，背後有著深刻的政治含意：

漢景帝的皇后薄氏長期無子，被廢。沒有嫡子，漢景帝就遵照「立長」原則立栗姬所生的庶長子劉榮爲太子。館陶長公主最先想把女兒陳阿嬌許配給太子劉榮，準備日後做個皇后。可找到栗姬說媒，栗姬並不領情。栗姬拒絕這樁婚事的原因是她的嫉妒心很強，知道館陶長公主多次向漢景帝進獻美女，懷恨在心，斷然拒絕了這樁婚事。長公主吃了閉門羹，恨起了栗姬。這兒子還沒有登基做皇帝呢，就對我發洩不滿了；日後兒子當了皇帝，栗姬當了太后，長公主的日子不是更難過了嗎？於是，館陶長公主暗暗下決心，要扳倒劉榮的太子位置，順便打倒栗姬。扳倒太子是項大工程，聯合誰一起幹？迎接誰爲新太子？這些都得周密計畫。剛好，宮中美人王娡經常帶著兒子膠東王劉彘來找長公主玩。館陶長公主自然把目光轉向了劉彘，試探性地有了上面的對話。

劉彘的回答讓館陶長公主非常滿意。劉榮的路子走不通，可以走劉彘的道路「迂迴前進」，大不了多一個步驟：更換太子。可別小看了長公主，她的能量大得很。

漢文帝的竇皇后一共有一女二子，女兒就是館陶長公主，第一個兒子就是漢景帝劉啓，第二個兒子就是梁王劉武。先皇駕崩，竇皇后升格爲竇太后。長公主是竇太后唯一的女兒，最受太后寵愛。竇太后早年失明，長子漢景帝劉啓忙於政務，次子劉武按制常年駐守封國梁國，平時身邊就是館陶長公主陪著。所以，竇太后對長公主非常信任，漢景帝也倚重這個姐姐照顧太后，協助處理後宮事務。西朝初期，太后干預朝政是常態，竇太后在朝野說話很有分量，又安插子弟身居要職，對政務有著非同尋常的影響力。館陶長公主有母親的寵愛，又有皇帝弟弟的倚重，自由出入宮闈，力量也不可輕視。

栗姬得罪了長公主，充分暴露了政治上的幼稚。而地位普通的王娡敏銳地發現了長公主和栗姬、太子之間的矛盾，馬上帶著兒子劉彘屈意迎合、百般討好館陶長公主，爲劉彘謀奪太子之位。兩人很快達成了一致。之後發生的三件事情，讓劉彘一派的勢力逐漸超越了劉榮，達到了更換太子的目的。

漢景帝劉啓最擔心兩件事情。一件是匈奴南侵，虎視中原；一件是弟弟梁王對龍椅覬覦已久，母親竇太后力主「兄終弟及」，希望漢景帝將皇位傳給弟弟梁王。對於前者，漢景帝延續和親政策，主動示弱。王娡主動獻出了一個女兒去當和親公主，讓漢景帝對其好感大增。對於後者，漢景帝就沒有太好的辦法了。雖然立了兒子劉榮爲太子，竇太后和梁王的反對聲音一直沒有停歇。在竇太后的默許下，梁王向京城派遣了大量說客、探子來營造輿論，企圖扳倒太子。館陶長公主幫漢景帝解決了一大難題。她成功說服了母親竇太后放棄「兄終弟及」的思想，從國家穩定出發支持漢景帝傳位給兒子。竇太后對梁王的支持減弱後，梁王對漢景帝的威脅大爲降低。漢景帝自然對姐姐長公主感激得很。長公主再趁機在竇太后、漢景帝耳朵邊說劉榮的不是，說劉彘的優點，很快劉彘在漢景帝心目中成了替代劉榮的可能人選。

主觀上，王娡又製造輿論，說她在懷孕時曾夢見日入腹中。客觀上，劉榮這個大哥的確顯得比較老實木訥，政治敏感性差，和聰慧可愛的劉彘相比差了一截。栗姬的表現也沒法和王娡相比。漢景帝生病了，將其他嬪妃和皇子託付給栗姬，讓栗姬好好對待。那一刻，栗姬彷彿覺得自己就是太后了，竟然沒有答應，說皇子們到時候都大了，嬪妃們都老了，自己不管他們了。漢景帝勃然大怒。漢代的皇后往往是要當太后干政的。可是栗姬這樣的女子，怎麼放心把後宮家人託付給她！漢景帝對栗姬失望了，順帶著對劉榮的太子位也要重新考慮了。

長公主和王娡看準機會，加緊在漢景帝面前說栗姬的壞話。王娡還使了一條奸計。栗姬的哥哥日思夜想就是希望妹妹能早日飛黃騰達，讓栗家沾光。王娡就攛掇他上書漢景帝，請求立栗姬爲皇后。栗姬哥哥和妹妹一樣政治素質太差，眞就上書了，這下徹底激怒了漢景帝。

沒多久，漢景帝廢太子劉榮爲臨江王，貶栗姬入冷宮；幾個月後冊封王娡爲皇后，將劉彘改名爲劉徹，立爲太子。栗姬後來在冷宮憂鬱而死。

劉徹取得了太子爭奪戰的勝利，儘管他除了說要蓋金房子娶表姐陳阿嬌外，什麼都沒做。「金屋藏嬌」的戲言，體現的不僅有劉徹的童言無忌，更有一個四歲的小孩的政治敏銳度。劉徹從小就是個敏感的孩子，這一點會對他的婚姻產生至關重要的影響。

二

漢景帝死後，劉徹順利繼位，就是大名鼎鼎的漢武帝。

劉徹眞的娶姐姐陳阿嬌爲皇后，還眞的造了一所黃金宮殿給皇后居住。館陶長公主之前的辛勤付出看來得到了成倍的補償。館陶長公主被尊稱爲竇太主。母女二人更加顯赫了。

這樁從兩小無猜開始的成眞美夢，會不會以劉徹和陳阿嬌兩人白頭偕老結束呢？任何婚姻穩固與否最重要的指標還是夫妻的感情好壞。陳阿嬌的命運好壞，關鍵要看劉徹對這個姐姐有多少眞感情。褪去了幼年的童眞，當表姐弟倆長大並且結爲夫妻後，兩人的問題逐漸暴露出來。對陳阿嬌來說，劉徹是個理想的丈夫，除了是九五之尊外，還年輕帥氣（從留下來的畫像中可以看出來）、文武雙全（從他日後的行爲上可以看出來）。對劉徹來說，陳阿嬌就不是理想的皇后了。除了年紀比劉徹大外，陳阿嬌生活奢侈、性善妒忌，仗著背後有母親支撐言行比較張狂。套用現在的標準，成功的男人很少願意娶一個強勢管制自己的妻子的，都希望娶個溫柔賢慧的小家碧玉。劉徹也是如此。所以對陳阿嬌並不滿意。但是，陳阿嬌背後有強大的竇太主的勢力。當時祖母竇太皇太后也還活著，特別喜歡陳阿嬌這個外孫女。劉徹還要仰仗長公主的支持，所以沒有把不滿顯露出來，對皇后以禮相待。

劉徹的隱忍收到了切實的效果。劉徹成長後，個性很強，推行了一系列改革，觸犯了當權派的既得利益，也和崇尚黃老無爲而治的竇太皇太后產生了分歧。長公主竇太主和皇后陳阿嬌全力支持劉徹，居中斡旋，劉徹才得以涉險過關，直到親政。

如果劉徹和陳阿嬌的關係就這麼繼續下去，兩人可能平平淡淡地過一輩子，眞的「白頭偕老」了。可陳阿嬌隨著丈夫權力的鞏固，覺得自己和母親功勞很大，更加驕横起來。她妒忌心越來越重，劉徹親近一下其他嬪妃她就不給好臉色看。在宮中作威作福多年，陳阿嬌的肚子卻一直沒大起來。陳阿嬌很著急，劉徹更著急——他是一個追求完美的君王，年紀大了連個一男半女都沒有，能不焦急嗎？用現代生理學知識分析，劉徹和陳阿嬌是姑表親，近親結婚很難生育。可那個時代的人不知道。陳阿嬌花了數以千萬計的錢財求醫問藥，仍然沒有效果。她就認爲是丈夫劉徹有生理問題了。我們說了，劉徹是個追求完美的君王，自然不能忍受妻子對他生育能力的懷疑了。皇帝和皇后的矛盾至此開始爆發了，劉徹公開冷落皇后。

陳阿嬌不讓劉徹在外面沾花惹草，劉徹偏要往外跑。他的姐姐平陽公主就蓄養了許多美女供弟弟選擇。劉徹從中看中了一個叫做衛子夫的歌姬，把她帶入宮中。衛子夫對陳阿嬌的威脅，開始來自對劉徹的吸引，後來直接對陳阿嬌的皇后地位構成了挑戰——衛子夫懷孕了！衛子夫的懷孕無疑證明了劉徹生育能力正常，有問題的是陳阿嬌。一旦衛子夫生下一兒半女，陳阿嬌的地位就岌岌可危了。這時候，急昏了頭的館陶長公主和皇后陳阿嬌又幹了一件蠢事：綁架衛子夫的弟弟衛青。衛子夫懷了龍胎，動彈不得。衛青只是建章宮不知名的小人物，可以殺掉洩憤。好在衛青的好友、騎郎公孫敖聯合一幫壯士去把衛青救出來。這事情徹底讓劉徹和陳阿嬌夫妻撕破了臉。

此時，宮廷中發生一件眞假莫測的「巫蠱案」，矛頭直指被冷落已久的陳皇后。

巫蠱，就是迷信的古代人相信把木偶、稻草、毒蟲、金屬等當作痛恨的人，再用咒語咒罵、用釘子釘、用火燒。古代人相信這麼做痛恨的人就會倒霉，甚至命喪黃泉。這種從遠古發展而來的迷信作法，在漢朝主要是在地下埋木偶銅人或者釘符咒的形式。不用說，歷朝歷代都對巫蠱採取嚴禁的態度，宮廷更是視爲大忌。但是，巫蠱操作簡單，又沒法查找眞凶，所以屢禁不鮮。正如巫蠱無法舉證眞凶一樣，被舉報進行巫蠱活動的人也無法證明自己沒有參與，無法自辯。宮廷中就出現了針對衛子夫的巫蠱活動，懷疑的矛頭直指皇后陳阿嬌。陳阿嬌是百口莫辯。

很快，劉徹就以巫蠱之罪廢去陳阿嬌的皇后之位，將她幽禁於長門宮內。

二十多年前，劉徹答應建造的那座金屋，已經離陳阿嬌遠去，成了其他女子的住處了。

那麼，陳阿嬌到底有沒有使用巫蠱對衛子夫不利呢？正史記載，有。陳阿嬌眼看地位搖搖欲墜，鋌而走險求助於巫蠱，把一個叫做楚服的女巫請到宮中。楚服經常穿男裝，和陳阿嬌兩個人相處，不知所爲。巫蠱案發後，劉徹以大逆不道的罪名誅連三百多人，其中楚服被梟首示衆。

做爲皇后的母親，館陶長公主憤憤不平。可竇太皇太后已經辭世，劉徹親政後羽翼豐滿，早已經不是當年那個胖乎乎的小孩子了。此一時彼一時，竇太主無可奈何，只能坐視女兒被禁入冷宮。

陳阿嬌在冷宮中做過一次「翻盤」的努力。她花千金請大文豪司馬相如寫了一篇〈長門賦〉，專門訴說自己對劉徹的思戀之情。全篇以「夫何一佳人兮」開頭，以「妾人竊自悲兮，究年歲而不敢忘」結尾，通篇含情脈脈，令人浮想聯翩。陳阿嬌希望喚起劉徹心中二十多年的感情，喚起丈夫對往日恩愛的記憶。可惜，劉徹沒有。〈長門賦〉讓作者司馬相如名聲大振，到了劉徹那裡卻石沉大海，沒有回音。陳阿嬌的努力失敗了，不過並沒有白費。它在中國文學史上留下了一個表示怨婦苦情的典型案例，博取了後來文人的諸多同情。許多人以陳阿嬌或者長門宮爲題，一邊倒地對軟禁冷宮的嬪妃表示同情。比如唐朝的李白專門寫了一首〈長門怨〉來表達對陳阿嬌的同情：

天回北斗掛西樓，金屋無人螢火流。
月光欲到長門殿，別作深宮一段愁。
桂殿長愁不記春，黃金四屋起秋塵。
夜懸明鏡青天上，獨照長門宮裡人。

劉徹爲什麼對陳阿嬌這麼絕情，與幼年的表現判若兩人，令人難以理解？除了之前的諸多誘因外，最關鍵的還是劉徹是一個對權力極端敏感的皇帝。他是一個雄才大略的君主，但凡雄才大略的人，權力欲就強，疑心也重。劉徹即位後對威脅自身權威的人和事情很敏感。他創辦了內朝，開始把權力集中到宮廷，就是對朝堂袞袞諸公的不信任。陳阿嬌的驕橫，是她和母親竇太主勢力強盛的表現。當某個派系勢力強大之時就是皇帝權威受到削弱之際，終生行集權之實的劉徹不能容忍竇太主——陳皇后母女勢力的強大，就是對母女倆對當年扶立之功的念念不忘也不能容忍。因此，他不顧情面，對皇后和岳母的打壓就可以理解了。

竇太主此時漸漸老去，在強勢的劉徹面前沒有了還手之力。她採取了退避的消極態度，在個人生活問題上，做爲岳母的竇太主還有求於女婿劉徹呢。

竇太主的駙馬是世襲堂邑侯陳午。陳午過世後，五十多歲的竇太主迷戀上一位叫董偃的美少年。董偃從小隨母親進公主府幹活就被竇太主看上了。她培養董偃，供他讀書，感情很深。兩人最後發展到同室而居的程度。於是就有人提醒董偃和竇太主，說平民「私伺公主」是重罪，你們得趕緊徵求皇上的同時才行。於是，竇太主不得不向劉徹示弱，將董偃很鄭重地推介給劉徹。起初劉徹對董偃這個小伙子也挺有好感的，後來經大臣勸諫說此人風化敗壞，不宜接近。劉徹開始疏遠董偃。董偃害怕了，三十歲就鬱鬱而終；幾年後，竇太主也死了。臨死前，竇太主不願意和丈夫陳午合葬，而要求與情夫董偃合葬。劉徹竟然答應了。

母親死後，幽居冷宮的陳阿嬌的日子更難過了。不久，她兄弟在爲竇太主守喪期間淫亂，又爲家財內訌，案發後自殺。劉徹大筆一揮，取消了堂邑侯國。外援盡絕，陳阿嬌很快就死了。

皇恩不可恃

一

劉徹的第二位皇后衛子夫是奴隸出身。她母親是世襲平陽侯曹家的女僕，因爲曾嫁給一個姓衛的男子，大家都使喚她爲衛媼。衛媼一共生下三男三女六個子女。他們分別是長子衛長君，長女衛君孺，次女衛少兒，三女衛子夫，二子鄭青，三子衛步。其中鄭青和衛步還是私生子。

衛媼一個奴隸，要拉拔六個子女，非常不容易了，偏偏二女兒衛少兒又重複了母親的悲劇，和同樣在平陽侯家辦事的縣吏霍仲孺私通，生下了一個兒子，取名叫霍去病。從衛媼母女兩代人的不幸中，我們也可以發現西漢時期私通和非婚生子現象的氾濫。這些私生子是不會被有身分的父親家族接受的，命運注定很可憐。衛媼一個人拉扯六個子女再加剛出生的外孫，餵飽一家老少八張嘴，實在是沒有這個能力。眼看一家人就要餓死了，衛媼想來想去，只能忍受屈辱、硬著頭皮把二兒子鄭青送到他的親生父親鄭季家裡，乞求鄭家人撫養這個孩子。鄭季良心未泯，收留了下來。但鄭青在鄭家受到了鄭季夫人和族人的排斥，日子很不好過。鄭家讓年幼的鄭青成天在山上放羊，讓他自生自滅。鄭家的幾個兄弟毫不顧及手足之情，對鄭青隨意責罵。鄭青就是在這樣惡劣的環境中頑強地成長了起來，並且形成了謹慎小心、善於忍耐的個性。鄭青慢慢長大了。鄭家越來越不能接受成年的鄭青，鄭青也不願再受鄭家的奴役，就毅然回到了母親衛媼身邊。因為和鄭家沒有一點感情，鄭青改姓衛，改名衛青，與鄭家斷絕關係。

衛媼給衛青找了一份「工作」——在平陽侯曹家當家奴。儘管常年忍饑挨餓，衛青長得高高大大、相貌堂堂，於是就做了主人家的騎奴。漢景帝的女兒、漢武帝的姐姐平陽公主嫁到了曹家，衛青被分配給公主當差，工作的主要內容是在公主出行的時候騎馬在後面跟著，充當衆多雜役兼保鏢中的一個。衛青的三姐衛子夫也和弟弟一樣，沒有被常年的饑餓折磨得面黃肌瘦，反而出落得美豔動人，被主人家選中，當了一名舞女。主人家來客人的時候，衛子夫就在廳堂裡伴舞賠笑，弟弟衛青則在堂下隨時聽候使喚。

平陽公主雖然出了皇宮，對朝堂之上的政治鬥爭還很關注。她知道弟弟、漢武帝劉徹和弟媳陳阿嬌表面和睦，其實感情並不好。平陽公主腦子很靈活，覺得自己可以從中牟利，於是就挑選了鄰近大戶人家的女子，在家中培養，準備讓弟弟來選妃。恰好有一天，漢武帝去霸上祭掃，路過曹家。平陽公主就開始實行自己的計畫了。可惜，漢武帝對那些盛裝打扮的大家閨秀都不滿意，卻對伴舞的舞女衛子夫一見鍾情。隨後，漢武帝以「更衣」爲名找個房間「臨幸」了衛子夫。事後，漢武帝安排衛子夫入宮。平陽公主的如意算盤眼看就成功了，很高興，趕忙安排衛子夫進宮。臨行前，平陽公主還囑咐衛子夫：進宮後就全靠你自己了，日後富貴了，別忘了我這個舊主人啊。

誰料到，衛子夫進宮後就音信全無，下落不明。有人說，漢武帝回宮後很快就忘了衛子夫；還有人說，那時因爲後宮佳麗三千，衛子夫並不出衆；多數人則認爲，衛子夫突然入宮，引起了皇后陳阿嬌和館陶長公主的妒忌和排斥，被貶為宮婢。衛子夫在冷宮中幹著最苦最累的活，飽受折磨。日子長了，漢武帝也就淡忘她了，更別說寵幸了。

將近兩年後，後宮要釋放一批沒用的宮女。衛子夫也在名單中。定期釋放宮女是朝廷的一項「德政」，但好色的皇帝還要對宮女一一過目，免得有些平時沒有注意到的美女被不小心放了出去。結果，衛子夫重新站在了漢武帝的面前。劉徹又一次被衛子夫吸引，擁她入懷。有人說，劉徹再次被衛子夫的美貌所吸引，想起了前番的恩愛，截留下了衛子夫。也有人反對說兩年的勞役多多少少消磨了衛子夫的美貌，衛子夫吸引劉徹的注意是因為她急於出宮，面對出宮前的刁難和挑選，哭哭啼啼，很不配合，反而引起了劉徹的注意。不管怎麼說，這一回衛子夫兩年的委屈都得到了劉徹的補償。在原本要出宮的日子裡，衛子夫的命運發生了奇跡，被完全逆轉了。

沒多久，衛子夫就懷孕了。劉徹喜出望外，選衛子夫的二弟衛青入宮，在建章宮辦事。衛青的命運也由此順帶著得到了逆轉。不想，衛家姐弟的崛起引起了皇后陳阿嬌的仇視和恐慌。館陶長公主和陳皇后決定好好「修理」初入宮廷的衛青，出口惡氣。她們指使人捉了衛青，準備囚禁起來好好折磨。衛青的好朋友、騎郎公孫敖看到了，招呼幾名同伴奮力營救，竟然中途將衛青救了下來。事後，衛子夫很憤慨也很無奈，只能向漢武帝哭訴。劉徹一聽，這還了得？他早就對館陶長公主母女倆作威作福看不慣了，於是乾脆公開召見衛青，升他為侍中兼建章宮總管。衛青平地一聲雷，瞬間從家奴成為近侍重臣，讓人目瞪口呆，就是館陶長公主和陳皇后也拿他沒辦法了。不久，衛子夫生下了一個女兒，漢武帝封她做了地位僅次於皇后的夫人。衛青水漲船高，升任了太中大夫。

之後，衛子夫和衛青姐弟倆高歌猛進。衛子夫連續生下三個女兒之後，生下了皇長子劉據，順利取代了陳阿嬌的皇后地位，掌管著後宮。衛青則被漢武帝放置在漢匈戰爭前線。衛青在劉徹的支持下，不負眾望，於公元前一二四年春、前一二三年兩次大敗匈奴軍隊，戰果累累，一舉扭轉了漢朝的不利局面。小外甥霍去病年紀輕輕，也屢立軍功。衛青和霍去病兩個人掌握著帝國的軍隊，一家五人因功封侯，衛家權勢如日中天。衛青的兩個姐姐順利加入世襲貴族陳家和公孫家。通過聯姻，以衛家為中心聚集了一批顯貴的親戚朋友，儼然是西漢王朝第一家族。長安城中就有歌謠說：「生男無喜，生女無怨，獨不見衛子夫霸天下。」

二

有一天，衛青的好朋友甯乘來訪，提醒衛青說：「大將軍食邑萬戶，三個兒子都封侯，可任何事情都物極必反。沒有一個家族能夠永遠保持富貴，就好像月亮不會永遠圓滿，海水不會永遠停留在浪尖一樣，衛家遲早也會走向衰落。」衛青在家族處於權力巔峰的時刻，難能可貴地還保持了清醒的頭腦。他隱約感覺到，自家人名揚四海，部將親屬遍布朝野，盛名之下絕非好事。現在，甯乘給他點破了：「要防止皇上猜忌啊！」衛青恍然大悟，忙討教如何應對。

甯乘說：「現在內宮之中，王夫人是皇上的新寵。但是王夫人出身卑微，她的家人依然生活在貧苦之中，希望大將軍能夠向王家贈送重金，聯絡感情。」衛青依計而行。

原來，隨著歲月的推移，衛子夫無奈美貌不再。越來越多的美女進入了劉徹的床榻。在眾多新進的美女中，劉徹最喜歡趙國王夫人。王夫人爲劉徹生下了後來的齊王劉閎。這個王夫人和衛子夫一樣出身卑微，可她不像衛子夫一樣有弟弟衛青和外甥霍去病，王夫人的親戚實在不成器。劉徹就是想提拔王家，都找不到合適的提拔對象。所以王家依然生活在窮困之中。現在，王家突然收到了大將軍、長平侯衛青送來的五百斤黃金，驚喜若狂，忙告訴了王夫人。王夫人高興得心花怒放，興匆匆地告訴了劉徹。

劉徹還眞開始猜忌衛青了。衛青一家勢力遍布朝野、手握兵權，風頭已經遠遠超過了竇太主和陳阿嬌了。劉徹能安心看著衛家門庭若市嗎？不過，衛青主動示弱的行爲和清醒的頭腦，讓劉徹稍稍感到安心。

衛家的謹慎和前線軍事行動的需要，讓衛青家族繼續扶搖直上。元狩元年（公元前一二二年）四月，劉徹正式冊立衛子夫所生的皇長子、年僅七歲的劉據爲太子。衛家的權勢更上了一層樓。不幸死了丈夫的平陽公主又來找皇后衛子夫，羞答答地託她轉告漢武帝劉徹，希望弟弟爲自己和衛青賜婚。當年衛子夫入宮的時候，平陽公主囑託她茍富貴勿相忘。衛子夫果然沒有忘記，也很願意幫這個忙，就告訴了劉徹。劉徹認可了這門親事，衛青和平陽公主兩人舉辦了豪華的盛大婚禮。同時，平陽公主還讓自己和前夫生的兒子、平陽侯曹襄娶了衛子夫和劉徹生的女兒衛長公主，死心塌地地要和衛家拴在一起。當時衛青上下朝，公卿大臣遠遠看見就要下車讓路，立在道旁相迎相送。衛家的富貴榮華算是達到了頂點。

把姐姐嫁給衛青後，漢武帝劉徹內心開始不安了。看著衛青權勢熏天，彷彿是「天下第二人」了，劉徹的猜忌心理重新泛起，開始不信任衛家了。他想，即使衛青沒有不臣謀逆的心理，也保不齊被野心家利用啊。劉徹開始疏遠衛青，主要採取了兩種方法。第一是讓衛青離開前線軍隊，召到長安來居住議政，等於是將衛青高高掛起；第二是重用霍去病，讓霍去病牽制衛青。霍去病「爲人少言不泄，有氣敢往」，只知道行軍作戰消滅匈奴，在政治上很幼稚。劉徹曾經勸霍去病學點吳起、孫子的兵法，霍去病回答說行軍打仗不拘泥於古代兵法，學那些玩意兒沒用。劉徹發自內心地，同時也是有目的地，更加寵愛霍去病這個青年俊才了，著意培養，委以軍事重用。衛青是大將軍，霍去病是驃騎將軍，又是萬戶侯，沒辦法再提拔他們了。劉徹很有創意，新增了「大司馬」的官職，讓衛青、霍去病並列為大司馬。衛青是大司馬兼大將軍，霍去病是大司馬兼驃騎將軍，待遇相同。

衛青一聲不響地過著恬淡平靜的「寓公」生活，毫無怨言，和平陽公主相敬如賓，對劉徹畢恭畢敬。漢書說「青仁，喜士退讓」。

霍去病大勝歸來沒幾年，就在元狩六年（公元前一一七年）英年早逝了，只活了二十四歲。此後，劉徹寧願讓許多軍事行動所用非人，也不願起用衛青重掌軍權。衛青很聰明，乾脆請病假，之後不怎麼上朝了，進一步地韜光養晦。劉徹還不怎麼放心，元鼎元年（公元前一一六年）以衛青的兒子、宜春侯衛伉犯法為名，削去衛伉的爵位。幾年後，衛青的另兩個兒子陰安侯衛不疑和發幹侯衛登因為獻給朝廷的助祭金的分量不足或成色不夠，被漢武帝削去爵位。至此，衛家「一門五侯」事實上只剩下衛青孤零零的一個長平侯了。衛青的「病情」隨之越來越重，不怎麼過問家門之外的事情。元封五年（公元前一〇六年），一代名將衛青去世。

三

劉徹二十九歲的時候好不容易才有了第一個皇子，也就是劉據。所以劉徹格外珍惜劉據，努力將劉據培養成合格的接班人。劉據到了讀書的年紀，漢武帝就給他組織了當時最好的師資力量，讓他交通賓客。劉據慢慢長大後，漢武帝對這個太子卻不那麼喜歡了。因為劉據在許多問題上和父皇劉徹唱反調。

劉徹給兒子找到老師都是儒生，教學的內容是儒家思想，結果認真學習的劉據精通儒家知識，性格仁恕溫謹。而劉徹只是表面推崇儒學，儒學只是統治工具，他內心真正崇尚的是絕對的權威和暴力。儒學有用的時候拿來裝點門面，沒有的時候毅然棄之不用。小小的劉據沒能真正體會父親的苦心，嚴格按照儒家理論觀察周圍事物，父子倆在政治理念上產生了不可調和的矛盾。在連年用兵、對外征戰、運用強權削藩罷侯、徵收繁重的賦稅等問題上，劉據都不贊同父皇的作法。劉徹曾經語重心長地對劉據說：「我做的很多事情你都不贊同，但我這樣做是為了你將來能夠安享太平啊！」可劉據受孔夫子學說「毒害」太深，沒聽進去。

皇后衛子夫看著衛家遭遇到了挫折，也看到了兒子和丈夫之間的隔閡，心裡著急。衛子夫能夠在後宮複雜的環境中做了三十八年的皇后，除了和衛青一樣謹小慎微，恭謹謙和的性格之外，還在於她遇事有主見，能夠向別人施加影響來實現自己的意見。比如衛子夫知道衛青的幾個兒子都不成才，怕他們風頭太盛出問題，就多次請求丈夫劉徹不要封賞衛青的幾個兒子，以退爲進保護侄子。現在，衛子夫看到「群臣寬厚長者皆附太子，而深酷用法者皆毀之」，兒子得罪了部分貪官和酷吏，還老違背丈夫的意思，就經常把兒子叫來勸誡：「做爲太子，你要經常揣摩父親的心思，理解父親的意圖，按照父親的要求去做，而不能擅自做主，做一些與父親的想法不一致的事，比如平反冤獄。這本是你父親製造的冤獄，你卻給予平反，不是否定你的父親嗎！」可惜，劉據沉溺於儒家說教太深，對母親的忠告聽不進去。他反而更進一步，勸諫漢武帝停止與周邊民族的戰事。

漢武帝慢慢老了，擔心國家偏離理想的軌道，更擔心兒子沒有駕馭天下的能力。

進入晚年後，劉徹身體越來越不好，住在長安的時間越來越少，長年累月逗留在離宮甘泉宮中。父子見面的時間越來越少了，本來心裡就有小疙瘩，現在因爲疏遠惡化成了心裡隔閡。這種情況最怕小人在中間挑撥離間了，偏偏就有小人跟劉據過不去。酷吏江充依靠著不斷地檢舉他人、進行刑訊逼供一步一步爬上來，劉據很討厭他。江充也很討厭太子，他和太監蘇文等人怕太子繼位後懲辦自己，就勾結起來要扳倒劉據。

公元前九十二年，劉徹病情加重了。江充就奏言，皇帝的疾病根源於有人利用巫蠱暗算皇上。劉徹很自然授權江充，查辦巫蠱一事。

就在江充受命查辦巫蠱一事的第二年正月，衛子夫的姐夫、丞相公孫賀的兒子公孫敬聲自恃是皇后的外甥，驕奢不奉法，大膽挪用禁軍軍費一千九百萬錢。事情敗露後，公孫敬聲瑯璫入獄，按律當斬。公孫賀救子心切，四處活動營救愛子。剛好當時朝廷在大肆搜捕通緝犯、陽陵大俠朱安世，苦不能得。漢武帝一天多次催逼早日逮到朱安世。公孫賀於是自請逐捕朱安世，請求能以功贖兒子公孫敬聲的罪過，得到了漢武帝的同意。後來，公孫賀果然抓到了朱安世。朱安世也不是浪得虛名的大俠。他很快就得知公孫賀想用自己來贖出兒子，笑道：「公孫賀他自己就要大禍臨頭了。大不了，大家同歸於盡。」朱安世於是從獄中上書，告發公孫敬聲與陽石公主私通，告發公孫敬聲派巫師祭祠詛咒皇上，並且在皇帝前往甘泉宮的路上埋下偶人，惡言詛咒。和公主私通屬於生活作風問題，並不能置公孫家於死地，但是有關巫蠱詛咒皇帝的事情將公孫賀父子推向了死亡的深淵。漢武帝很快命令有關部門處理公孫敬聲巫蠱案。漢武帝的命令中有「窮治所犯」四個字，公孫賀父子最終死在獄中，公孫家被族誅。還有多位朝中顯貴受到株連致死，包括衛皇后的女兒諸邑公主、陽石公主和衛青長子、長平侯衛伉。衛家的勢力幾乎被全殲了。

巫蠱案子破了一個，但甘泉宮中劉徹的病情卻不見好轉。公元前九十一年的夏天，劉徹在甘泉宮常常做噩夢。在夢中，有許多人拿著大棒朝自己砸過來。劉徹認定巫蠱詛咒的陰謀依然存在。江充趁機進諫說，那可能是宮廷裡面有人從事蠱道祝詛，需要加大勘查的範圍和辦案力度。於是，漢武帝又一次授權江充在宮廷中追查巫蠱之事。

江充得到查辦巫蠱的「尙方寶劍」後，稟報說長安城的皇宮中有蠱氣，得到漢武帝允許後入宮大挖特挖。江充連漢武帝的寶座周圍都掘地三尺，在太子宮的挖掘有「重大發現」。江充等專案組成員和胡巫們挖到了桐木人和一卷帛書。帛書中寫著一些亂七八糟的符號。經過江充和巫師巫婆們的「翻譯」，帛書上的內容是詛咒漢武帝劉徹早死。

這帛書不是太子劉據弄的，但是在他的宮中挖出來的，因此劉據是有口說不清。江充則揮舞著「戰利品」，得意洋洋，要去稟報劉徹。劉據已經和父親感情隔閡了，有了不信任感了，現在就想了：如果讓父親看到我詛咒他的木人和帛書，他會不會廢掉我呢？劉據越想越悲觀，開始擔心父皇會不會殺了自己。他陷入了恐懼之中。太子身邊的人，比如太傅石德等人，也非常恐懼。皮之不存毛將焉附？爲了保住劉據的太子地位，石德等人採取了危險的對策。他們首先是想到的是江充等人要置太子於死地，接著就懷疑甘泉宮的老皇帝爲什麼要聽任小人陷害太子，老皇帝身體一直不好，現在是不是還活著？既然老皇帝的生死都有問題了，那麼江充等人的舉動就是一個徹頭徹尾的陰謀了。在身邊人的鼓動了，劉據下定決心要反擊。他假傳皇帝的聖旨，將江充等查案子的人全都就地正法了。因爲事出倉促，跟著來查案的太監蘇文逃走了，跑到甘泉宮去向劉徹報告說太子造反了！

劉據殺死一幫小人後，沒法回頭了，乾脆樹起清君側的大旗來，聚攏力量控制長安城。劉據派太子舍人無且率領一隊武士，持皇帝的純赤色符節趕到未央宮，與皇后衛子夫聯繫。衛子夫內心不想造反，如今面對兒子派來的武士，知道箭在弦上，不得不發了。她對丈夫的不滿和對兒子的愛全都轉化為對冒險的積極配合。衛子夫將皇后中宮和長樂宮的侍衛車馬全都交給了兒子，並打開了武器庫。劉據分發衆人武器，眞正地踏上了武裝叛亂的道路。

這場被稱為「巫蠱之禍」的政變就此爆發了。劉據的力量和劉徹調撥來鎮壓的軍隊在長安城裡混戰了幾天幾夜，只殺得是鮮血淹沒了街道，匯聚成了赤紅的河流。其中有一個細節需要交代：漢武帝劉徹接到太子造反的報告後，開始並不相信，還派人回長安城探明情況。誰知道，派出去的小太監害怕，根本不敢去長安，在外面轉悠回來，撒謊說太子造反了，劉徹這才調兵鎮壓的。這也說明了，劉徹、劉據這兩父子的交流管道堵塞到了何種程度？

混戰的結果是，劉據一幫人寡不敵衆，遭到了血腥鎮壓。劉據帶著兩個兒子逃出城外，跑到湖縣泉鳩里（今河南靈寶西部與陝西交界處的泉里村）的一戶農家藏匿了起來。收留太子父子三人的農夫家非常窮，一家人連溫飽都解決不了，收留太子父子後生活就難以為繼了。劉據突然想起認識相鄰的新安縣的一個富豪，就幼稚地傳信給他，希望能夠得到接濟。

他的老朋友接到訊息向本縣官府告發。官府發兵圍捕太子。兩個兒子為了掩護父親上前搏鬥，都被官兵殺害。劉據知道難以逃脫，在房中懸樑自盡。

政變平息後，震怒的劉徹派人收繳皇后的璽綬，要廢掉衛子夫，衛子夫在宮中自殺。太監蘇文找了口薄棺材，將衛子夫草草埋葬在長安城南的桐柏。漢書說至此「衛氏悉滅」。

老百姓們對死去的劉據很有好感，對他的死很同情，都相信劉據不會用木偶人詛咒皇上。隨著時間的推移，江充等人陷害太子的證據也漸漸敗露出來，民間的輿論開始朝著有利於劉據的方向發展。劉徹冷靜下來後，也開始相信兒子劉據起兵主要是被逼自衛，並沒有謀害自己的意思。關鍵時刻，負責守護漢高祖劉邦陵寢的高寢郎車千秋上書為劉據犯顏直諫，扭轉了整個局勢。他寫道：「兒子對著父親舞刀弄槍，應該受到鞭笞。如果皇帝過失殺死了太子，那又應該做何處理呢？」劉徹對車千秋的上書非常感慨，非常重視。平地一聲雷，車千秋竟然因為這次上書而被擢升為丞相。之後，巫蠱動亂的處置完全被顛倒了過來。蘇文被活活燒死，抓捕劉據的官員也被殺。劉徹在兒子遇害的湖縣修建思子台和宮殿，追念劉據，追悔莫及。

北方有佳人

一

經歷了兩段不完美的感情之後，漢武帝劉徹常常感到莫名的傷感和無奈。原先寵愛的王夫人也不幸病逝了，劉徹更加感到生活空虛寂寞。於是，他用宮廷歌舞音樂來振奮日漸頹靡的精神，刺激空虛無聊的生活。越得不到生活溫暖的帝王，越是宮廷禮樂的慷慨支持者和愛好者。劉徹的後半生沒能逃脫這條宮廷規律。

衆多的宮廷樂師中有一個人叫李延年，精通音律，創作的曲子很有感染力，讓漢武帝常常莫名地感動。於是，他常常指定李延年來創作、導演歌舞。可惜，李延年不是一個純粹的藝術家，而有著強烈的權勢欲望。他藉機接近漢武帝後，就琢磨著怎麼爲自己博取功名利祿。剛好，李延年有一個妹妹，姿容秀媚，體態輕盈，卻因爲出身卑賤，淪爲歌女。李延年就想把她進獻給漢武帝爲妃。漢武帝處於感情和生活空窗期，李延年自信進獻妹妹恰逢其時。可怎麼獻給漢武帝呢？

一天，漢武帝在宮中酒宴，平陽公主也在座。李延年負責歌舞。劉徹酒酣，李延年親自起舞，深情唱起一首新歌：

北方有佳人，遺世而獨立。
一顧傾人城，再顧傾人國。
寧不知傾城與傾國，佳人難再得。

歌聲繞樑，劉徹閉目體悟，然後悠悠談道：「世間哪有歌中的這般佳人啊？」早被李延年買通的平陽公主在一旁平淡地說：「陛下有所不知，李延年的妹妹便是一位傾國傾城的絕世佳人。」

劉徹心中一動，立即命召李氏入宮。李延年藉機將其妹引入。劉徹一看，果然是沉魚落雁閉月羞花的美女啊，隨即納李氏爲妃。漢武帝對這位李夫人寵愛有加，迎來了新一輪的熱戀期。

二

一年以後，李夫人生下一個皇子。這個皇子就是日後的昌邑王。劉徹喜出望外。

上天總不會讓傾國傾城的美貌和順風順水的命運在一個女子身上共存。李夫人的身體一直弱，生產後調理不過來，病倒了，日漸病重，容貌憔悴。劉徹憂心忡忡地前來探望。李夫人趕緊用被子嚴嚴實實地遮住自己，不讓皇上看她。劉徹執意要看，很不理解愛妃爲什麼要這麼做。李夫人躲在被子裡，囑咐道：「臣妾來日不多，希望陛下日後多照顧我的兒子和兄長。」劉徹心裡酸楚，勸說李夫人好好養病，說：「讓朕看看你，你當面將兒子和兄長託付給朕，不更好嗎？」李夫人卻把自己捂得更嚴實了，說：「身爲婦人，形容不修，服飾不整，不足以見君王。臣妾如今蓬頭垢面，實在不敢與陛下見面。請陛下恕罪。」李夫人越不願意相見，劉徹就越要見面：「夫人如能見朕，朕賜給夫人黃金千金，並給夫人兄長加官進爵。」一邊說著，劉徹一邊用手揭開被子。李夫人趕緊轉身背對著劉徹，掩面哭泣，任憑皇帝再三呼喚就只是獨自流淚。她說：「陛下是否關照我的兄弟，並不在乎是否一見。」李夫人的態度很堅決，劉徹無可奈何，最後生氣地走了。

漢武帝離開後，李夫人姐妹們都埋怨她不該這樣絕情，尤其是不該對漢武帝這麼絕情。李夫人說出了一番道理：「凡是以容貌取悅於人，色衰則愛弛。我如果讓皇上看到憔悴的樣子，之前在皇上腦海中的美好印象就會一掃而光。到時候，皇上還會照顧我的兒子和兄弟嗎？」

李夫人果然有先見之明。劉徹雖然生氣地走了，但對李夫人的容貌和往日恩情念念不忘，進而對兒子昌邑王鍾愛有加。李夫人的兩個哥哥李延年、李廣利都得到了漢武帝的關照。尤其是李廣利，簡直得到了劉徹的縱容溺愛。爲了給李廣利創造封侯的機會，劉徹不惜徵發大軍讓李廣利遠征西域奪取汗血寶馬。結果李廣利損兵折將，還拉幫結派要擁戴昌邑王爲帝，事敗後投降了匈奴。這些都是後話了。

劉徹對李夫人的美好印象深深刻在了靈魂深處。他命畫師將李夫人的容貌畫下來掛在甘泉宮，日思夜想。這還不夠，思念像癌症一樣肆意蔓延，劉徹最後一心想重新見到李夫人。就在漢武帝日夜思念李夫人，感嘆陰陽相隔、人鬼殊途的時候，方士李少翁適時地出現了。他宣稱能夠在夜裡以方術讓李夫人現身，漢武帝可以在帷中與她相會。劉徹讓他在宮中設壇招魂，於晚上點燈燭，劉徹在帳帷裡觀望，紗影燈光中李夫人的身影隱約翩然而至。這場人鬼相見的戲最終因爲漢武帝心急，看到了李夫人的身影還想親密接觸，走出了帷帳而沒有圓滿結束，但漢武帝畢竟看到了李夫人楚楚動人的影子。有人說李少翁是用海裡的「潛英之石」雕刻成李夫人的樣子，然後放在遠處，給劉徹造成模糊的假象。也極可能是李少翁用煙幕等道具讓思念過度的漢武帝產生了幻覺。畢竟，李少翁能夠讓人鬼相見的本領讓漢武帝看到了打破生死界限的一線希望，很快就被封爲「文成將軍」。

李夫人生前沒有受封皇后，漢武帝死後，漢昭帝即位，大將軍霍光上奏說遵照漢武帝的遺願，請求追尊李夫人爲「孝武皇后」，並用皇后之禮葬之。漢昭帝同意了。李夫人就成了漢武帝的第三位皇后，而且是結局最好的一位皇后，得到了漢武帝的深深思戀。這得歸功於李氏的無所作爲和早死。

鉤弋夫人

一

劉徹的晚年和趙夫人記錄在了一起。

趙夫人很奇怪，首先是她的身世很奇怪。晚年的劉徹反省政策，經常出巡。劉徹一次巡視河北到達河間，術士聲稱此地有祥雲瑞靄，表明必有奇女生長於斯。劉徹下令搜尋，進而得知河間有個奇怪的女子。該女子姓趙，其父犯法被處以「宮刑」，曾任漢宮的中黃門，夫妻倆早早死去。趙氏由姑媽趙君姁辛苦養大，容貌美麗，就是寡言少語，更奇怪的是她雙手緊握成拳頭，從生下來就沒有打開過。別人怎麼用力都掰不開。

漢武帝見到趙氏，也驚嘆於她的美貌，好奇於她緊攥的拳頭。他試著想掰開趙氏的拳頭。奇跡出現了，劉徹沒用多大力，趙氏的雙手就伸展開了，右手手心裡還緊緊地握著一只小小的玉鉤。劉徹高興萬分，覺得這件事情特別神奇，趙氏就是上天賜予自己的禮物，不然爲什麼將玉鉤放在趙氏的手心，讓趙氏攥緊拳頭握著，等待著與自己的相逢呢？

既然相逢了，劉徹不願讓趙氏從自己的生命軌跡中滑過。他立即將趙氏納入後宮，稱做「拳夫人」。

趙夫人第二個奇怪的地方是她入宮不久就懷孕了。當時趙氏只有十六、七歲，而劉徹已經六十三、四歲了。劉徹的驚喜之情可以想像。更讓劉徹驚喜的是，趙氏懷孕了十四個月才生下一個男孩！傳說上古明君堯也是母親懷胎十四個月降生的，小皇子竟然和堯帝的誕生情況相似，是否預示著什麼呢？大喜過望的劉徹給這個太始三年（公元前九十四）誕生的最小的兒子取名爲劉弗陵，將趙氏生子之處的宮門改名爲「堯母門」，並進封趙氏爲婕妤，號「鉤弋夫人」。

劉弗陵出生之初，劉徹對太子劉據非常失望，經常感嘆太子和自己不像。年老的劉徹很自然把感情傾注在劉弗陵身上，關心劉弗陵的生活起居，更關心劉弗陵的性情秉性。確切地說，他希望劉弗陵能夠按照自己的規畫和標準成長。好在一個六、七歲的小孩子也顯露不出個性來，往往在各方面都能讓劉徹找到滿意的地方。加上劉弗陵長得虎頭虎腦、聰明伶俐，更討劉徹歡欣了。劉徹常對人誇耀：「弗陵類我。」

征和二年（前九十一年），巫蠱事變起，太子劉據自殺，衛子夫被賜死。劉徹沉浸在悲傷之中，帶上鉤弋夫人移居甘泉宮。在甘泉宮，劉徹周密盤算了身後事。他召來畫工，畫了〈周公負成王圖〉。周公是西周初年著名的輔政大臣，大公無私，輔助年幼即位的周成王，為西周百年事業奠定了基礎。漢武帝把這幅畫交給了大臣霍光（霍去病同父異母的弟弟），向群臣明確表明了要立劉弗陵為太子的意圖。

人們多羨慕年輕的鉤弋夫人啊！她和她的家族即將得到眾人夢寐以求的權勢與富貴。

二

羨慕之後，帝心難測，事情急轉直下。幾日後，漢武帝劉徹就因為無關痛癢的小事情痛責了鉤弋夫人。

鉤弋夫人趕緊摘掉頭簪等首飾，叩頭謝罪。誰知漢武帝毫不留情地說：「快把她抓出去，送到掖庭，關進監獄！」鉤弋夫人就這樣莫名其妙地被人拉走了。她一邊掙扎，一邊回過頭來，向劉徹投去不解、委屈、企求和恩愛的目光。劉徹強硬地說：「快走，你肯定不能活！」最終，鉤弋夫人死在了雲陽宮。使者在夜裡將鉤弋夫人草草埋葬，連碑都沒有立，只在墳上做了標記而已。史載：「時暴風揚塵，百姓感傷。」這顯然是個冤案。

漢武帝為什麼這麼決然地殺害寵愛的鉤弋夫人呢？還是劉徹根深蒂固的權力敏感心在

作怪。

劉徹本人之後曾問左右：「外人對鉤弋夫人之死怎麼看啊？」左右很誠實地回答：「外人都不明白既然要立小皇子為太子，為什麼要殺死其母呢？」劉徹說：「正是如此，鉤弋夫人才必須死。普通人怎麼能知道呢。往常國家之所以起亂子，大多由於主少母壯。女主獨居驕蹇，淫亂自恣，幼主和大臣們難以遏制她。你們難道不知道本朝呂后的事情嗎？」的確，母后干政專權是帝制的一大頑疾，西漢王朝多次受到這一問題的侵擾。建國初期的呂后專權就不用說了，漢武帝劉徹本人就親身經歷了竇太后在父親漢景帝時期專權、生母王太后在自己登基初期的專權。對權力極為敏感的劉徹不能忍受皇權旁落，擔心幼子劉弗陵即位後鉤弋夫人及趙氏外戚專權。所以他痛下殺手。

除了鉤弋夫人外，凡是為劉徹生過孩子的嬪妃，不論所生是男是女，也不論嬪妃年紀大小，「無不譴死」。這下，劉徹徹底不用擔心劉弗陵有大權旁落的危險。

鉤弋夫人被殺的第二年（公元前八十七），七十一歲的劉徹臥病不起，臨終前將七歲的劉弗陵託孤給了霍光。劉弗陵即位後就是漢昭帝。漢昭帝追封生母鉤弋夫人為皇太后，修建陵墓重葬，撥三千戶居護陵墓。鉤弋夫人成了漢武帝的第四位皇后，她的同族兄弟都得到了賞賜，但趙家只有鉤弋夫人的生父得到追封，並沒有出現劉徹擔心的外戚干政情況。

縱覽漢武帝劉徹的感情經歷，生活和政治糾結在一起，沒有區分開。劉徹的權力敏感和強權意識，壓倒了感情傾向。各個皇后的悲劇，大多出於此。比如衛子夫從歌女到皇后，衛青從騎奴到大將軍，締造了一個家族崛起的神話。衛家儘管權勢熏天，但這個家族安分守己，並沒有什麼「負面新聞」。衛家的主要人物還對西漢王朝做出了突出貢獻。可他們遇到了一個強權君主，一個晚年多疑的劉徹，頃刻之間就被連根拔起，滿門抄斬，令人惋惜感慨。又比如陳阿嬌的驕橫、鉤弋夫人可能的專權，都讓劉徹接受不了。而這可能是皇帝和皇后們特有的病徵。

漢宮怨

許平君與漢宣帝的草根神話

當人獲得榮華富貴的時候，貧賤時期的愛情會不會變質？從囚徒戲劇性地躍升為皇帝的漢宣帝劉病已，面臨著內心真愛和強大權力壓力的抉擇，一邊是權臣強加的愛人，一邊是貧寒時期的愛人，到底該選擇哪一個呢？做為立足未穩受權臣掣肘的弱勢皇帝，不管選擇哪一個，劉病已都注定要付出沉重的代價。

草根神話

一

漢宣帝劉病已是個無助的孩子。

進入權力競技場的人都是無助的人。政治險惡，他們往往找不到眞心的朋友，找不到一勞永逸的依靠。但劉病已比其他人更加無助。他一生下來就沒見過父母，祖父劉據、父親劉進、母親王氏因爲「巫蠱之禍」被殺。一個月大的劉病已成了欽犯，進了監獄，僥倖撿了一條命，後來混跡民間奇跡般的做了皇帝，但一切仰仗權臣霍光的支持，是個光棍司令。他像浮萍一樣漂蕩在西漢王朝的政治中心，無根無基，空有尊號而已。

元平元年（公元前七十四年）的秋天，長安城籠罩在一片肅殺、荒涼之中。

劉病已迎來了當皇帝之後的第一個秋天，也第一次感受到了政治秋天的茫然無助。幾個月前，登基之初的劉病已照例要謁見漢高祖劉邦的宗廟。大將軍霍光隨駕前往。他德高望重，能夠和皇帝劉病已並列坐在同一駕車上參加祭祀。劉病已和霍光比起來，身材單薄，氣質稚嫩，更沒有威望可言，反而更像是一個陪駕的隨從。劉病已斜視正襟危坐的霍光，覺得背上有芒刺扎灼肌膚，心中惶恐不安。看著沿途臣工敬畏的神情，他知道他們的敬畏是給霍光的，而不是給自己這個名義上的皇帝的——畢竟霍光經歷四代皇帝、參政五十年，還廢黜了一位皇帝。

劉病已這個可憐的孩子謹小愼微地度過在長樂未央宮的每一天，壓制著內心的眞實想法。能忍的，他都忍了。但最近一段時間，劉病已遇到了一道難以跨越的檻。登基的時候，劉病已半自覺半不自覺地冊立了霍光的小女兒霍成君爲妃子。之後霍光及其周邊的人一再敦促劉病已早日確立皇后人選。他們的意思很清楚，這個皇后就是霍成君。問題是，劉病已並不愛霍成君，甚至連好感都說不上。劉病已深愛貧賤時期的髮妻許平君，兩人還剛生下了一個可愛的皇子。一邊是政治壓力，一邊是內心眞愛，劉病已應該怎麼選擇呢？

在這個寒冷的秋天裡，皇宮中留下了劉病已沉重的踱步聲和偶爾釋放的嘆息。他盡可能像平常一樣去探望剛剛生產的愛妻許平君。但他實在不擅長掩飾，許平君能夠從年輕的丈夫的眼睛中讀到茫然與無奈。這個出身平民的姑娘也第一次感受到了政治的無助。看到愛妻受傷的樣子，劉病已暗暗下定了決心，這一次他不能妥協。皇帝可以在政治上妥協，那是爲了政治前途；但沒有必要在家庭情感上妥協，不一定要爲政治放棄眞愛。

劉病已有信心遏制住霍光等人的壓力，冊立一位名副其實的皇后。在此之前，劉病已已經邁過了兩道政治大檻，一次是嬰兒時躲過血光之災，一次是一步登天成爲皇帝。他能夠艱難地走到今天，除了天意，更是個人艱苦奮鬥的結果……

二

公元前九十二年，魯國（今山東曲阜）人丙吉迎來了自己政治命運的重大轉機。丙吉自幼學習律令，曾經擔任過魯國的獄吏，因有功績，被提拔到朝廷任廷尉右監（廷尉的高級助手）。遺憾的是在朝廷中任職，僅僅需要政績是不夠的。丙吉顯然不適應中央的複雜關係，不久因涉案受到株連，罷官出京，到外地去擔任州從事（刺史的高級助手）。現在丙吉毫無徵兆地接到調令回長安任職，儘管滿懷疑惑，但也趕緊收拾行囊回京。

這一年，長安城內發生了「巫蠱之禍」。這場大禍發生在年老的漢武帝和並不年輕的太子劉據之間。劉據因受敵對勢力和佞臣們的誣陷，爲父皇漢武帝所疑。他懼禍而被迫起兵占據長安，兵敗後自殺。其母、武帝皇后衛子夫也隨之上吊自殺。漢武帝在盛怒之下，喪失了理智，嚴令深究劉據全家及其黨羽。劉據這一脈的皇子皇孫除了劉病已外全部被處斬，長安城有幾萬臣民受到株連。許多京官被削籍爲民。因「巫蠱之禍」案情複雜，涉案人員極多，加上許多京官本身又受到株連，因此朝廷從地方抽調辦案人手。丙吉因爲擔任過廷尉右監，因此被調回長安參與案件審理。

在政治高壓和白色恐怖之中，所謂的案件「審理」完全是一句空話。一切都已經被定性了，丙吉等人的工作實際上就是貫徹上意、完成程序、懲罰犯人。具體到丙吉，他的任務就是主管長安的監獄。

長安的天牢中有一個剛滿月的嬰兒，因爲受「巫蠱之禍」的株連被關入大牢。他就是劉據的孫兒，漢武帝的曾孫。太子劉據納史良娣，生下了皇孫劉進。皇孫劉進納王夫人，生下了這個嬰兒。小嬰兒剛出生就遭到「巫蠱之禍」，曾祖母、祖父母、父母等親人都遇害身亡。小嬰兒尚在襁褓之中。政敵們一時也不知道應該如何處置他，就將他關在大牢中等待命運的審判。

盡職的丙吉在檢查監獄時發現了這個小皇曾孫。當時的嬰兒被遺忘在骯髒的稻草堆上，由於長時間的啼哭耗盡了體力，加上長期的缺奶，早已是奄奄一息。善良的丙吉於心不忍，就暗中在牢房中找了兩個剛生育還有奶水、人又忠厚謹愼的女犯人（一個是淮陽人趙徵卿，一個是渭城人胡組）輪流餵養這個嬰兒。丙吉還給小嬰兒換了一間通風、乾燥的牢房，提供了冷暖適中，物品齊全的條件。

在接下去的幾個月裡，丙吉每月得到俸祿，就先換來米肉供給牢房中的小皇曾孫。他堅持每天檢查嬰兒的生長情況，不准任何人驚擾孩子。有時候，丙吉實在太忙或者生病了，也派家人早晚去探望小皇曾孫，看看被褥是否燥溼、飲食是否得當。然而監獄中的條件畢竟惡劣，剛出生的皇曾孫經常得病，甚至數次病危，丙吉都及時地命令獄醫診斷，按時給孩子服藥，才使孩子轉危爲安。丙吉對這個孩子的照顧漸漸地從最初的恪守職責轉變爲了特殊的關愛。如果沒有丙吉無微不至的照顧，小皇曾孫早就死在獄中了。兩位犯罪在監的奶媽也將小皇曾孫視作自己的孩子，精心照料。就這樣，可憐的孩子在獄中竟然奇跡般的成長了起來。

當丙吉在監獄中細心照顧尚是犯人的皇曾孫的時候，監獄外的「巫蠱之禍」還在繼續，連年不絕。小皇曾孫已五歲了，還沒有離開過監獄的高牆。丙吉覺得將孩子終身養在監獄中終究不是辦法，就試探著請高官貴族收養這個孩子，給孩子正常的成長環境。那些高官顯貴們一聽說孩子的來歷，慌忙搖頭，惟恐避之不及，誰還願意收養？沒有辦法的丙吉只好繼續照顧著小皇曾孫。

在小孩子一次大病痊癒後，丙吉看著體弱多病的小皇曾孫，替他起名爲「病已」。意即孩子的病已經全好了，以後再也不會得病了。這個孩子於是就叫做「劉病已」。

三

後元二年（公元前八十七年），漢武帝生了重病，往來於長楊、五柞宮殿之間調養。有人想在漢武帝病重期間再次興風作浪，指使看風水的人上書說長安監獄中有天子氣。多疑的漢武帝竟然下令將關押在長安監獄中的犯人，無論罪行輕重，一律殺之。老皇帝希望通過這樣決絕的作法來掃除一切對自己權力的威脅。

內謁者令郭穰受命連夜趕到丙吉主管的監獄，要執行皇帝的旨意。丙吉勇敢地抗拒聖旨，命令關閉監獄大門，拒絕使者進入。他隔著牆壁高喊：「皇曾孫在這裡。其他人因爲虛無的名義被殺尙且不可，更何況這是皇上親生的曾孫子啊！」

雙方僵持到天明，郭穰還是進不去監獄。他只好返回宮中將情況報告給漢武帝，並彈劾丙吉抗旨。漢武帝受到這次挫折後，反而頭腦清醒了許多，嘆氣說：「這也許是上天借丙吉之口來警示我吧！」他非但沒有追究丙吉的罪過，也沒有繼續下達殺犯人的聖旨，相反還宣布大赦天下。說來也奇怪，不久漢武帝的病竟然好了。

丙吉主管的監獄一下子就空了。劉病已的兩位奶媽分別回淮陽和渭城去了。劉病已也不再是犯人了，可以做一個自由的普通百姓，眞正算是虎口脫險了。丙吉到處忙張羅著給劉病已找一個去處。他終於打聽到劉病已的父親皇孫劉進的舅舅史家（史家的一個女兒嫁給了衛太子劉據，就是史良娣）。當時史家還有劉病已的舅曾祖母貞君和舅祖父史恭，一家人住在長安近郊的杜縣。丙吉於是把劉病已送到杜縣史家。史恭初見已故外甥的兒子，史老太太見到命運多舛的曾外孫，驚喜交加，毅然接過了撫養大任。老太太對劉病已異常疼愛，不顧年老體衰親自照料他的生活。只有五歲的劉病已當時還沒有記憶，在新的、舒適的環境中，對之前的監獄生活逐漸淡忘了。他對長安監獄中的高牆、兩位慈祥的奶媽和那可以自由出入的丙吉的印象越來越模糊。史家為了孩子的安全考慮，為了給孩子一個正常的環境，也刻意不提長安的監獄。丙吉回到長安，繼續去做他的官，絕口不提劉病已的事情。所有的一切似乎都成為了過去式。

不久，風燭殘年的漢武帝最終知道了「巫蠱之禍」的眞相，明白了兒子劉據的苦衷與冤情。他悔恨不已，下詔罪己，開始為案件平反。臨終前，漢武帝對親自害死兒子劉據耿耿於懷。他想到劉據這一脈中還保留著一個獨孫——劉病已，於是下詔令宗正（主管皇室族系的官員）將他的名字重新載入皇室的牒譜，正式恢復了劉病已的皇室成員身分。

在中國傳統社會中，血緣身分是個人非常重要的組成要素。對於皇室政治來說，血緣尤其重要。它通常是一個人權力合法性的來源。對於劉病已來說，在恢復皇室身分之前，儘管他是前太子的孫子，但做為皇室門外的孩子，他是毫無政治前途可言的。相反，它可能成為政治禍害的來源，因此達官貴人們都不願意收養劉病已。可憐的孩子只能住在舅祖父家裡。現在，劉病已恢復了皇室身分，不僅上升為貴族階層，還在理論上具備了進入政治核心的可能性。更值得留意的是，劉病已的血脈出於漢武帝嫡長子劉據，而且是劉據這一脈唯一的後人。儘管我們不能斷定劉病已的政治前途無量，但日後封爵列侯捧上「金飯碗」還是有可能的。

四

按照制度，未成年的皇室成員由掖庭令看管撫養。劉病已「認祖歸宗」後也從杜縣的舅祖父家被接到了長安來接受撫養教育。巧的是，當時的掖庭令張賀年輕的時候是劉據的家臣。劉據生前對張賀非常好，張賀也始終念著前太子的恩德。現在，他很自然地將這種感情轉移到了前太子的孫子的身上，對劉病已的撫養教育格外上心。

成年後，劉病已居住在長安的尚冠里。張賀不僅在職權範圍內處處優待劉病已，自己資助劉病已讀書遊學，還開始張羅著操辦劉病已的婚事來。

因爲劉病已身分特殊，他的婚事一開始並不順利。張賀原本想把自己的孫女嫁給劉病已，可惜遭到了家族內部的強烈反對。張家其他人反對的理由是劉病已是一個空頭貴族，僅僅有皇室的血統，卻沒有絲毫實質好處。把女兒嫁給這樣的人，生活都不一定能得到保證，更不用說政治發展了。張賀去找了其他貴族官員家庭，結果也都一樣。貴族百官都希望能把女兒嫁給豪門顯貴，起碼得有豐裕的物質生活保障。但劉病已沒有。

一天，張賀遇到了暴室嗇夫許廣漢。許廣漢是個倒霉透頂的傢伙。他是昌邑人，漢武帝時期做了朝廷的郎官，一度政治前途不錯。可在一次隨同漢武帝出巡的過程中，許廣漢暈了頭，將別人的馬鞍套在了自己的馬匹上，被扣上在聖駕面前「盜竊」的罪名，接受了「腐刑」，成了一名太監。許廣漢的太監也當得昏頭轉向的，其實就是一個看管繩索的差使，結果在皇帝要綁犯人的時候他卻找不到繩子了。於是，許廣漢再被發配到監獄中，當了一名最底層的管理員，官名就是「暴室嗇夫」。張賀知道許廣漢這個可憐蟲在做太監之前，生下了一個如花似玉的女兒。於是，爲了劉病已的婚事處處碰壁的張賀向許廣漢提了親。許廣漢開始也不想把視若明珠的女兒嫁給劉病已這個落魄皇孫，但張賀是上司，又考慮到劉病已雖然落魄畢竟是皇室血統，日後存在鹹魚翻身的可能性。許廣漢估量自己的情況，覺得這樁婚事還是挺般配的，點頭同意了。

公元前七十五年，劉病已迎娶了的許廣漢的女兒許平君爲妻。許多奉父母之命的婚姻主角的生活都不美滿。但劉病已和許平君卻一見鍾情，惺惺相惜，恩愛異常。婚後不久許平君就懷孕了，第二年生下一個兒子。

儘管生活並不完美，但劉病已的平民日子過得相當舒服。他接受了系統的教育，向東海澓中翁學習《詩經》，喜歡讀書，也非常用功；同時劉病已也喜歡游俠，鬥雞走馬，遊山玩水。這是當時上流社會的普遍愛好，但劉病已沒有沉溺其中，相反卻利用遊玩的機會，觀察風土人情，深知人民疾苦，接觸到了眞實的社會。劉病已雖然在長安居住受教育，但還是經常回杜縣史家居住。他終身都非常喜歡杜縣一帶的山水，「尤樂杜、鄠之間，率常在下杜。」史恭的兒子、劉病已的表叔史高、史曾、史玄都和劉病已在一起玩耍長大。與生長在深宮之中、長於婦人之手的皇子皇孫們不同，劉病已成長於民間，自己就是普通百姓。他遊歷了關中各地，探訪本朝先帝陵寢，考察民間疾苦，史稱「具知閭裡奸邪，吏治得失」。早年的不幸讓劉病已幸運地獲得了一份眞愛和正常的人格與認知能力。

五

在劉病已十八歲的時候，丙吉又給了他一個大恩。

與劉病已分開後，丙吉仕途輾轉，後來升遷爲大將軍霍光的長史，在霍光身邊經歷宦海沉浮。雖然劉病已和丙吉都生活在長安城內，但他對丙吉當年撫養自己的情形已經淡忘了。元平元年（公元前七十四年）四月，漢武帝的兒子、年輕的漢昭帝劉弗陵駕崩，沒有留下子嗣。大將軍霍光奏請皇后徵漢武帝之孫、昌邑王劉賀爲新皇帝。七月，劉賀即位後，荒淫無道。僅二十七天後，霍光以劉賀淫亂多罪而廢黜了他。於是，中國大地出現了短暫的沒有皇帝、又缺乏繼承人選的情況。

霍光與車騎將軍張安世等大臣多次討論繼承人選，都難以決定。新的皇帝首先要從漢武帝的子孫中挑選，而且輩分不能過高，也不能太低。除了早死的劉據，漢武帝還有四個兒子，分別衍生出四支血脈來。其中劉弗陵一支已經絕嗣；劉賀一支被實踐排除了；漢武帝的兒子中在世的還有廣陵王，但是廣陵王無能無德，漢武帝生前就將他排除在皇位繼承人選之外了，現在自然也不能再去迎立他這一支的人選；燕王一系因爲燕王劉旦謀反自殺，屬於大逆不道，他的子孫順帶喪失了繼承資格。那麼，剩下的就只有同是漢武帝兒子、並曾經是太子的劉據這一支的人選了。

而這一支人選只有剛滿十八歲的劉病已一人而已。

丙吉及時抓住機會，向霍光進言說：「將軍您受孝武皇帝襁褓之託，任天下之寄。不幸孝昭皇帝早崩無嗣，之後所立非其人，復以大義廢之，天下莫不服從。方今社稷宗廟群生之命在將軍一舉。我看現在大臣們所討論的人選都是在位的諸侯宗室，忽視那些還沒有爵位、尚在民間的皇室子孫。將軍，您是否記得，武帝臨終前的遺詔中提到將皇曾孫劉病已認祖歸宗，由掖庭撫養。這個劉病已就是前太子劉據的孫子。我在他幼少的時候見過他，現在已經十八九歲了。劉病已通經術，有美材，舉止有度，名聲在外。希望大將軍先讓劉病已入侍皇宮，令天下昭然知之，然後決定大策，那麼天下幸甚！」

霍光非常認可丙吉的建議，覺得劉病已不論從血統還是才幹上都適合做皇帝，下定了尊立皇曾孫劉病已為皇帝的決心。統攬大權的霍光點頭後，其他大臣也紛紛附和。於是霍光和眾大臣上奏皇太后說：「按照禮法，大宗無嗣，可以擇旁支子孫中的賢者為嗣。孝武皇帝曾孫劉病已，由掖庭撫養長大，至今已經十八歲。他師受《詩》《論語》《孝經》，操行節儉，慈仁愛人，可以繼嗣孝昭皇帝之後，奉承祖宗，為天子。」皇太后同意。

皇宮隨即派使節到尚冠里的劉病已家裡，伺候劉病已洗沐更衣。劉病已沒有任何爵位，因此先去未央宮拜見皇太后，被封為陽武侯；隨後群臣再奉上璽、綬，恭迎陽武侯劉病已即皇帝位。劉病已於是拜謁高廟，向列祖列宗宣布登基稱帝的消息。

劉病已就是漢宣帝。他即位後，對張賀、史恭等人知恩圖報，加官晉爵，甚至連子孫都大加封賞。對於丙吉，漢宣帝認為他有擁立的功勞，依慣例進封為「關內侯」（關內侯不是明確實在的侯爵，而只是表明受封者的侯爵資格）。劉病已並不知道丙吉在幕後對自己的兩次大恩。在他心目中，張賀、史恭等人的功勞要比丙吉更大。朝廷中的官員也都不知道丙吉與新皇帝的關係。丙吉為人敦厚，依然對過去的事隻字不提。在爭功奪利早已是常態的政壇上，丙吉的品德顯得格外的高貴，為自己在歷史上留下了醒目的一筆。

權力與愛情

一

在元平元年的這個秋天中，不止劉病已一個人在回顧皇帝成長和登基的歷史，大將軍霍光也在反覆梳理這段記憶。

劉病已從其中得出的感悟是要加倍珍惜來之不易的眞愛和權力。而霍光得出的結論是自己和霍家對西漢王朝、對劉病已有著「再造之恩」。霍光是四朝重臣，統攬大權幾十年。劉病已的皇位是霍光首肯，並且擁立的。正如同霍光以道德原因廢黜劉賀的皇位一樣，劉病已的地位也並非固若金湯，而是受到霍光的潛在威脅。因此劉病已即位後就以年幼爲原因，將朝政交由霍光打理。霍光沒有猶豫，心安理得地接受了業已成年的皇帝託付的大權。他覺得自己身正不怕影斜。在幾十年的政治生涯中，霍光沒有貪汙腐敗，沒有結黨擅權，而是盡心盡力輔助帝王。

與朝氣勃勃的劉病已不同，此時的霍光已經步入了晚年。人年紀大了，就喜歡回憶。霍光近幾年經常夢見英年早逝的哥哥霍去病。正是哥哥霍去病的影響，霍光才得以隨侍漢武帝左右，出入禁闈二十餘年。哥哥霍去病還爲霍光樹立了盡忠國事的榜樣，霍光小心謹愼，受到漢武帝的器重，最終成爲了漢武帝遺詔中的輔政大臣。八歲的漢昭帝劉弗陵登基後，霍光開始獨掌朝廷軍政大權，史載「政事一決於光」。在霍光主政期間，政治平穩發展，經濟得到恢復。但是霍光一心埋頭苦幹，加上身材高大，不苟言笑，行事嚴謹，讓朝野上下不由自主地感到壓抑和恐懼，給人一種手握大權不放的負面感覺。

霍光覺得自己的地位和權勢是和自己的能力和功績相當的，理應如此。但劉病已早在民間的時候就「聞知霍氏尊盛日久，內不能善」，感染了朝野上下對霍光的負面印象。登基以後，他將霍光和霍家的權勢看作是對皇權的極大威脅。好在劉病已久在坊間生活，深知社會變遷、人情世故，能夠做到不動聲色，對霍光小心翼翼，舉止如常。霍光被蒙在鼓裡而已。他之所以同意讓劉病已「空降」到皇位之上，主要是看中了後者的珍貴血統。霍光與劉病已之前沒有交往，談不上好惡，他需要用劉病已的血統來結束亂局，推動帝國前行。

和許多大權獨攬的領導者一樣，霍光也聽不到清醒、眞誠的意見。各色人等聚集在霍光身邊，分享政治權力，對他一味吹捧逢迎。這些人有著不同於霍光的特殊利益，但在沿著既定道路走下去的大方針上是一致的。因此霍光對自己的被疏遠、被誤解一無所知，更對自身慢慢沾染上的政治陋習渾然無知。霍光沾染上的陋習就是喜歡將皇帝的事情包攬包辦，在擁戴劉病已之後就順帶提出，要將自己的女兒霍成君嫁給他做妃子。這讓事實上不能拒絕的劉病已將原本一樁可能美滿的婚姻當作了一場赤裸裸的政治交換。

這可能是劉病已終身不喜歡霍成君這位大家閨秀的根本原因。

因爲劉病已深愛著來自普通家庭的髮妻，非常珍惜這段貧寒時期的愛情。如果要立皇后，他也想立許平君爲皇后。當霍光及其集團進一步暗示、要求劉病已冊立霍成君爲皇后的時候，劉病已陷入了兩難之中，一方面是眞愛和髮妻，一方面是政治和權臣。他根基不深，即位之初不能得罪霍光，但他也不想違背自己的心願。

冥思苦想後，劉病已下了一道詔書，說自己在貧賤的時候曾經有一把心愛的寶劍。雖然自己現在貴爲天子，佩上了華貴的新劍，但心中一直思念舊劍。可惜的是原來的寶劍找不著了，所以請各位大臣們幫忙尋找舊寶劍。

在立后的敏感時期，劉病已的這道詔書傳達出了強烈的訊息。皇帝對一把舊劍都如此重視，更不用說髮妻了。寶劍沒有找到。但是大臣們紛紛上書，稱讚許平君賢良淑惠，是皇后的最佳人選。霍光原本在扶立小女兒爲皇后一事的態度就不太堅決（能冊立女兒爲皇后最好，不能也沒有關係），如今見事已至此，他也同意立許平君爲皇后。劉病已於是名正言順地立許平君爲皇后。

一場政治風波就這麼風平浪靜地過去了。

二

但是事情並沒有就此了結。霍光的老婆、霍成君的母親名叫顯，是個歹毒的女人。她因為女兒沒有被立為皇后，就對許平君懷恨在心。權力往往能讓人迷失，讓人瘋狂，顯竟然預謀要殺掉許平君。她時刻尋找機會向皇后下手。

兩年後，許平君又懷孕了。皇宮中頓時忙碌起來，太醫們開出一張張藥方，先是滋補、保胎的藥，之後就是產後調理的藥。侍女們為皇后的生產忙成一團。在忙碌之中，巨大的黑手向許平君湧來。

皇后生產給京城中的百官提供了表孝心的機會，許多官員的女眷都要入宮伺候皇后。許平君生產也沒有例外。這一次入侍的女眷中有一個人叫做淳于衍。她事先被顯買通，成為了潛伏在許平君身邊的殺手。但皇后身邊人手眾多，宮廷戒備又很嚴密，隨著生產逐漸臨近結尾，淳于衍始終沒有找到下手的機會。她越來越著急。終於在一次製作藥丸的時候，淳于衍決定孤注一擲，利用自己配藥煮藥的機會，置皇后於死地。

皇宮規定，凡是皇帝皇后要吃的藥，宮中醫生和經手的人都必須事先服用等量的藥物，無不良反應後，再呈送給皇帝皇后食用。淳于衍如何才能避開這一關呢？

淳于衍的作法就是偷偷將一味中藥的粉末加入了配方之中。這味中藥就是附子。附子是毛茛科植物烏頭的子根。生附子有毒，泡製過的附子也辛，甘，大熱。對於心律失常過緩的人，它有提高心率的作用，但是即使如此，也仍舊帶有毒性。中醫對附子的使用非常謹慎，規定孕婦、產婦絕對禁用附子。

許平君喝下淳于衍加了附子的藥物後，隨即便感到極不舒服。附子使她的心率加速、血管硬化。不久產後虛弱的許平君覺得心煩意亂，坐臥不安。她告訴身邊的人今天服用的藥物可能有毒。太醫和淳于衍等人親口喝了許平君尚未喝完的藥，並沒有不良反應。大家只好去安慰無助的年輕皇后。當天，許平君就去世了，年僅十九歲。她是劉病已的第一位皇后，但只做了不到三年的皇后。

許平君死後，劉病已悲痛欲絕，盛怒之餘命令嚴查死因。太醫們商議的結論是許皇后產後虛弱，正常死亡。劉病已不相信，讓朝臣參與調查。但是許平君周圍的人在服用了同一碗藥之後都安然無恙，並無不適。朝廷有關部門將所有的醫生和宮女都抓捕起來嚴刑拷問，也沒有問出什麼來。大家就只好將許皇后的死因歸結爲產後不適。劉病已如此反覆了多次，都找不到眞正的原因，不得不接受悲痛的事實。

許平君被追謚爲「恭哀皇后」，下葬在長安南邊的杜縣。那是劉病已卑微的時候成長和流連的地方，也是他和許平君經常遊玩的場所。若干年後，劉病已將自己的陵墓也選在了那裡。

三

許平君死後，霍成君成爲了新皇后。

她是劉病已的第二位皇后。但是劉病已並不愛她。

客觀地說，霍成君是個很努力的皇后，並非大奸大惡之人。她知道自己的丈夫深愛著死去的皇后，自己的前任。因此她就以許平君爲榜樣，讓自己的言行向許平君靠攏，希望能夠借此填補因爲許平君的死而在丈夫心中騰出來的空間。霍成君成爲皇后之後，像許平君一樣每日拜見皇太后，對宮人和大臣們謙虛謹愼，勉強學到了幾分。但是霍成君與許平君畢竟是成長環境完全不同的兩個人。許平君是在貧寒的民間成長的；霍成君則是在富貴缸中泡大的。大貴族家庭的奢華、虛榮和僞善在她身上留下了或深或淺的印記。許平君做皇后的時候，勤儉節約，平易近人。霍成君做皇后之後，車馬儀仗盛大無比，對宮人大臣經常賞賜，動輒以千萬錢計算。她還常常召見霍家親戚進宮聊天遊玩。霍家親戚在宮中毫不忌諱，飛揚跋扈。

這一切無法讓劉病已對霍成君產生愛意。但是劉病已知道霍成君的背後有龐大的霍家勢力，自己還不能與霍家硬碰硬對抗。他繼續韜光養晦，壓抑對霍成君的不滿，相反他以親昵、疼愛的姿態對待霍成君，甚至包容她的缺點。在外人看來，皇上已經將對許平君的愛情轉移到了新的皇后身上。霍光和顯夫妻兩人非常高興。霍家的人也非常放心。

劉病已將對許平君的愛深深埋藏在心底。做爲他們愛情的結晶，劉病已很早就立許皇后生下的兒子劉奭爲太子。劉奭並非一個德才出衆的王子，劉病已對他也常常有所不滿。出於對劉奭生母許平君的深愛和懷念，出於對劉奭幼年喪母的歉疚，劉病已始終盡力教導他，沒有行廢立之舉。劉奭就是日後的漢平帝。

對於整個霍氏家族，劉病已起初都非常尊寵。即位的第二年，他就下詔說：「大司馬、大將軍霍光宿衛忠正，宣德明恩，守節乘誼，以安宗廟。我要以河北、東武陽等地的一萬七千戶增加霍光的食邑。」至此，霍光的食邑達到了超乎尋常的二萬戶。他還前後獲得賞賜黃金七千斤，錢六千萬，雜繒三萬匹，奴婢百七十人，馬二千匹，甲第一區。霍光的兒子霍禹、哥哥的孫子霍雲、霍雲的弟弟霍山、霍光的兩個女婿等親屬都在朝野擔任要職。至於擔任一般諸曹大夫、騎都尉、給事中職位的霍家子弟不計其數。史載：「黨親連體，根據於朝廷。」

劉病已即位時，其實已經是個成年人了。霍光也曾意識到這個問題，表示要歸政皇帝。但是劉病已謙讓，不肯接受，規定朝廷諸事都先稟告尙書令（霍光管著），然後再上奏天子。

很多人相信霍光在劉病已位置坐定後主動要求歸政是眞心實意。他與西漢王朝的最高權力親密接觸幾十年了，人臣能夠得到的一切都已經得到的，不應該得到的也有機會得到，但是他沒有動那個歪念頭，因爲，霍光是個沒有篡逆野心的人。

但是劉病已久在民間遊走，社會閱歷和經驗並不淺。他寧肯相信霍光是有野心的權臣，寧肯相信霍光歸政是假意試探，做好最壞的準備，也不願相信霍光是眞心歸政。霍光每次朝見皇帝的時候，劉病已都虛己斂容，恭恭敬敬。我們不知道劉病已是否曾經相信過霍光。殘酷的政治現實和血染的歷史教訓讓劉病已只能採取這樣的對策。

霍光眞的是一個沒有野心的幹臣。他眞是太委屈了。

霍光終於在地節二年（公元前六十八年）春病重。劉病已親自光臨霍家詢問病情。在病榻旁，劉病已垂涕哭泣。霍光上書謝恩說：「請求朝廷分我的食邑三千戶，用來封我哥哥的孫子、奉車都尉霍山爲列侯，以侍奉我哥哥原驃騎將軍霍去病的祭祀。」霍光對哥哥霍去病帶有很深的感情，臨死時都想著哥哥一家血脈的延續和發達。

劉病已沒有輕易答應霍光的臨終請求，而是採取了冷處理的方法。他將霍光的請求發到朝廷中，交給丞相、御史等大臣中慢慢討論。爲了安撫霍家，劉病已即日拜霍光的兒子霍禹爲右將軍。三月，霍光死去，劉病已和皇太后都親臨葬禮，備極哀榮。劉病已下詔說：「大司馬大將軍博陸侯宿衛孝武皇帝三十餘年，輔孝昭皇帝十有餘年，遭大難，躬秉義，率三公、諸侯、九卿、大夫定萬世策，以安宗廟。」西漢王朝對霍光的這個評價，是中肯的。

四

霍光死後，霍家幾乎遭受了族誅的厄運。

霍光死後，劉病已讓霍山領尚書事，表面上延續了霍家的權勢。可此時朝廷中再已找不出第二個霍光來了，劉病已的年齡也越來越大了，開始親政。儘管霍山還在宮廷之中掌握著尚書機構，劉病已下令官民上奏不經過尚書，群臣覲見獨來獨往。

霍氏家族繼承者沒有霍光那樣的權勢、能力，也沒有霍光那樣的忠心。他們感覺到大權旁落後，開始厭惡起劉病已來。不久，劉病已提拔御史大夫魏相兼任了給事中，伺奉在左右。顯就對霍禹、霍雲、霍山說：「你們幾個人不能繼承大將軍的餘業。現在讓一個大夫擔任了給事中，他人如果從中離間，你們還能自救嗎？」霍家人憤憤不平起來，後來竟然發生了霍家和魏相家的家奴爭道的惡性事件。霍氏家奴直接跑到魏相家、御史大夫的府邸，拔腿就踢大門。魏相親自出門叩頭謝罪，霍家的家奴這才揚長而去。霍家人的虛榮心得到了滿足，可魏相一轉身就向劉病已上奏進言，告誡劉病已春秋時期權臣禍國的教訓，認爲霍光死後，霍家子弟占據要職，掌握軍隊，霍光夫人顯及諸女眷自由出入宮廷，驕奢放縱，恐怕對朝廷不利，建議劉病已抑制霍家勢力。這是一道密奏，得到了劉病已的贊同。

西漢王朝的天空眞的要變了嗎？怎麼變？

許平君皇后的死成爲了變天的突破口。當初許皇后暴崩的時候，有關部門抓捕了相關的醫生和宮女嚴刑拷問，結果也沒有問出什麼來。其實在將淳于衍下獄拷問的時候，獄吏問得很急很凶。顯害怕自己買通宮人謀害皇后的事情敗露，在官府審訊醫生等人的時候就將全部實情告訴了丈夫霍光。霍光在眞相面前大驚失色。他知道謀害皇后大逆不道，是誅滅滿門的大罪。霍光想去告發妻子，但他是一個重家庭的人。最終他還是不忍心告發，相反還按照顯的意思給審訊部門施加壓力，定淳于衍等人無罪。這也是當初反覆查辦都無疾而終的主要原因。實際上，指向眞相的蛛絲馬跡一直沒有消失。

霍光死後，當年的謀殺案件開始一絲絲地敗露出來。劉病已異常震驚，下決心提前除去霍氏家族。表面上，劉病已依然是不動聲色，暗地裡卻開始向霍家開刀。霍家經過二十多年的經營，勢力在朝野盤根錯節。其中的關鍵人物還掌握著中央的兵權。劉病已就先從除去霍家兵權，清理霍氏官吏開始。他的作法一是以正常調動的作法剝奪霍家人的兵權，一是將霍氏官吏調離京城，轉任地方官，逐步收回實權。比如霍光女婿范明友原官爵度遼將軍、未央衛尉、平陵侯，朝廷收了范明友度遼將軍印綬，讓他專任光祿勳。霍光次女婿任勝原來是諸吏中郎將、羽林監，掌握禁衛軍的指揮權，現在被支到河西走廊去當安定太守守邊關去了。張朔是霍光外甥女婿，原本在宮中任給事中、光祿大夫，是近臣，現在被派到四川做地方官（蜀郡太守）去了。霍光孫女婿王漢情況與任勝相似，原先是中郎將，如今去了更加偏遠的武威郡當太守。而偏向霍家勢力的老丞相韋賢也以「年老多病」的理由被罷免，魏相被封為高平侯，成為新丞相。

這連串的變動在短短十幾天就完成了。令人眼花繚亂的職務變動中，值得一提的有兩點：第一是原先皇宮的守衛都由霍家的女婿們負責，因為他們掌握了中央的軍隊。現在霍氏勢力被清理出了中央軍隊。中央諸領胡越騎、羽林及兩宮衛將屯兵都改由劉病已所親信的妻家許氏和舅家史氏的子弟統帥。劉病已由此掌握了軍隊，為之後的政治舉措奠定了強有力的基礎。第二是霍光的兒子霍禹雖然由右將軍被提升為大司馬，但是失去了直接指揮的直屬軍隊。

霍家母親顯此時再次參與宮廷陰謀，加速了霍家的覆滅。

歷史證明，顯是個搞陰謀詭計的高手，在政治上卻很幼稚。她對許平君的兒子劉奭被立為太子嚴重不滿。雖然女兒霍成君入宮後一直沒有生育，但是她也認為太子的位子應該為自己沒出生的外孫留著。顯憤憤地說：「太子劉奭不過是民間貧婦生的賤種，哪有資格入主大統？難道我霍家女兒日後生的兒子，就只能做一個小親王嗎？」顯不只是發發怨言，還教唆女兒霍成君去毒死劉奭。霍成君好像是闖入政治競技場的小鹿。當庇護自己的森林逐漸褪去，她面對殘酷的草原競爭法則無法適從。母親指出的現實抉擇對她的地位和將來都是有利的，但她的基因還是鹿，不是狼。她對劉病已有感情，希望獲得丈夫的眞愛。先前，丈夫與自己卿卿我我，恩愛往來，已經讓她滿足了。當母親挑破表象後，她震驚得無法接受這一切。霍成君猶豫再三，始終下不了決心。她良心未泯，既不想殺人，也沒有信心。一方面霍成君不像淳于衍一樣有機謀，下得了手；另一方面，劉病已爲了保護太子，精心挑選了忠心耿耿的侍從。每當他人給劉奭送來食物的時候，侍從們都一一爲太子嘗毒。即使霍皇后送來食物，也不例外。

就在霍成君在宮中遭受現實和良心煎熬的時候，宮外的霍禹、霍山、霍雲等人見到實權被日益侵削，多次相對啼泣，埋怨皇帝。霍禹被提升爲大司馬後，始終稱病不朝。

曾任霍禹長史的太中大夫任宣前來探望來上司，詢問病情。霍禹說：「我哪有病？當今皇上如果沒有我家將軍（指霍光）擁立，哪有今天啊？現在將軍墳墓泥土未乾，皇帝就開始排擠我們家人，寵信許史兩家人。皇上奪我印綬，令人不省死。」

任宣見霍禹對朝廷和皇上深懷恨意，意識到了危險的存在。他勸老上司說：「大將軍的時代已經不可能再回來了！當時大將軍他持國權柄，殺生在手中。許多大臣因為忤逆了大將軍的意思而被下獄，甚至是處死。因此朝野有事都先稟報大將軍，將丞相等人等同虛置。現在情況不同的。許、史兩家人都是當今天子的骨肉，得勢顯貴起來是可以理解的。大司馬您如果總是這樣心懷怨恨，下官以為不可。」任宣的這段話可謂道破了中國古代歷史的一大規律：權臣的興起是依附皇權的結果。正所謂三十年河東，三十年河西，皇帝親信誰，誰與皇帝關係密切，誰就能獲取巨大的權力。但是當一個人成為權臣後，他總是希望永遠保持權勢，卻忽視了自己家族與皇帝並不能永遠保持密切的關係。

霍禹無話可答，兩人只能默然以對。幾日後，霍禹宣稱病已經好了，重新開始上朝視事。但是他心中深深的怨恨和對過去權勢的懷念使他身處朝堂，卻不能釋懷。最後，霍家人決定來次瘋狂的冒險。他們制訂了一個政變計畫，陰謀以太后的名義召開酒宴，召集丞相、平恩侯等顯貴，由范明友、鄧廣漢兩個人以太后的命令斬殺他們。接著，霍家就入宮廢黜天子劉病已，改立霍禹為皇帝。霍家在之前扶立過三個皇帝，還輕易廢黜了一個皇帝。霍禹和顯等人似乎覺得再多廢黜一個皇帝也是可行的。但是他們卻不知道，霍光在世的時候，他廢黜劉賀，根本就沒有動刀子，召開會議動了一下嘴就成功了。現在，做為霍光的子孫，霍禹等人卻需要如此精心謀劃，大動干戈，可見霍家的權勢眞的是大勢已去了。

霍禹等人不僅疏忽大意，而且拖延不決。結果陰謀還在謀畫階段，第一波官職調整中倖免的小集團成員又被調任出京，打亂了計畫的實施。先是霍雲被拜爲玄菟太守，要去遙遠的遼東地區任職；接著是任宣要去山西擔任代郡太守，去防備匈奴人。無能的霍山在這關鍵時刻，自亂陣腳，向同夥祕密寫信通報情況，聯絡下一步行動。結果事機不密，霍山先被人告發密通書信，溝通大臣。顯見情況緊急，搶先上書朝廷情願獻出城西的宅第和一千匹馬，請求赦免霍山的罪行。

霍山的書信還是被呈報給了劉病已。朝廷很快就發現了霍家的政變陰謀。劉病已採取了嚴厲的鎮壓措施。霍雲、霍山、范明友見事情敗露，自殺身亡；顯、霍禹、鄧廣漢等人被抓捕入獄。結果霍禹被腰斬，顯及霍家親屬被棄市。劉病已以政變案爲突破口，大規模清理霍氏黨羽。結果因與此案相連而被誅滅的有數千家之多。

五

皇后霍成君在事變發生後，被囚禁在昭台宮。起初霍成君傷心、悔恨，責備家人。但是她對自己的命運還是有信心的。自己畢竟沒有幹什麼傷天害理的事情，自己畢竟是皇上喜愛的妻子，自己的皇后地位並沒有被廢黜。霍成君期盼著自己有朝一日能夠搬出冷宮，重新成爲皇后。但是奇跡並沒有發生。

幾個月後，昭台宮來了使臣。他向尚懷有希望的霍成君宣讀了劉病已的詔書。詔書說：「皇后熒惑失道，懷不德，挾毒與母博陸宣城侯顯謀，欲危太子，無人母之恩，不宜奉宗廟衣服，以承天命。嗚呼傷哉，其退避宮，上璽綬有司。」在詔書中，劉病已責備霍成君追隨母親顯，謀害太子，心懷歹毒，失去了做皇后的資格。霍成君被正式廢去皇后尊位，逐出皇宮。

霍成君在家破人亡、無依無助的情況下被送到長安郊區的上林苑中，囚禁在陽台宮。

十二年後，劉病已依然對霍成君抱有恨意。他下令不許霍成君繼續居住在皇家宮殿中，而是囚禁在一個名叫「雲林館」的小屋中。不久，劉病已乾脆下令霍成君自殺。我們不知道霍成君被廢黜後的日子是如何度過的，也不知道她是如何自殺的。我們只知道這位一心想做皇后卻只當了五年皇后的貴族女子自殺時只有三十三歲。

霍成君死後被埋葬在長安市藍田縣的昆吾亭東。墳墓痕跡早已經消失在歲月風塵之中。

霍氏家族被剷除後，劉病已出巡或者祭祀的時候，車騎將軍張安世陪同皇帝的車騎。現在劉病已和張安世坐在一起，從容舒服，一點也沒有芒刺在背的感覺了。

霍光自受漢武帝遺詔輔弼漢昭帝以來，歷經四代皇帝，主持朝廷政務二十年。在霍光主政期間，漢朝一改漢武帝晚年的貧乏和混亂，社會經濟取得了發展。霍光和他哥哥霍去病一樣，對漢朝是立有大功的。但是霍光權勢熏天，其間主持皇帝的廢立，成爲前所未有的大權巨，功績、勢力和聲望都超過了做爲皇帝的劉病已。在皇權至上的時代，霍光家族嚴重侵犯了皇權。霍家的失敗在於霍光沒有及時全身而退，沒有與劉病已保持良好的關係和溝通。也許，這是所有像他那樣的權臣所面臨的共同難題。

霍家遇到了劉病已這樣精於世故、老成穩重的年輕皇帝，舉止失措，釀成了大禍。

到漢成帝時，爲霍光平反的聲音開始出現，最後朝廷爲霍光設置了百戶人家守塚，並尋找到霍光同族的後代霍陽，封他爲博陸侯，食邑千戶。霍氏家族最後還是享受到了普通功臣的待遇。

童話的尾聲

一

在經歷了戲劇般的童年少年和與權臣的爭鬥後，劉病已的後半生幾乎是波瀾不驚。

公元前六十四年二月，劉病已冊立了自己的第三位、也是最後一位皇后：王氏。王氏一直在宮中默默無聞，冊後此舉震驚了朝野。劉病已以王氏爲皇后，除了王氏這個人老實巴交，低頭做人外，主要是看中了她身上的兩大特點：一是王氏是老友之女，二是王氏沒有生育。

王氏的父親王奉光是以鬥雞爲生的普通百姓。劉病已在民間生活時喜歡鬥雞，很早就認識了王奉光。如果王奉光只是普通的鬥雞翁，那王氏也成不了皇后。因爲王奉光的家族是西漢的開國元勛，在漢高祖時期受封關內侯。只是傳到王奉光時，王家早已經敗落，與普通百姓無異了。王家與劉病已早年的交情和家族歷史，是王氏成爲皇后第一大原因。

王氏入宮後，劉病已幾乎就沒有過問過她。因此王氏年紀雖然大了，但一直沒有生育。這樣的人成爲皇后，就免去了日後干政的危險，同時也可以做爲太子劉奭名正言順的養母。劉病已依然深愛著許平君。他要防止許平君被毒死和劉奭受到霍家威脅的歷史再現。他要爲太子尋找一位可靠的養母。因此，劉病已的第三次立后，主要目的還是為了太子的成長。王氏恰恰符合合格的養母的各方面條件。

王氏成為新皇后之後，物質享受和身分地位都有了極大的提高，但她依然過著清宮孤燈的日子。劉病已極少去找她，也從不光顧她的寢宮。寂寞的王皇后將空餘的精力和感情都傾注在了劉奭身上，對太子無微不至的愛護。王皇后和劉奭結下了深切的母子親情。她雖然沒有從劉病已的身上獲得親情，但卻獲得了未來皇帝的孝順和尊崇。

劉病已知道自己不愛王氏，自己的作法對王氏是不公平的。因此他在其他方面給予王氏補償。王奉光被封為邛成侯。王家享受了做為外戚應有的所有尊貴和待遇。

二

過了許多年後，劉病已排除權臣親政。一個名叫則的老宮婢離開皇宮後，生活困難，於是就讓別人替自己向當時的掖庭令上書請功。則在上書中說自己曾經有保護養育皇帝的功勞，是自己在艱難困苦中撫育了當今的皇上，要求朝廷照顧自己的晚年生活。有關部門對這樣的上書不敢怠慢，呈送給漢宣帝御覽。

劉病已看到上書，腦海中許多模糊的印象逐漸匯集起來。他隱約回憶起自己的童年似乎還有許多故事被遺忘了，自己的童年不應該只局限在五歲之後。但是劉病已已經回憶不起確切的情形了。好奇、感恩的情緒促使劉病已下令掖庭令親自去詢問宮婢則詳情。

宮婢則陳述了自己對皇帝的養育之恩，並說所有的事情當年的監獄官、現任御史大夫丙吉都可以證明。掖庭令就把宮婢則帶到丙吉的府中，與丙吉當面確認詳情。年老的丙吉認出了這個老宮婢。他說自己的確見過則，但是她根本不是皇帝當年的奶媽。

丙吉指著宮婢則，這才將當年長安牢獄中的情況一五一十地述說出來。宮婢則當年是在牢獄之中，丙吉也曾經讓她照顧小皇曾孫。但是則並不盡心餵養，有的時候還責打劉病已。丙吉說：「只有淮陽人趙徵卿，渭城人胡組才算是皇上的奶媽。」丙吉把自己和兩個奶媽當年在獄中共同撫育劉病已的艱難、害怕和無奈動情地告訴了掖庭令。

劉病已聽到回答，既震驚又感動。他腦海中有關童年的點點滴滴全都串聯了起來，一幕幕感人的景象逐一再現。丙吉有舊恩卻不言功，甘於幕後，令皇帝感嘆不已。

劉病已迅速做出決定，下詔免則為庶人，但念其在自己年幼的時候有過餵養舉動，賜錢十萬給她養老；下詔地方尋找胡組、趙徵卿兩位奶媽。地方官回報說這兩個人已經死了。劉病已再下詔尋找兩人的子孫，找到後厚加賞賜。在這裡，歷史顯得多麼的有情有義。胡趙兩位當年的囚犯，忠厚善心，雖然一生備受磨難，但最終還是得到了報答。

對於丙吉這位救命恩人和道德君子，劉病已專門下詔給丞相說：「朕幼年卑微之時，御史大夫丙吉對朕有舊恩，功德無量。《詩》曰：『亡德不報』。朕要封丙吉爲博陽侯，食邑一千三百戶。」使節去丙家授封時，丙吉已經病重，不能起床下地。劉病已就讓人把封印紐佩戴在丙吉身上，表示封爵。丙吉因爲自己的善舉、謙讓和高尙的道德，不僅獲得了皇帝的尊寵，也贏得了朝野的敬佩。

丙吉死後，朝廷追謚他爲「定侯」。

長安人伍尊年輕的時候是監獄的小吏，看到了丙吉撫養劉病已的一幕。劉病已即位後，伍尊勸丙吉向皇帝上書請功，被丙吉謝絕。後來，劉病已的兒子漢元帝劉奭在位時，伍尊上書說：「先帝（劉病已）在時，臣曾上書向朝廷陳述我看到的一切。結果上書經過丙吉手中，丙吉謙讓，刪去了臣的言辭，都將功勞歸於胡組、趙徵卿。」漢元帝時期，朝野依然對丙吉的高尙行爲大爲稱讚。

整個西漢王朝都非常尊崇丙家。丙吉的博陽侯是世襲的，丙吉的兒子丙顯繼承了父親的爵位。丙顯行爲失措，曾經犯下大罪。朝廷看在丙吉的功勞上，對丙顯的罪行免於追究。丙家子孫都世代繼承侯位，直到王莽篡漢時才絕。

三

在宏觀歷史上，劉病已是西漢「昭宣中興」的主角。由於他成長於民間，深知民間疾苦，所以在親政的二十多年裡，勤儉治國，清徭薄賦，恢復和發展經濟。劉病已廢除一些苛法，屢次蠲免田租、算賦，招撫流亡，在發展農業生產方面繼續霍光的政策。因為「病」、「已」兩個字都是常用字，臣民避諱不易，劉病已自己改名為「劉詢」。同時劉病已整肅吏治，加強皇權。他設置了治御史以審核廷尉量刑輕重；規定郡國呈報獄囚被笞瘐死名數，加強中央對地方的控制。此外他還召集著名儒生在未央宮講論五經異同，統一思想。在對外關係上，劉病已聯合烏孫大擊匈奴。後來匈奴內部分裂，呼韓邪單於公元前五十一年親至五原塞上請求入朝稱臣，成了漢朝的藩屬。西漢與這支匈奴保持良好的關係，使邊境逐步寧息。公元前六十一年西漢擊敗西羌，後任將軍趙充國實行屯田，加強邊防，使羌人歸順，接著襲破車師。第二年，劉病已設置西域都護，使現在的新疆地區正式歸屬於西漢中央政權。

劉病已統治下的漢朝政治清明，社會經濟繁榮，在外交上完成了漢武帝傾全國之力而未竟的功業。天下殷富，百姓康樂。史載：「孝宣之治，信賞必罰，文治武功，可謂中興。」劉病已與漢昭帝劉弗陵的統治被並稱為「昭宣中興」。

公元前四十九年冬，劉詢病重，不久病死於長安未央宮。詔命侍中、樂陵侯史高爲大司馬兼車騎將軍，太子太傅蕭望之爲前將軍，少傅周祿堪爲光祿大夫，共同輔佐劉奭。劉病已在位二十五年，享年四十四歲，諡號孝宣皇帝，廟號中宗，史稱漢宣帝。劉病已死後，按照他的願望被安葬在杜縣。他的陵墓就是現在的陝西杜陵。

元康元年（公元前六十五年）春，劉病已就在杜縣東原上爲自己修造陵墓，更名杜縣爲杜陵。因爲他少年時代在鄠杜一帶遊走，十分喜歡那裡的山水人情。許平君死後，就被安葬在這裡。

但是劉病已並沒有與心愛的許平君合葬。與他一起埋葬在杜陵裡的是王皇后。王皇后於永始元年（公元前十六年）以太皇太后的身分去世。當時的漢成帝是劉病已的孫子，並不明白祖父與三位皇后的恩怨情愛。依照慣例，太皇太后王氏就與丈夫劉病已合葬了。王氏的陵墓被稱爲東園。現在西安市東南曲江三兆村南有東西並排兩大塚，便是杜陵與東園。許平君的陵墓單稱少陵，也稱杜南。

雙飛燕

趙飛燕與漢成帝的輕歌慢舞

鴻嘉元年（公元前二十年）某夜，陽阿公主家來了一位貴客，家中的舞女趙飛燕照例要歌舞助興。趙飛燕不知道自己演得好不好，她只看到座上年輕的客人從始至終一直死死盯著自己看，看得卑微怯弱的趙飛燕心裡直發毛。當天晚上，趙飛燕在陰暗狹小的住所被人強行帶走，踉踉蹌蹌地趕赴長安城內那座被高大圍牆和森嚴禁軍把守的宮殿。在這裡，帥氣的漢成帝劉驁正在焦急地等待著舞女趙飛燕的到來。

班婕妤

一

漢宣帝甘露三年（公元前五十一年），當時還是太子的漢元帝劉奭和宮女王政君生了一個皇孫。劉病已喜出望外。也許是自己童年的悲慘遭遇讓劉病已印象深刻，所以他特別寵愛這個孫子，寄予厚望，親自取名爲「劉驁」。「驁」是千里馬的意思，漢宣帝劉病已希望這個孫子能夠成爲日後王朝的千里馬。

劉驁看起來並沒有辜負爺爺的期望，按部就班地長成了一個美男子。他「善修容儀」，平時十分注意自己的形象，相貌和氣質都很出衆。劉驁還「尊嚴若神」，不苟言笑，言行都符合帝王威儀和身分。接受了系統的教育後，劉驁「博覽古今」，學問和能力也都不錯，不是那種花瓶人物。即位後，劉驁就是漢成帝。他罷斥了父親漢元帝時期的佞臣石顯，抑制宦官勢力，鼓勵臣民直言進諫，獎勵孝悌力田，減免租賦，大赦天下等等，著實做了一些好事。

不過，劉驁雖然在政治上有所作爲，興趣點並不在治國執政上。他最大的興趣還是享樂。

從小，劉驁就被按照振興王朝的有爲君主的標準來培養。他的培訓成績不錯，但人性中活潑好動、豐富多彩的內容被壓抑住了。現代心理學告訴我們，在壓抑環境中成長起來的孩子，往往在外界的壓力消失後，逐漸走向之前言行的反面，並且把之前壓抑著的惡性成倍爆發出來。不幸的是，劉驁就是這樣的孩子。過了登基最初的新鮮勁，劉驁內心隱藏的享樂心思滋長蔓延了出來。他開始在許多政務上放權，把節約下來的時間用來大興土木，相繼斥重金建造了霄游宮、飛行殿和雲雷宮。除了高樓大廈，劉驁另一大愛好便是美女。劉驁的皇后許氏，出身名門，相貌端莊，知書達理，是經過層層遴選後成爲皇后的。最初，劉驁很喜歡許皇后。兩人恩愛過一段時間。

皇帝的愛情永遠不是他一個人的事情。

從劉驁的父親漢元帝時開始，外戚王氏家族的勢力開始崛起。劉驁即位，王政君成了太后，再加上劉驁逐漸懶惰政事，王家的勢力趁機膨脹。許皇后得寵，許氏家族勢力也開始崛起。這引起了王家的擔心。他們抓緊機會攻擊許皇后。幾年後，許皇后相貌不像之前那般光彩照人，本就三心二意、見異思遷的劉驁和許皇后在一起的時間開始減少了。

王太后和王氏家族敏銳地決定給劉驁找一個美女，替代許皇后的角色。

二

班婕妤就是在這樣的背景下，走入劉驁的生活的。

婕妤並不是她的名字，而是後宮嬪妃的封號。班婕妤姓班。他們這個班家在西漢時期出了許多名人，比如大歷史學家、寫《漢書》的班固，「不入虎穴焉得虎子」的班超和女歷史學家班昭都應該叫班婕妤「姑奶奶」。在班固的筆下，「姑奶奶」班婕妤並非傾國傾城的大美女，但是美而不豔，麗而不俗，而且博通文史，知書達禮，很符合主流審美標準。劉驁發現了她的美豔和內涵後，很快被她所吸引，冷落了許皇后。

太后王政君和王家勢力很樂意班婕妤得寵。因爲他們可以借班婕妤來打擊許皇后的勢力，而且班家人丁單薄，勢力微弱，不會對王家構成威脅。

劉驁很快天天同班婕妤膩在一起。班婕妤的文學修養和史學造詣很高，常常引經據典，和劉驁有許多共同語言。她還擅長音律，對於絲竹歌舞也很了解，能夠給劉驁帶來聲色享受。更重要的是，班婕妤爲人寬容豁達，不但沒有嫉妒心——這是多數女子不能避免的，還把侍女李平介紹給了劉驁。李平長得很漂亮，很快也得到了劉驁的寵愛。劉驁封李平爲婕妤。劉驁想到自己的五世祖母衛子夫也是微賤出身，因此賜李平姓「衛」。這麼多的優點，班婕妤實在是太出色了，難怪劉驁很快忘記了許皇后，專寵班婕妤。

班婕妤既然繼承了主流審美標準，自然也包括了政治標準。在得到劉驁的寵愛後，班婕妤沒有沉溺於男女恩愛之中，主動承擔了督促劉驁勤政的責任。儘管她像每個後宮女子一樣希望皇上寵愛自己的時間越長越好，但潛移默化的主流政治標準要求她不能讓帝王疏忽責任，沉迷聲色。那樣的話，班婕妤覺得自己罪莫大焉。

劉驁為了能與班婕妤方便出遊，特地造了一輛大大的輦車。不想，班婕妤拒絕說：「聖賢之君都是和名臣一同出遊的，只有末代昏君才和女色同坐。」她這是在勸漢成帝親近賢臣遠女色，頓時讓劉驁玩意全無。班婕妤就好似一朵蓮花立於水中，劉驁能夠欣賞卻不能褻玩，而且蓮花氣質凜然，不時提醒劉驁要潔身自好，負起皇帝的責任來。

王政君對此很欣賞，稱讚：「古有樊姬，今有班婕妤。」這裡的樊姬是春秋時期楚莊王的妃子。楚莊王即位時，不務正業，喜歡遊獵。樊姬苦苦相勸，不起作品，於是不再吃獸肉，最終感動楚莊王改過自新，勤於政事。樊姬也勸諫楚莊王要親近賢臣，還推薦了名賢孫叔敖為楚國令尹，幫助楚莊王稱為「春秋五霸」之一。可見，王政君對班婕妤這個兒媳婦非常肯定。

但慢慢的，劉驁對不配合自己玩樂的班婕妤失去了興趣。他本是個浪蕩公子，在宮廷的「板正」下做了幾天謙謙君子就膩煩了。班婕妤想把他拉回到已經厭倦的生活中去，劉驁自然是敬而遠之了。不僅躲避，劉驁還躲得很遠，乾脆跑出宮去，到外面的花花世界尋找刺激。長安城內留下了微服出行的劉驁尋歡作樂的身影。

鴻嘉元年（公元前二十年），劉驁劉驁微服來到陽阿公主家。公主家的美味佳肴、奢華布置和盛情招待都沒有給他留下深刻的印象，一個舞女，一個身世卑微可憐的舞女，牢牢抓住了劉驁的眼睛和他的心。

這個舞女叫做趙飛燕。

趙飛燕是姑蘇（今江蘇蘇州）人，長得很漂亮，不是許皇后和班婕妤那種端莊高貴的漂亮，而是徹徹底底的、世俗的、媚到骨子裡的漂亮。宮中長大的劉驁從來沒有見過這種舞女的美。加上趙飛燕擁有江南少女特有的輕盈嬌柔，在翩翩起舞中，在輕紗帷幔中，一顰一笑都看得劉驁目不轉睛。

趙飛燕的美和媚，是從苦難的生活中學來的。不客氣地說，這是她謀生的手段。趙飛燕原名趙宜生，還有一個孿生妹妹叫做趙合德。她們倆的母親是很疏遠的皇族（江都王的孫女姑蘇郡主）。母親嫁給中尉趙曼後，又和王府舍人馮萬金私通，生下了趙宜生和趙合德這對私生姐妹。姐妹倆生下來就受歧視，很小的時候父母就死了，流落街頭。後來長安人趙臨收留了小姐妹倆，教給她們歌舞後到處演出賺錢，後來又賣入陽阿公主府中當舞女。因爲趙宜生體態輕盈，舞女圈子裡乾脆叫她「趙飛燕」。

這天，主人家來了一位客人，趙飛燕要進行一場很尋常的歌舞表演。她不知道自己演得好不好，只看到座上年輕的客人從始至終一直死死盯著自己看，看得卑微怯弱的趙飛燕心裡直發毛。表演結束後，趙飛燕回到了陰暗狹小的住所，本想繼續和妹妹趙合德貧困茫然的生活。不想，當天晚上，幾個人闖了進來不由分說地帶走了嬌小的趙飛燕。趙飛燕不敢反抗，只敢在途中偷偷揣測自己將被帶往何方。幽暗的長安街道燈火稀少，無聲地蔓延向未知的遠方，趙飛燕覺得這預示著自己黑暗未知的前途。不知道過了多久，她開始看到了黑黝黝的高聳的圍牆，接著又看到全副武裝的衛兵。一行人略有停頓，一扇巨大的門在趙飛燕面前徐徐打開……

原來，劉驁在陽阿公主的宴席上對趙飛燕一見鍾情。那婀娜的舞姿、那世俗的嫵媚、那受驚的神情，都是劉驁沒有見過的。劉驁馬上請求公主將這個舞女送給自己。陽阿公主自然答應，協助劉驁把趙飛燕連夜送入宮中。

這一夜，趙飛燕的人生完全顛覆了。這一夜，擁趙飛燕在懷的劉驁完全釋放了壓抑心底的欲望。這才是我眞正需要的女子，可以讓我儘量享樂的知己。享受與政治責任無關，與端莊高貴與否無關，與宮廷的條條框框無關。劉驁所要的享受，只有在世俗的環境中才有。趙飛燕真正填補了劉驁需求的空白，迅速集後宮數千寵愛於一身。西漢王朝歷史上最持久、最誤國的聲色享受開場了。

三

得到趙飛燕後，劉驁自然冷落了班婕妤。

班婕妤很清醒，也很豁達，她知道清楚宮中必將是趙飛燕的天下。班婕妤沒有像許皇后那樣失寵後流露怨言，她也沒有許皇后那樣有大家族可以依靠。於是她在被迫搬入冷宮之前，寫了一封奏章呈遞給劉驁，自請到長信宮伺候皇太后王政君。劉驁很快就批准了。班婕妤馬上移居長信宮，過起了對景枯坐的退隱生活。

所謂「伺候」其實並不需要班婕妤親自動手做什麼，無非是面子上的禮節往來而已。況且此時的班婕妤對王政君和王家來說，已經沒有了利用價值，僅僅保持一團和氣而已。所以，班婕妤的長信宮生活無事可做，無聊至極。每日破曉，長信宮門打開，班婕妤拿著把帚開始打掃台階……

唐代的孟遲專門有一首〈長信宮〉來感嘆班婕妤的冷遇：「君恩已盡欲何歸？猶有殘香在舞衣。自恨身輕不如燕，春來還繞御簾飛。」君恩來時浩蕩，去得也快，其中的心理落差非親歷者難以體味。班婕妤好在有深厚的文學底子，閒暇時還可以寫詩作賦，聊以寄託。在長信宮，班婕妤寫了許多自傷的詩歌，結果情壇失意文壇得意，留下了多首名詩。比如《怨歌行》寫道：

新裂齊紈素，鮮潔如霜雪。
裁作合歡扇，團團似明月。
出入君懷袖，動搖微風發。
常恐秋節至，涼飆奪炎熱。
棄捐篋笥中，恩情中道絕。

對班婕妤來說，失寵就是失戀。她要承受後半生漫長的痛苦煎熬，每一分鐘都無限漫長。只能通過「合歡扇」、明月等物件，通過往昔伴君的美好回憶來消磨時間。最害怕的就是連寄情的物件和回憶都沒有了，那就只能困守在冰冷的冬天了。

冷宮中的女子是中國古代史上一個被忽視的群體。她們原本生活在聚光燈下，有著令人羨慕的前途，如今卻生活在遠離陽光的冷宮，很少有人去關注她們的苦悶、寂寞、無助與淒涼。王昌齡的〈長信秋詞（其三）〉就寫了長信宮的秋天：「奉帚平明金殿開，且將團扇共徘徊。玉顏不及寒鴉色，猶帶昭陽日影來。」每天平明時分，長信宮的女人們開始持帚清掃庭院，然後每天的大部分時間就只能與團扇爲伴了。她們動人的容貌沒有人欣賞，連自由都喪失了，還不如空中的寒鴉幸運。女人們羨慕地看著寒鴉，想像它們飛躍皇上所在的昭陽殿上空，那裡曾經有她們的夢想、憧憬和君王往日的寵愛。無奈的是，這些美好都一去不復返了；唯有想像，才能讓冷宮重新照耀一些回憶的陽光。

班婕妤就是衆多不幸而無奈的女人中的一個，在長信宮中耗盡了生命的光彩。最後，歷史記住了班婕妤的賢良淑德，稱讚她，同情她，可做爲一個女人在現實中得不到家庭的恩愛和自由的生活，後世的肯定對她又有多少意義呢？

漢宮飛燕

一

劉驁和趙飛燕的美好生活，和長信宮的悲涼形成了極端的對比。

劉驁的創造性在趙飛燕身上極大迸發了出來，給新寵提供了他能提供的一切榮華富貴，還變著法子讓趙飛燕高興。他讓趙飛燕看到了什麼叫做奢侈，什麼叫做皇家氣派。趙飛燕瞬間飛入雲霄，覺得之前的生活環境就彷彿是地獄。體會到做人樂趣的趙飛燕異常珍惜到手的榮華富貴，珍惜劉驁的寵愛。結果，劉驁在取悅趙飛燕，趙飛燕也施展渾身解數取悅劉驁。爲了進一步取悅趙飛燕，也爲了進一步享樂，劉驁下令在皇宮太液池建造了一艘華麗的御船，叫「合宮舟」。他拋棄世間世俗，不顧清規戒律，常常帶著趙飛燕上船躲到湖上，歌舞享樂。趙飛燕穿著南越所貢雲英紫裙、碧瓊輕綃，和著〈歸鳳送遠〉的輕慢舞曲，翩翩起舞。此情此景，讓劉驁如痴如醉。

一次，劉驁正在船上欣賞趙飛燕的舞蹈。突然湖面狂風驟起，船身劇烈晃動，身輕如燕的趙飛燕正在舞蹈中途竟然被風吹倒。劉驁慌忙令一旁伴奏的侍郎馮無方去救護。馮無方很輕易就拉住了趙飛燕。爲了防止趙飛燕再被大風吹倒，馮無方就拽住趙飛燕的兩隻腳。趙飛燕繼續若無其事地繼續舞蹈。很快，「飛燕能作掌上舞」就成了宮廷內外盛傳的傳說。它幾乎成了日後輕盈美女翩翩起舞的最佳闡釋。

趙飛燕跳過龍門後，沒有忘記還在底層掙扎的妹妹趙合德。她賣力地向劉驁推薦妹妹，成功地把趙合德也引進了宮來。趙合德和趙飛燕同樣年輕美麗，同樣豔俗嫵媚，同樣舞藝出眾，不同的是趙合德長得高　豐腴，和姐姐趙飛燕的輕盈婀娜是兩種風格。兩種風格互補，讓劉驁喜出望外。他同時封孿生姐妹為婕妤。

至於劉驁和趙飛燕、趙合德姐妹之間是否有愛情，那就不得而知了。

自從得到趙飛燕和趙合德姐妹後，劉驁對朝廷政務更是不聞不問了。君權旁落的趨勢不可避免地加快了，外戚王家聚斂了越來越多的權力。

說來也奇怪，自從劉驁冷落許皇后寵愛班婕妤，再到冷落班婕妤專寵趙飛燕的三年時間裡，連續發生了三年日蝕。這是典型的「陰盛陽衰」的天象，引得人們議論紛紛。那時候的天象異常可是一件大事，朝臣們總要和政治得失聯繫起來。既然是「陰盛陽衰」，那就得糾正過來。開始有朝臣們出來指責連續三年的日蝕是上天對外戚權力過大的警示，進而歸咎於王氏專權。

王氏一派勢力很緊張。怎麼化解掉指責呢？好在外戚不只王氏一家，還有許皇后代表的許家呢！於是，王氏一黨將攻擊的矛頭引向許皇后，說日蝕是因為皇后「失德」造成的。他們操縱朝廷，削減了許皇后的「椒房掖廷用度」，還禁止她和皇上劉驁見面。

許皇后滿肚子的委屈憤怒無從發洩，許家的人也憤憤不平，想著怎麼反撲。結果，許皇后的姐姐、平安侯夫人許謁想出了一個笨辦法：大搞迷信活動來詛咒王家的人。他們裝神弄鬼、針扎木偶、燒符念咒，想讓車騎將軍王音和後宮中一個有身孕的王美人不得好死。這種把戲既小兒科又容易讓人抓住把柄，王氏家族很快就知道了。他們想藉機置許家於死地，可出來揭發的人不方便是王家的人，最好是有第三者出來攻擊許家。

而這個人竟然是入宮沒有幾個月的趙飛燕。她主動跳了出來，「揭發」許皇后的「罪行」。

打倒許皇后的難度不大，收益卻不小。許皇后倒台後，趙飛燕將是最直接的受益者。但這並不是趙飛燕自動站出來的全部原因。我們知道，趙飛燕來自貧困的底層，知道生活的艱辛所以更加珍惜眼前的富貴。她和妹妹趙合德在宮中立足未穩，需要通過什麼事情迅速鞏固地位。成長經歷讓趙飛燕沒有太多的道德約束，一些政治技巧無師自通。告發許皇后既可能使自己取而代之，又可以和王氏家族拉近關係。趙飛燕後一方面的考慮也許更重要。她幫了王氏家族一個忙，來換取王家對她們姐妹在後宮地位的肯定。

告發的結果是許皇后被廢黜，許氏家族的所有成員罷免的罷免，流放的流放。

王家對趙飛燕姐妹勢力突然冒出來，事後也默許了。可當趙飛燕鬧著讓劉驁立她爲新皇后時，皇太后王政君還是堅持不同意。她覺得趙飛燕「要價」太高了，同時也擔心推翻一個許皇后，來了一個趙皇后，還是會威脅到王家的權勢。所以，王太后藉口趙飛燕出身貧寒，堅持反對兒子冊立趙飛燕爲后。劉驁不敢冊封趙飛燕爲皇后，后位暫時閒置了。

趙飛燕就去找王政君的外甥淳于長，請他出面做姑姑的工作。淳于長看準劉驁正寵著趙飛燕，幫趙飛燕的忙就是幫皇上的忙，不會有錯。他就跑到王政君面前當起了說客。淳于長沒敢和姑姑說「其實我們王家出身也很貧寒」，而是說：「趙飛燕出身貧寒，恰恰可以立她爲皇后。因爲趙家人丁稀少，沒有根基，即便出了個皇后也不會威脅到王家的勢力，反而會對太后您感恩戴德。」王政君覺得有道理，不再反對立趙飛燕爲后。劉驁馬上展開行動，先是在永始元年（公元前十六年）封趙飛燕養父趙臨爲成陽侯，讓趙家身分鍍了一層金，接著就封趙飛燕做了皇后，晉封趙合德爲昭儀。順帶著，淳于長因爲立后有功，也晉封了侯爵。

至此，趙飛燕用美麗開路，憑藉著在苦難中學會的手腕伎倆，成功地母儀天下了。

二

可嘆的是，趙飛燕被立爲皇后之日，也是她走向下坡路之時。

因爲她遇到了強大的競爭對手，那就是妹妹趙合德。和姐姐趙飛燕相比，趙合德的姿色更加出色，而且肌膚雪白豐腴，行爲溫柔體貼，更有一番魅力。劉驁最喜歡躺在趙合德光滑溫暖的懷抱裡，稱之爲「溫柔鄉」。

劉驁對趙合德的寵愛日盛一日。他把整個昭陽宮都賜給她一人居住。史書不吝筆墨地大書特書昭陽宮的富麗堂皇：「其中庭彤朱，而殿上髹漆，切皆銅遝黃金塗，白玉階，壁帶往往為黃金釭，函藍田璧，明珠、翠羽飾之，自後宮未嘗有焉。」這樣的陳設裝飾，奢華到前所未有的程度。而劉驁對趙合德的恩寵也達到了前所未有的地步，賞賜不斷，流連不去，不問世事。

斗轉星移，日子一天天過去，劉驁和趙飛燕姐妹盡情享受著人間的歡愉和帝國的財富。劉驁當一個甩手掌櫃，對趙氏姐妹言聽計從。趙飛燕的兩個兄弟也相繼封侯，趙家看似躍升為了帝國的名門望族。不過，趙飛燕很快就發現了一個問題：無論是自己還是妹妹，經常受到劉驁的寵愛，卻一直沒有生育。日子一年年地過去了，兩姐妹的肚子就是鼓不起來。專寵而無子，這對後宮女子來說是非常危險的事情。沒有兒子，就沒有穩定的未來；而且你霸占著皇上的恩寵卻不能生育，別人會指責你威脅到皇室的血脈傳承，進而威脅到帝國的長治久安。趙飛燕姐妹開始承受壓力，為自己命運擔憂。

要想永保榮華富貴，要想保住皇后的位置，趙飛燕必須生一個兒子出來，或者讓妹妹生一個兒子出來。可惜的是，努力了多年，兩個人都失敗了。焦急的趙飛燕懷疑劉驁的身體有問題，可這又不能明說。最後，她只好鋌而走險，開始紅杏出牆。一方面是為了生育，一方面也為了打發劉驁留戀趙合德時自己寂寞的時光，趙飛燕頻繁趁劉驁夜宿妹妹處，淫亂宮廷，與他人通姦。這些「姦夫」包括年輕的侍郎們，也包括宮奴。更可惜的是，趙飛燕努力了多年，還是沒能懷孕。

她再次鋌而走險，決定將宮外的孩子抱進宮來冒充自己的孩子。於是，趙飛燕宣稱自己懷孕了，同時積極開展「抱子計畫」。不知道是她派出去辦事的心腹過於無能膽怯，還是皇后懷孕的消息導致宮廷武士對趙飛燕住所的戒備加強了，趙飛燕一黨的計畫實施了多次都沒有成功。不是在外面找到的孕婦最後生出來的是女嬰，就是放在箱子裡的嬰兒哭出來聲來讓計畫夭折了，眼看著「產期」臨近，趙飛燕還沒有得到合適的人選。最後，趙飛燕放棄了，不再偽裝懷孕了，乾脆宣布自己不慎流產。她只能寄希望於奇跡出現，姐妹倆的肚子哪天能鼓起來。

在趙飛燕種種骯髒行徑過程中，妹妹趙合德都是知情者。她非但沒有出來揭發，還拖住劉驁的注意力，不時幫姐姐遮擋。

現在，我們可以肯定，趙飛燕和趙合德姐妹這一方，對劉驁根本就沒有愛情，有的是對榮華富貴的貪婪和依戀。而劉驁被可憐地蒙在鼓裡。趙飛燕姐妹還蠻橫地不讓其他嬪妃親近劉驁，對劉驁偶爾寵幸的女子都百般刁難、時刻監視。

十餘年後，皇宮裡一直沒有誕生皇子。西漢皇室血脈面臨著中斷的危險。

劉驁和趙飛燕、趙合德姐妹爲什麼就生不出孩子來呢？有人說這是趙飛燕姐妹的問題。首先，趙飛燕太瘦，本身就不容易懷孕。因爲太瘦的女人脂肪不夠正常數量，很可能出現內分泌紊亂，影響懷孕。而趙合德爲了保持皮膚潔白光滑，長期服用養顏和塑身的藥丸。古代的醫學科技肯定不如現在，那些藥丸不知道是用什麼做的，也不知道是否有副作用。雖然趙合德吃了以後效果不錯，但很難說就沒有產生副作用。趙合德見藥丸效果不錯，推薦給了趙飛燕服用。結果兩人都沒有懷孕。

還有一種說法是趙氏姐妹不育的罪魁禍首是劉驁。劉驁守著後宮數千女子沒能生下一男半女來，很可能如趙飛燕想的那樣，是劉驁的身體有問題。最有力的一個證據就是在趙飛燕姐妹專寵之前的幾年中，劉驁就沒能生育。期間，許皇后流產兩次，班婕妤也流產過一次。「從醫學的角度說，如此頻繁的流產，只能歸罪於劉驁本人的生理缺陷。這是正史不願面對和承認的事實：劉驁本人精子品質低劣，以至不能使受精卵懷足十月而中途流產。」（許暉《趙飛燕姐妹與漢嗣中絕》）

面對皇帝無子的現實，劉驁本人和朝臣都不得不從宗室子弟中尋找繼承者。

王爺中和劉驁血緣關係最近的就是中山王劉興和定陶王劉欣兩人。中山王是劉驁的弟弟，定陶王是劉驁另一個弟弟劉康的兒子，也就是他的侄子。選誰好呢？大臣們分爲兩派，莫衷一是。

定陶王的祖母傅太后是個厲害角色。爲了讓孫子繼承皇位，她跟著孫子一起來京城朝覲劉驁。傅太后善於在紛繁複雜的形勢中抓住解決問題的要害。朝臣們爭論的意見不重要，關鍵是看皇上劉驁的意思。而劉驁又是深深受到王家和趙飛燕的影響的，尤其是對趙飛燕姐妹幾乎是言聽計從。傅太后暗中賄賂趙飛燕姐妹和驃騎將軍王根。趙飛燕自己生個小皇帝是沒有希望了，扶持一個傾向自己的小皇帝也不失爲明智的選擇。那樣可以保證趙家日後的地位。於是，一個有情，一個有意，趙飛燕姐妹迅速和傅太后結成聯盟，說起了定陶王劉欣的好處，向劉驁吹枕邊風。最終，定陶王劉欣在趙飛燕姐妹的努力和王家勢力的首肯下，被劉驁選定爲接班人。

此刻的趙飛燕和趙合德，內心一定既無奈又擔心。她們無異於在賭博，只能把自己的未來寄託在第三者的身上。

漢室絕嗣案

一

綏和二年（公元前七年）三月，被酒色掏空身子的劉驁在趙合德的懷抱中暴亡。

劉驁死前沒有任何病症。野史說在臨死前的那一晚上，劉驁還和趙合德瘋狂親熱。第二天醒來的時候，劉驁就癱倒了，片刻之後就死了。趙合德哭著把劉驁抱在懷裡想有所救治，無力回天，只能看著姐妹倆的靠山迅速死去。

劉驁死後諡曰「孝成帝」。《漢書》很不客氣地評價劉驁：「遭世承平，上下和睦。然湛於酒色，趙氏亂內，外家擅朝，言之可為於邑。建始以來，王氏始執國命，哀、平短祚，莽遂篡位，蓋其威福所由來者漸矣！」基本上，劉驁對江河日下的西漢帝國無所作為，在內寵信趙氏姐妹，在外任由君權旁落，導致外戚王家擅權。在他死後十五年（公元八年），劉驁的表兄弟王莽就篡奪了江山。歷史上公認劉驁要對西漢的覆滅負主要責任。

漢成帝劉驁是個美男子，能力也不錯，端坐在龍椅上就是位穆穆天子。他最大的毛病就是縱情聲色，幾乎把所有的時間、精力和財富都傾注在了出身貧寒的趙飛燕、趙合德姐妹身上。劉驁以為無盡的寵愛是他給予愛人最好的保護。不幸的是，趙飛燕姐妹恃寵獨霸後宮十多年，舉止失措，又沒有家族勢力做爲外援，結果置身於危險境地。當劉驁猝死在趙合德的懷中後，趙飛燕姐妹的噩夢開始了……

劉驁死後，趙飛燕姐妹對王家來說就沒有利用價值了——之前，趙氏姐妹可以把劉驁的身心拖在溫柔鄉中，方便王家攬權。如果說現在還有什麼價值的話，那麼趙家姐妹是很好的「替罪羊」，可以讓趙飛燕姐妹爲許多問題負責，通過打擊趙家的勢力來抬高王家。

這不，劉驁剛死，皇太后王政君和大司馬王莽就追問趙合德「皇帝起居發病狀」。趙合德是百口難辯。皇帝好端端地來她那，結果被發現猝死在她的懷裡，怎麼解釋呢？趙合德承受不了壓力，畏罪自殺了。

趙飛燕的情況要好點。定陶王劉欣繼位，就是漢哀帝。漢哀帝很感激趙飛燕，並沒有爲難趙飛燕，還尊她爲皇太后（王政君則「升格」爲太皇太后）。趙飛燕就夾著尾巴做人，希望能夠平安地度過餘生。

二

以王莽爲代表的王家不想讓趙飛燕安生，就是要痛打落水狗。

漢哀帝即位不久，司隸校尉解光就揭發出來趙飛燕姐妹「謀殺皇子」的驚天大案來。這椿案子的過程是這樣的：

天下都以爲漢成帝劉驁沒有生育，解光說其實在趙飛燕姐妹獨霸後宮期間，嬪妃許美人和中宮史曹宮都得到過劉驁的寵幸而懷孕，還生下了兩個皇子。但兩人的孩子都被趙氏姐妹謀害了。解光做爲負責京畿及周邊地區治安的行政長官，專門派遣從事掾業、史望兩個人進行了調查，詢問了知情者。這些知情者包括：掖庭獄丞籍武，太監王舜、吳恭、靳嚴，官婢曹曉、道房、張棄，伺候過趙合德的婢女于客子、王偏、臧兼等人。

官婢道房和曹宮在宮中是對食（宮女之間結成的同性夫妻，或者太監和宮女結成的假夫妻）。元延元年（公元前十二年），曹宮對道房說：「陛下寵幸了我。」幾個月後，曹宮的肚子就鼓了起來。宮婢曹曉也作證說，她看到曹宮挺著個大肚子，就問怎麼回事。曹宮回答：「這是皇上的孩子。」當年十月，曹宮被送入掖庭的牛官令舍生育，有六個婢女照顧她的生活。一個皇子就這麼誕生了。

沒幾天，中黃門宦官田客拿著漢成帝的詔書，用蓋著御史中丞封印的綠綈方底裝著，找到掖庭獄丞籍武說：「將牛官令舍婦人生下的嬰兒和六個婢女都抓入監獄，不要問那個嬰兒是男是女、是誰的孩子！」籍武將一干人等都抓入監獄。曹宮知道情況不妙，偷偷對籍武說：「請妥善保管好我兒子的胎衣，你應該知道他是誰的兒子！」三天後，田客又拿著詔書來問籍武：「孩子死了嗎？請把結果寫在背後。」籍武就寫道：「兒見在，未死。」一會兒，田客又來找他：「皇上和趙昭儀很生氣，你怎麼還不殺了他們？」籍武已經猜到了事情真相，叩頭哭泣道：「不殺這個孩子，我知道自己該死；可殺了這個孩子，日後我也是死罪啊！」籍武請田客轉遞一個奏章給皇上，奏章寫道：「陛下還沒有繼嗣。孩子既然出生了，就不分貴賤，請陛下三思！」

奏章遞進去後，田客很快又來找籍武：「今夜漏上五刻，到東交掖門把孩子交給太監王舜。」籍武就問田客：「陛下看到我的奏章，有什麼反應？」田客回答：「目瞪口呆。」當夜，籍武就把曹宮生的皇子交給了王舜。王舜得到劉驁的指示，將孩子藏在宮中，挑選了官婢張棄來當乳母。王舜對張棄說：「好好撫養這個孩子，有重賞。千萬不要把消息洩露出去！」當時，小皇子出生才八九天。

三天後，田客再次拿著詔書，裡面有個小綠篋。詔書說：「要求籍武把篋中的東西給獄中婦人，籍武要看著她把東西喝下去。」籍武發現篋中有裹藥二枚，還有詛咒人的赫蹄書，上面寫道：「告偉能：努力飲此藥，不可復入。女自知之！」這裡的偉能就是曹宮的字。曹宮讀後說：「果然是她們姐妹要擅權天下，要害死我！我的孩子是皇子，額上有壯髮，很像孝元皇帝。現在我兒在什麼地方啊？」最後曹宮飲藥而死。她死後，六名宮婢都被叫了出去。她們回來告訴籍武：「趙昭儀對我們說：『你們沒有過錯。如果你們願意自殺，就不連累家屬。』我們都說願意自殺。」這六人都上吊死了。結果，籍武揭開了這些事情。

至於張棄，她養了皇子十一天後，宮長李南拿著詔書取走孩子。這個皇子最後不知所蹤。這是趙合德謀害第一個皇子的經過。

解光揭發的趙氏姐妹謀害許美人兒子的經過，和漢成帝劉驁牽涉了進來。許美人在元延二年生了一個皇子。劉驁起初還讓太監靳嚴帶著醫生、藥丸送到許美人處。對於又一個皇子的誕生，趙氏姐妹又哭又鬧。趙合德的婢女于客子、王偏、臧兼等人都聽到趙合德對漢成帝說：「皇上，你口口聲聲說你不是在我宮中，就是在皇后姐姐家，許美人的兒子是哪裡來的？難道你要立許氏爲皇后嗎？」趙合德說得涕淚交加，用手敲打腦袋，最後還哭喊著用頭撞柱子，從床上滾落到地上，整天哭鬧著不吃飯。她大喊：「現在怎麼安置我，我要回家！」劉驁覺得不可理喻，也賭氣不吃飯。趙合德說：「陛下常自言『絕不負你』，現在許美人有了兒子，你竟然負約，怎麼辦？」劉驁辯白：「我對你們趙氏有約在先，不會立許氏的。我不會讓天下有家族超越趙氏的，不用擔心！」

在趙合德的壓力下，劉驁派太監靳嚴帶著詔書去找許美人，把孩子放在筐子裡，帶到趙合德宮中的簾子後面。小皇子被帶來後，劉驁和趙合德命令于客子解開筐子，然後讓婢女們都出去。劉鷲關了房門，和趙合德兩個人在房子裡。不一會兒，房門打開了，劉鷲叫于客子、王偏、臧兼等人進來，把筐子抬出去。最後是太監吳恭把筐子交給籍武。吳恭提供了一系列合法文件，都御史中丞封印。命令寫道：「告武：筐中有個死嬰，找個地方埋了，不要讓別人知道。」籍武就在獄樓牆下挖了個坑，把死嬰給埋了。

按照解光的調查，劉鷲和趙合德兩人在房間裡暗暗殺死了許美人的孩子。不管是劉鷲動手殺的，還是趙合德殺的，都令人髮指。尤其是劉鷲，中年無子，卻爲女色所迷惑，親手殺死或者坐視別人殺死唯一的嗣子，簡直昏庸殘酷至極。

在這兩樁「謀害皇子」大案中，趙合德罪不可赦。有詳細的作案經過，又有大批人證出來指證，可謂是證據確鑿。其中最關鍵的人證就是掖庭獄丞籍武。他是兩樁案子的主要執行者，也是人證中唯一一個宮廷外面的朝臣。解光還說，元延二年原掖庭令吾丘遵曾對籍武說：「掖庭丞吏以下都和趙合德狼狽爲奸，我沒有其他人可以說話，只想和你說話。宮廷中因爲皇上的寵幸而懷孕生子的女子都被害死了，至於被逼飲藥墮胎的人就數不勝數了。」吾丘遵臨死前還對籍武說：「現在我要死了，之前告訴你的事，你一定要保密啊。」

解光的調查一公布，朝野掀起了軒然大波。趙合德已經自殺了，人們就要求嚴懲趙氏。漢哀帝有意袒護趙家，但迫於壓力不得不罷免趙家的兩位侯爵（趙飛燕的兄弟新成侯趙欽、侄子成陽侯趙訢）為庶人，把趙家的家屬都流放遼西郡安置。懲罰至此終止，皇太后趙飛燕沒有受到衝擊。

這整件事情堪稱人間悲劇，在眾怒洶湧之下迅速作出了判決。但正是因為憤怒主導了案子的處理，使得當時對這驚天大案沒有仔細的審理和推斷。解光的報告是否準確呢？最大的疑問就是雖然案情曲折，但沒有提出確鑿的證據來——證據很容易取得，可是事後既沒有勘察現場，追查曹宮所生皇子的下落，更沒有去挖掘許美人所生皇子的屍骨。總之，解光的報告被「一邊倒」地採信了，然後「一邊倒」地對趙家進行嚴懲。

考慮到當時王家勢力如日中天，王莽主持朝政，案子的快速揭發和處理和他有莫大的關係。而趙家勢力被清除後，王家是最大的受益者。很多人懷疑這是王莽主導的陰謀，一方面是清除一個已經敗落的外戚家族，痛打落水狗；一方面是抬高王莽和王家的聲望。所以，群情激憤以後，王莽就利用輿論，迅速處理掩蓋了自己的陰謀。

趙飛燕無力還擊。她沒有發出聲音的管道和舞台，憤怒的人更不會聽信她的辯解。結果，她被「缺席審判」，聲名掃地，在當時和日後都臭不可聞了。

三

漢哀帝是個短命皇帝，昏庸消極，還大搞同性戀，在位五年就死了。

漢哀帝是趙飛燕的保護傘，正是因爲他的庇護，趙飛燕才沒有受到進一步的打擊。現在漢哀帝死了，趙飛燕的日子就更加難過了。話說漢哀帝也沒有子嗣，宗室劉衎即位。王莽大搞家族政治，在清理了漢哀帝時期的外戚勢力後，順帶也要把趙飛燕徹底剷除掉。他通過太皇太后王政君的名義，給趙飛燕姐妹定性爲：「前皇太后與昭儀俱侍帷幄，姐弟專寵錮寢，執賊亂之謀，殘滅繼嗣以危宗廟，悖天犯祖，無爲天下母之義。」趙飛燕被貶爲孝成皇后，被勒令搬出皇宮，徙居北宮。

過了一個月，王莽覺得懲罰還不夠，再次下詔：「皇后自知罪惡深大，朝請希闊，失婦道，無共養之禮，而有狼虎之毒，宗室所怨，海內之仇也，而尙在小君之位，誠非皇天之心。夫小不忍亂大謀，恩之所不能已者義之所割也。今廢皇后爲庶人，就其園。」他要廢趙飛燕爲普通百姓，逐出皇家。

趙飛燕本是普通女子，來自社會底層，因爲偶然的機遇被皇上所寵幸，原以爲可以憑藉美貌和心機保住榮華富貴。不想，宮廷險惡、政治殘酷，遠遠超出了她們的控制之外。結果，不僅給家族帶來的禍害，還惹禍上身。

見到廢黜自己的詔書後，趙飛燕沒有搬出北宮，也沒有反抗，平靜地自殺了。

洛神賦

甄宓與曹植的無緣之戀

二〇四年，袁紹大本營鄴城陷落。血氣方剛的曹丕提著寶劍衝進袁家，在瑟瑟發抖的袁家女眷中發現了國色天香的甄宓，當時她還是袁家的媳婦。曹丕和甄宓男有情女有意，原本可以成為美好的一對，卻在短暫的恩愛之後以曹丕賜死甄宓的悲劇告終。後人將可憐的甄宓和同樣受到曹丕迫害的曹植聯繫了起來，演繹出了虛假卻安慰人心的「緋聞」。一紙〈洛神賦〉更增加了若干真實色彩。

甄妃淚

一

東漢末年，冀州中山無極（今河北省無極縣）的甄家是當地的望族。甄宓是甄家最小的女兒。

甄家是官宦世家，祖上出過太保甄邯。甄宓的父親甄逸擔任過上蔡令。光和五年（一八二年），甄宓出生，三歲時父親去世，留下甄宓和三位哥哥、四位姐姐一共八個孩子。在八個孩子中，甄宓最引人注目。還是嬰兒的時候，家人常常看見有天使從空中降下來，給睡夢中的甄宓蓋上玉衣蓋。大家驚奇不已。河北著名的相士劉良專門來看相，指著幼年的甄宓說：「此女子日後貴不可言。」於是，甄家或多或少地在甄宓身上寄託了振興家族的希望。

甄宓也主動承擔起了復興家族的責任，處處嚴格要求自己，養成了事事追求完美、精益求精的習慣。那個時代所有女子應該具備的賢良淑德，甄宓都具有。比如八歲的時候，家人諸姐都上樓去看大街上的馬戲表演，甄宓卻不屑一顧。姐姐們奇怪地問她，甄宓回答：「這豈是女子看的東西？」九歲的時候，甄宓就有過目不忘的本領，喜歡拿哥哥們的筆硯來練字。哥哥們笑她將來要當「女博士」，甄宓回答：「聞古者賢女，未有不學前世成敗，以爲己誡。不知書，何由見之？」

甄宓不僅品格能力出衆，而且還天性仁慈、孝順長輩、見解不凡。

甄宓的母親生性苛刻，待兒媳們很不好。十幾歲的甄宓就常勸母親對嫂嫂們好一點。母親最後被甄宓說服，一家人相親相愛。

東漢末年，河北戰亂不休，餓殍遍野。普通人家變賣金銀財寶，就爲了保命。甄家雖然大不如前，但畢竟底子厚，衣食無憂，還有大量糧食儲備。甄宓的哥哥們就趁機高價出售糧食，收斂了大量金銀財富。十歲的甄宓極力反對家人這麼做。她說乘亂聚斂財富，不但容易引起民憤，而且可能招致亂兵盜匪的垂涎，會危及到家人性命；不如把存糧拿出來賑濟親戚鄰里，廣施恩惠，不僅可能收攬人心還安全。家人聽了甄宓的話，恍然大悟，立即照辦。結果在亂世中許多豪門大族都覆滅了，並不是鼎盛家族的無極甄家卻保存了下來。

甄宓實在是太優秀了，名聲遠播。人稱「江南有二喬，河北甄氏俏」，可見甄宓名聲已經與三國著名美女大喬小喬姐妹並列了。

占據河北四州的大軍閥袁紹聽到甄宓的名聲，就向甄家下聘禮，希望甄宓嫁給自己次子袁熙。考慮到袁紹家族「四世三公」，又是天下最大的軍閥，最有可能蕩平群雄登基稱帝，甄宓接受了。這次聯姻，讓甄宓離「貴不可言」的預言近了一步，也讓甄家向家族中興的目標邁進了一步。

那麼愛情在這樁婚姻當中有多大的分量呢？

袁熙擔任幽州刺史，代表家族鎮服北方，婚後長期不在鄴城的家中。袁家迎娶甄宓的目的是把河北著名的美女放到自己家裡，這就像成功男人往往覺得只有天底下最好的東西才能配得上自己一樣。甄宓只是一件好東西。

從甄宓角度來說，這樁婚姻能給家族帶來巨大的好處。畢竟甄家已經開始敗落了，如今和袁家「綁定」了日後很可能重振雄風，飛黃騰達。甄宓結婚，現實考慮遠遠超過了感情考慮。誰讓她是一個顧全大局的乖女兒，誰讓她長得傾國傾城，名聲在外呢？

婚後，甄宓和丈夫袁熙長期兩地分居，沒有留下什麼記載，也沒有生育。

沒幾年，形勢的發展證明甄宓的現實考慮失敗了。袁家勢力在和曹操的對抗中，節節敗退。尤其是在官渡一戰中，袁紹喪失了全部主力，丟盔棄甲逃回了鄴城。袁紹鬱鬱而終。二〇四年，鄴城在經受了多年戰爭後，被曹操父子親自率兵攻下。

城破之時，曹操的次子曹丕一馬當先，提劍衝殺進袁府。來到堂前，曹丕看到了袁家的一群惶恐不安的女眷。他一眼就發現在袁紹夫人劉氏後面站在一位女子。這名女子雖然蓬頭垢面，雖然淚流滿面，但是身上散發了迷人的魅力，讓曹丕怦然心動。曹丕占領袁府後，向各位女眷宣布父親曹操有令，要保護袁紹家眷。曹丕請劉夫人不要害怕。劉夫人將信將疑。曹丕又問劉夫人，背後的女子是誰。劉夫人回答說：「是袁熙的妻子。」曹丕告辭而去，出門前還回頭深情看了一眼以巾拭面的甄宓。曹丕走後，劉夫人長嘆了一口氣，對甄宓說：「這下，我們都不用擔心性命了！」

沒幾天，曹操就向甄家下聘，要爲次子曹丕迎娶甄宓。甄家和婆家劉夫人都同意了。於是，二十三歲的甄宓成了十八歲的曹丕的妻子。

兩漢魏晉時期，中國人對婚姻的觀念還比較開放。離婚改嫁被人們普遍接受。曹丕的母親、曹操的正妻卞氏就是軍營娼妓出身，日後照樣成了曹魏王朝的皇太后。據說，曹操本人對甄宓傾心已久，攻下鄴城的時候還想占爲己有，但見到兒子對甄宓一見鍾情，也就成全了晚輩的婚姻。

幾年後，甄宓的第一個丈夫袁熙死在了逃亡途中。

二

甄宓的第二樁婚姻，是現實考慮和感情考慮雙重結合的典範。

曹丕家族具有和袁紹家族具有的所有優點，甚至有過之而無不及。更重要的是，對於一個女子來說，能在亂世中找到傾心愛慕自己的愛人，殊難不易。可是，幸運的甄宓就找到了。曹丕雖然年輕五歲，對甄宓的感情卻是認眞的。門當戶對、郎才女貌、珠聯璧合，等等形容詞用在曹丕和甄宓的婚姻中都不過分。

甄宓是個追求完美的人，在經過一次失敗的婚姻後，迎來了一次理應成功的婚姻。

曹丕和甄宓結婚後，一起生活在鄴城，度過了幾年恩愛幸福的時光。曹丕在甄宓之前娶過一位妻子任氏。現在曹丕覺得任氏完全比不上甄宓，要把任氏趕回娘家去。甄宓制止丈夫說：「任氏出身鄉黨名族，論德論色，我都比不上她，爲什麼要趕她走呢？」曹丕回答：「任氏狷急不溫順，和我不合拍，所以要趕她走。」甄宓哭著爲任氏求情：「我受您寵愛，盡人皆知。現在任氏被趕出家門，人們會以爲是因我的緣故。我上懼見私之譏，下受專寵之罪，希望您重新考慮！」曹丕不聽，堅持把任氏送回娘家。在曹丕看來，沒有一個女子比甄宓美麗。這件事也顯露了甄宓心胸開闊，考慮問題全面的優點。她果然和任氏不一樣，將曹丕的家事處理得井井有條，還多次勸曹丕廣納姬妾。曹丕對大度賢良的甄宓越來越喜歡。甄宓和婆婆卞夫人的關係處理得也很好，常常噓寒問暖。婆婆跟著公公曹操遠征，甄宓牽腸掛肚，茶飯不思，見到婆婆回來才眉開眼笑。卞夫人高調誇獎甄宓是孝順媳婦。

在鄴城的幾年裡，甄宓爲曹丕生下了長子曹叡和長女東鄉公主。

然而曹丕終究是一個政治人物，不可能總是生活在鄴城的夫妻生活中。曹家權勢越強大，曹丕就越忙。政治人物做丈夫的壞處就是他首先要為政治奔波，其次才能照顧家庭。政治人物有不同於正常人的行事標準。首先在時間上，政治人物就不自由。一句話，政治總是放在愛情前面。

曹操日漸顯露出代漢自立的趨勢，一個曹姓王朝若隱若現了。曹丕是曹操的繼承人，自然也要做好接班的準備。曹丕開始不斷出外辦事，在鄴城的時間越來越短。他先是做了魏王世子，在父親死後接班做了魏王，最後是完成了父親未竟的心願——篡奪漢朝的天下做了皇帝，建立了曹魏王朝。曹丕就是魏文帝。

曹丕在政治上不斷上升，甄宓在曹丕心中的地位卻在下降。

曹丕個性非常進取，不懂得留戀。這可能是政治人物的通性，不能故步自封，總是要不斷追求新的目標。甄宓又聽任丈夫納妾，導致曹丕身邊美女如雲。當皇帝後，曹丕身邊的女子就更多了。漢獻帝退位後被降封為山陽公，還把自己兩個女兒獻給曹丕。在此前後，甄宓犯了一個致命錯誤，就是沒有搬到首都洛陽去和曹丕在一起，而是堅持住在河北鄴城。甄宓和曹丕分離的時間越長，留在丈夫心中的魅力就越淡。夫妻感情開始疏遠。她漸漸失寵就在情理之中了。保不准美女當中還有嫉妒甄宓的正妻地位，挑撥離間，中傷甄宓的。甄宓連分辯的機會都沒有。

曹丕開始寵愛一個新人：郭氏。郭氏的「硬性條件」比不上甄宓。她長得沒有甄宓漂亮，更甄宓那樣有文才，而且還出身銅鞮侯家的婢女，被做爲禮品送給了曹丕。郭氏從做曹丕的侍妾開始，憑藉深知人情世故，處事理智冷靜引起了曹丕的注意，逐漸進入曹丕的政治圈子。郭氏爲曹丕和弟弟曹植爭奪繼承人地位，幫助曹丕處理棘手問題，出了許多好點子，很受曹丕器重。郭氏既能照顧曹丕生活，又能出謀劃策，正是曹丕所需要的伴侶。

甄宓失寵、郭氏上升的明顯證據就是曹丕稱帝後遲遲不立正妻甄宓爲皇后。甄宓僅被封爲「夫人」，郭氏卻被封爲地位不相上下的「貴嬪」。到底封誰爲皇后，曹丕在妻子甄宓和寵妾郭氏之間猶豫。

很多人指責郭氏參與了對甄宓的造謠中傷，以此來抬高自己。可深知人情世故的她，怎麼可能如此幼稚地衝鋒陷陣去攻擊最大的敵人，給曹丕留下可能的壞印象呢？從史料上來看，郭氏是一個相當低調，懂得隱藏的人。她爲曹丕做了許多事，都自覺藏到曹丕的身後。發達以後，郭氏孝順長輩、抑制外戚、勤儉生活，言行無可挑剔。她是那種讓人挑不出毛病來的那種人。甄宓遇到了這樣的對手，可就危險了。

史載：「踐阼之後，山陽公奉二女以嬪於魏，郭后、李、陰貴人並愛幸，后越失意，有怨言。」看著丈夫被前漢朝的兩個公主、郭氏、李氏、陰氏等人團團包圍，甄宓心裡開始不舒服，又從不舒服轉變爲埋怨。她是追求完美的人，言行力求盡善盡美，卻在婚姻上遭到了丈夫的冷落。她深感自己處境惡劣，又埋怨丈夫無情，寫下了唯一傳世的作品〈塘上行〉：

蒲生我池中，其葉何離離。傍能行仁義，莫若妾自知。
眾口爍黃金，使君生別離。念君去我時，獨愁常苦悲。
想見君顏色，感結傷心脾。念君常苦悲，夜夜不能寐。
莫以豪賢故，棄捐素所愛。莫以魚肉賤，棄捐蔥與薤。
莫以麻枲賤，棄捐菅與蒯。出亦復苦愁，入亦復苦愁。
邊地多悲風，樹木何修修。從君致獨樂，延年壽千秋。

曹丕南向稱帝，尊貴無雙，甄宓卻身陷「邊地多悲風，樹木何翛翛」的惡劣環境中，過著「獨愁常苦悲」、「夜夜不能寐」的悲慘生活。「衆口爍黃金」一句，甄宓直指自己遭到了曹丕身邊女人的中傷陷害，和丈夫生生別離——這句話不太精準，甄宓自己也不夠積極主動。苦悶哀愁的日子，甄宓過不下去了，無可奈何之餘寄情絲於筆墨，把這首詩寄給了洛陽的曹丕。甄宓希望能夠喚起曹丕對夫妻間的美好時刻的回憶，從而改善自己的境遇。

然而，誰能想到，曹丕讀完後，產生了截然不同的想法。他沒有讀到愛，讀多舊情，讀到的是愁苦，是哀怨。這些愁苦和哀怨的矛頭都對準曹丕。曹丕原本就對甄宓不滿，如今爆發了出來。他勃然大怒，失去理智，派使者前往鄴城逼甄宓服下毒酒自殺。

無辜的甄宓就這樣香消玉殞。這是黃初二年，也就是曹丕登基當皇帝第二年的事情。此時，甄宓年僅四十歲，曹丕時年三十五歲。

甄宓冤死後，被人披散頭髮遮住臉龐，口中還被塞滿米糠下葬。許多人又把這筆債記在郭氏的身上。

陳思王

一

曹丕的江山是老爺子曹操費勁心計打下來的，但皇帝的寶座則是他費勁心計、花了老大力氣才從弟弟曹植手裡奪來的。

曹操的長子曹昂早年戰死疆場，他和第二任妻子卞氏生有四個兒子：曹丕、曹彰、曹植、曹熊。曹彰只有匹夫之勇，曹熊常年生病，只剩下曹丕和曹植兩兄弟爭奪繼承人之位。

曹操一開始屬意小兒子曹植。曹植不僅長得一表人才，還文采飛揚。建安十五年（二一〇年），曹操在鄴城修建的「形象工程」銅雀台落成。他召集了天下文士登台爲賦，爲形象工程增光添彩。在這場文壇巔峰對決中，曹植提筆一揮而就，最先完成了《登台賦》。全文洋洋灑灑、氣勢磅礡，不僅曹操看後讚賞不止，在場文人也都輸得心服口服。當時曹植只有十九歲。曹操本人文學氣質就非常突出，曹植因此加分不少。曹操認爲曹植在諸子中「最可定大事」，幾次想要立他爲接班人。

曹植的聰慧是從小出了名的，十歲就能誦讀詩文辭賦數十萬言，出口成章。但他的缺點就是太聰明了，反而自以爲聰明。過於濃厚的文人氣質反過來害了他。曹植沉溺在文學的天地中，嚮往無拘無束的生活，頭腦未免簡單，對人對事缺乏心計。曹丕知道比文才比能力，自己都不是弟弟的對手，所以就想方設法要讓曹植在父親面前留下壞印象。曹操要出征了，兄弟倆去送行。曹植宏篇大論，在父親面前指點江山；曹丕則痛哭流涕，裝出捨不得父親出征冒險的樣子。曹操很自然認爲曹植才情有餘人情不足，覺得曹丕這個孩子忠厚孝順了。

曹丕和曹植各拉了一批人明爭暗鬥。曹丕經常在家中召集同黨商議方法，用大筐子把同黨帶到家來，避免給別人結黨營私的印象。曹植一派知道後，就興匆匆地告訴了曹操。曹操查起來，卻發現曹丕家門口進出的大筐子裡裝的不是食物就是日用品。曹植又輸了一回。

爭鬥越久，曹植身上的缺點就越扯後腿。一次，曹操已經任命曹植爲負責人，率軍出征了。這是很重要的榮譽，也是對曹植能力的考驗。結果在出征的歡送儀式上，曹操和文武百官左等右等，就是不見曹植的身影。原來曹植竟然在節骨眼上，喝得酩酊大醉。結果軍隊出征不了，曹植這個負責人也被廢掉了。還有一件事情：曹操是白手起家的梟雄，節儉成性，最見不慣別人，尤其是家人穿戴奢侈。曹植卻不以爲意，吃穿用度都率性而爲。曹植一生娶過兩位妻子，第一位妻子崔氏系出名門（她是名士、尚書崔琰的妹妹），穿戴求新求好。一次，崔氏「衣繡違制」（估計是穿了雕龍繡鳳的衣服），招搖過市。曹操看到後，勒令兒媳婦崔氏回家自盡。崔氏的死，表明曹操對曹植的不滿與日俱增。

最後，曹操對到底把權力地位傳給哪個兒子還是下不了決心。到底是給輕浮不懂事的曹植呢，還是給忠厚孝順的曹丕呢？他問老臣賈詡。賈詡沉思了良久。其實他早就暗中被曹丕收買了，在琢磨怎麼讓曹操下定決心捨曹植而用曹丕。曹操等不及了，問賈詡怎麼遲遲不回答。賈詡這才說：「我在想劉表和袁紹的事情。」劉表和袁紹兩人都在「廢長立幼」，不把權力傳給長子而給了小兒子，結果導致身後內訌不止，勢力灰飛湮滅。曹操聽了，默然不語，才下定決心選曹丕爲繼承人。

繼承人之爭，曹丕勝曹植敗。政治上的勝負，絕對是零和博弈，勝者全得，輸家不僅一無所獲，從此之後還要受勝家的欺壓凌辱。

二

曹操活著的時候，曹植的境遇還沒有惡化。等到曹操死了曹丕登基稱帝，曹植的噩夢開始了！

曹植的地位和生活發生了天翻地覆的變化。之前，他是高貴的王子，現在他雖然是皇帝的弟弟，卻成了皇帝時刻提防限制的高級囚徒；之前，他優游宴樂，幾乎可以爲所欲爲，現在他只能領取微薄的俸祿，在有形和無形的鎖鏈之下過著窘迫的生活。

曹丕這個人心眼很小，上台後就開始對看不慣的反攻倒算，到處整人。張繡在投降曹操之前曾殺死過曹丕的哥哥曹昂。曹丕這才成爲曹操的長子。說起來，曹丕還要感謝張繡爲創造了「上位」的機會。現在曹丕上台了，就把張繡逼死了。于禁戰敗後曾經投降過關羽。曹丕覺得很丟臉，就派于禁去給曹操守陵。他事先在陵墓裡畫上于禁卑躬屈膝向關羽求饒的壁畫。于禁一大把年紀了，看到壁畫後，羞愧難當，氣血上湧，死了。對親人，曹丕整起來照樣心狠手辣。叔叔曹洪是個小氣鬼。曹丕登基前向曹洪借錢，遭到了拒絕。現在曹丕就處處和曹洪爲難，動不動就訓斥罰款。曹洪頂不住了，央求嫂子、曹丕的生母卞太后在曹丕面前求情。曹丕這才放過曹洪。

曹彰是曹丕同父同母的親弟弟，在皇位爭奪戰中支持曹植反對曹丕，曹丕登基後又領兵在外。曹丕必欲除而後快。他召曹彰回朝，在給他吃的餅裡下了毒。曹彰中毒後，沒有人過來救治。卞太后發現後，慌忙親自找水來救兒子，卻發現宮中所有的瓦罐都被打碎了，最後她光著腳提桶去井裡打水。可惜還是晚了，一代勇將曹彰不治身亡。

對曹植這個之前的頭號對手，曹丕整起來簡直是六親不認、心狠手辣。

曹丕先在制度上建立起了一整套嚴格限制皇室成員，尤其是成年諸侯王的規定。曹魏可能是中國歷史上對宗室成員限制最苛刻的朝代。曹丕藉口皇權鞏固，大行限制宗室子弟之實。曹植是皇室至親，卻過著如同囚犯的生活。他貴爲藩王，卻沒有行政權力，只能擁有上百名老弱病殘組成的衛隊。這支衛隊常年不變，沒有補充，到最後只剩下五六十名殘兵老人。曹植不能和朝廷官員交往，沒有得到允許不能和親戚通信、不能隨便來首都朝覲。他能做的就是帶著這支可憐的衛隊，在方圓三十裡範圍內「遊獵」。藩王所在地區，曹丕都派了官員（所謂的「監國謁者」）監視藩王的一舉一動。這些官員隨時可以告狀，還可以當面「批評」藩王。曹植就被監國謁者參奏過「醉酒悖慢，脅持使者」的罪名。即便這樣，爲了防止藩王在某個地方固定下來，朝廷頻繁徙封諸王，過幾年就換一批封號。比如曹植就擔任過多個王位，因爲死的時候是陳王而被人習慣地稱爲「陳王曹植」。

在種種限制之下，曹植的生活很窘迫。吃的上封地的土特產，手頭老是很拮据，想做的事情不能做，「謹小愼微」成了生活的關鍵字。

曹植的渾身才能和滿腔建功立業的抱負難以伸展。他一再向朝廷，也就是向哥哥曹丕上書，要求授予自己實際職務，哪怕是讓自己去前線衝鋒陷陣也願意。奏章遞上去後，不是得到讓他安心當藩王的回覆，就是石沉大海。

石沉大海並非因爲曹丕忘記了這個弟弟。他記著曹植，沒有放過任何迫害的機會。

最著名的迫害例子就是「七步爲詩」的故事。魏文帝曹丕曾和曹植同輦出遊，恰好遇到兩頭牛在牆角撕鬥。一頭牛打輸了，墜井而死。曹丕當即命令曹植給死牛賦詩，要求詩中不許出現「牛」字、「井」字，也不能說相鬥的事情，更不能說牛的「死」字，但是必須把整件事情說清楚。還有一個要求是，曹植必須在走馬百步之內，寫成四十言的長詩。如果走完了一百步寫不出來的話，曹植就要被斬首。結果呢，曹植策馬而馳，在馬上就攬筆寫道：「兩肉齊道行，頭上戴橫骨。行至凼土頭，峍起相唐突。二敵不俱剛，一肉臥土窟。非是力不如，盛意不得泄。」全詩沒有出現一個「牛」字、「井」字或者「死」字，卻把鬥牛的場面描寫得清清楚楚。寫完了，曹植還沒有走完一百步。他就又寫了一首三十言自感詩：「煮豆持作羹，漉菽以爲汁。萁在釜下燃，豆在釜中泣。本自同根生，相煎何太急。」最後一句，很快流傳開來，成爲千古名句。

不知道是曹丕實在找不到殺戮曹植的理由，還是被「本是同根生」的親情所感染，最終沒有殺戮曹植。所以，曹植繼續著窘迫、鬱悶的生活。黃初六年（二二五年），曹丕躊躇滿志地想要征討東吳，結果到長江邊一看到東吳戒備森嚴、長江江水激流，立刻打了退堂鼓。撤軍的途中，曹丕經過了曹植的封地，「御駕親臨」曹植的住所，看到曹植居住的環境實在是太差，生活水準也不高，這才下令增加了曹植五百戶封邑。爲此，曹植專門上表「謝恩」。

有人說，曹丕是在生命的最後時刻，良心發現，覺得應該對弟弟好點了。因爲在第二年（黃初七年），曹丕就駕崩了。曹植又活了六年，在太和六年（二三二年）死去。曹魏王朝給他的謚號是「思」，曹植因此被稱爲「陳思王」。

曹植的第二任妻子謝氏，一直活到晉朝。他們的生育有多名子女，子孫歷任公侯貴族。

洛神賦

一

黃初三年（二二二年），鄄城王（封地在今山東濮縣）曹植在京師洛陽朝覲完畢，返回封地。過洛河的時候，曹植寫了一篇〈感鄄賦〉。在序言中，曹植寫道：「黃初三年，餘朝京師，還濟洛川。古人有言，斯水之神，名曰宓妃。感宋玉對楚王神女之事，遂作斯賦。」

根據這個說法，曹植從洛河水神「宓妃」身上，聯想到了戰國時期宋玉和神女的故事，做了這篇文章。這裡的洛神即宓妃，傳說是遠古伏羲氏的女兒，溺死洛水，遂成為洛水女神。但是「宓妃」很容易令人想到甄宓，加上文章的名字又是〈感鄄賦〉，「鄄」和「甄」兩字相通，更讓人懷疑曹植是在借文懷念甄宓了。

在文中，曹植將宓妃的美貌描繪得驚若天人：「翩若驚鴻，婉若游龍。榮曜秋菊，華茂春松。髣髴兮若輕雲之蔽月，飄飄兮若流風之迴雪。遠而望之，皎若太陽升朝霞；迫而察之，灼若芙蕖出淥波。穠纖得衷，修短合度。肩若削成，腰如約素。延頸秀項，皓質呈露。芳澤無加，鉛華弗御。雲髻峨峨，修眉聯娟。丹脣外朗，皓齒內鮮，明眸善睞，靨輔承權。瓌姿豔逸，儀靜體閒，柔情綽態，媚於語言。」曹植自述是在朦朧之中遇到了宓妃，宓妃

「體迅飛鳧，飄忽若神，凌波微步，羅襪生塵。轉眄流精，光潤玉顏，含辭未吐，氣若幽蘭，華容婀娜，令我忘餐。」遺憾的是，他倆人神殊途，最後只能擦肩而過。曹植繼續踏上返程，宓妃繼續在洛河爲神。這樣的情節設計又多麼像是現實中曹植和甄宓的境遇，美麗的人兒不能率性而爲，只能被迫接受外界設置的人生軌道。

後人難免浮想聯翩，在曹植和甄宓之間搭建種種感情線索，試圖證明他倆之間有感情瓜葛。比如柏楊認爲〈感鄄賦〉的女主角就是甄氏，說：「文學史上沒有詳細敘述他們叔嫂怎麼相識和怎麼幽會，但我們可以想像，這位弟弟初睹嫂嫂容顏時，跟他哥哥一樣，也會同樣神魂漂蕩。而曹植先生文學方面的造詣，跟氣質瀟灑，遠超過渾身流氓氣息的哥哥曹丕。眞正的愛情是不認識權勢的，叔嫂之間，遂存在著靈和肉的愛慕。」南朝的顧愷之充分發揮想像力，從文章出發創作了千古名畫〈洛神賦圖〉。畫中，曹植恍然若失地看著在河上凌波微步的洛神。兩人男才女貌，近在咫尺卻不能牽手，只能以目傳情。甄宓因爲曹植的〈感鄄賦〉而被後人普遍視爲「洛神」。

傳言越來越多，編織出了曹植和甄宓的感情經歷。很多人相信曹植也在二〇四年攻陷鄴城的戰役中，也看到了甄宓。曹植和甄宓一見鍾情，兩情相悅。無奈哥哥曹丕搶在了前面提親，甄宓成了曹植的嫂子。可是兩人情絲未斷，引起了曹丕的不滿。感情矛盾加上政治鬥爭，曹丕和曹植就成了死對頭。這也可以解釋曹丕爲什麼絲毫不念夫妻之情，登基第二年就賜死甄宓；絲毫不念手足之情，對曹植百般刁難。

然而，我們仔細思考一下曹植和甄宓的這段「緋聞」，會發現裡面有許多「不可能」之處。首先，曹植和甄宓年紀相差十歲。曹丕迎娶甄宓的時候，甄宓二十三歲，曹植才十三歲。一個十三歲的小孩子怎麼就早熟開始戀愛經歷了呢？而一個二十三歲的女子怎麼就對十三歲的小孩子產生愛慕之心了呢？其次，這段感情涉及到亂倫。弟弟和嫂子偷情是中國人非常忌諱的家醜，更何況是在帝王之家。就算甄宓和曹植兩人能拋棄世俗觀念和內心的約束，曹家也不會讓這段感情持續下去，肯定會早早掐斷它。最後，所有認爲曹植和甄宓有感情瓜葛的說法都沒有證據。也許〈感鄄賦〉就算是最有力的證據了。但是一篇文章是不能說服人的，更何況人們也可以把它解釋爲曹植純粹是在描寫自己的幻想或者夢境中的某次神遇。所謂的「感鄄」可能就是感嘆自己這個鄄城王不得不接受現實的無奈。

這像這個世界上許多美好的感情故事都是捕風捉影而來一樣，曹植和甄宓的「感情」也是他們的同情者臆造出來的。

二

還記得甄宓小的時候就被人預測「貴不可言」嗎？還記得甄宓從小就挑起了復興家族的重擔嗎？在甄宓死了五年之後，她的兒子曹睿登基稱帝，成了魏明帝。母以子貴，甄宓終於迎來了「貴不可言」的待遇，甄家也重新發達起來。

曹睿本來是沒有希望登基的。因爲曹丕並不太喜歡這個長子。再考慮到賜死過曹睿的生母甄宓，曹丕不願意立曹睿爲太子，想立其他姬妾所生的兒子。無奈，皇后郭氏沒有生育，其他妃妾生的兒子不是夭折、體弱多病，就是年紀太小，曹睿始終是唯一的繼承人選。曹丕就拖著不立太子，對大臣們早立太子的建議充耳不聞。一直拖到黃初七年（二二六年）五月，曹丕的身體垮了，即將死去。臨終前，曹丕才在病榻上倉促冊立曹睿爲太子。

曹睿登基後，在對待生母甄宓問題上立即開始「撥亂反正」。首先是在即位不久，甄宓就被追封爲「文昭皇后」，並立寢廟祭祀。其次是「帝思念舅氏不已」，對甄家子弟大加封賞。甄宓的幾個哥哥除了早死的，都封侯拜將了。

在母親的情敵郭氏問題上，曹睿處理得比較隱晦。甄宓冤死九個月後，曹丕正式冊立郭氏爲皇后，並將甄宓的兒子曹睿交給郭皇后撫養。郭皇后對曹睿有養育之恩，又是名義上的皇后，所以曹睿對郭氏尊崇依舊。根據史料記載，郭氏最後是自然死亡的。比如《魏書》說：

有司奏建長秋宮，帝璽書迎后，詣行在所，后上表曰：「妾聞先代之興，所以饗國久長，垂祚後嗣，無不由后妃焉。故必審選其人，以興內教。令踐阼之初，誠宜登進賢淑，統理六宮。妾自省愚陋，不任粢盛之事，加以寢疾，敢守微志。」璽書三至而后三讓，言甚懇切。時盛暑，帝欲須秋涼乃更迎后。會后疾遂篤，夏六月丁卯，崩於鄴。帝哀痛咨嗟，策贈皇后璽綬。

按照《魏書》的記載，曹睿修建了長秋宮恭迎郭氏的到來。郭氏當時住在鄴城，三次推辭不住進新宮殿，結果在盛夏時節突然死了。曹睿很傷心。史書沒有說具體的死因，也沒有具體說曹睿如何善待郭氏。對於這樣籠統的記載，裴松之在給《三國志》作注釋的時候特意寫了：「臣松之以爲春秋之義，內大惡諱，小惡不書。」春秋筆法是古代史家隱諱的作法，習慣於表面上寫的是一套，暗中故意留出一些細節來引導讀者去發現眞相。顯然裴松之認爲《魏書》在郭氏之死上也用了春秋筆法，也就是說郭氏在夏天的暴亡並非自然死亡，曹睿難脫干係。具體曹睿如何害死的郭氏的，《魏書》肯定是不敢言明。

在處理曹植問題上，曹叡對這個三叔的文才非常讚賞，甚至稱得上是崇拜。但同時他又覺得父親曹丕嚴格限制諸侯王的政策很對，很合自己的胃口，所以繼續執行。結果，侄子兼崇拜者曹叡的上台並沒有改善曹植的生存環境。曹植依然生活在頻繁遷徙、窘迫和受監視的環境中。曹植曾經樂觀地認爲侄子上台後，可能會讓自己承擔部分實職，結果大失所望。曹叡對曹植的防範絲毫不比父親時期寬鬆。

曹叡對叔叔的〈感鄄賦〉文章很喜歡，不過他也聽到了外面不好的「桃色」傳聞，覺得這篇文章對自己的生母名譽不利。文章的題目就起得不好，〈感鄄賦〉很容易讓人聯繫到「懷念甄妃」，因此曹叡上台不久就以避母諱的名義，下令將〈感鄄賦〉改爲〈洛神賦〉。

如今，我們看到〈洛神賦〉總是會聯想到洛神甄宓，想到她和小叔子曹植兩人的不幸命運。

中唐亂

韋后與唐中宗的家庭悲劇

中宗李顯很特別。他兩次被立為太子，兩度登基當皇帝；他的父親、兒子、弟弟、侄子都是皇帝。不得不說的是，他的母親也是皇帝，那就是中國唯一的女皇帝武則天。強大而可怕的母親塑造了李顯悲劇性的一生。更可怕的是，李顯的妻子韋后和女兒安樂公主也想當皇帝。而這兩個人最終要了李顯的命。

患難夫妻

一

小時候，李顯是個很不起眼的小孩。在唐高宗李治眾多的皇子中，李顯沒有任何突出的優點，除了長得比較胖以外甚至連引人注意的特點都沒有。在前面，李顯有六個優秀的哥哥，他一生最好的結局可能就是當個太平盛世的王爺了。

李顯的性格懦弱怕事。這要歸咎於他的母親武則天太強勢了。母親的光芒不僅遮蓋了父皇李治，還照耀著整個朝廷，李顯這樣的小孩子完全被母親的強光吞噬了。李顯的哥哥、太子李忠不是武則天所生，被武則天廢掉了，後來被殺死在了廢居地。繼任的太子是李顯同父同母的長兄李弘。李顯覺得李弘應該是母后中意的太子，應該是將來帝國的皇帝了，不想李弘很快也被母親廢掉了，也死在了廢居地。李顯開始意識到政治和死亡離自己原來是這麼的近。第三任太子是李顯同父同母的二哥李賢。李顯看好二哥，不想李賢最後還是被母后廢掉，同樣死在了廢居地。這下子，李顯目瞪口呆，遠遠看著母親，不知道她要幹什麼了。

後來，李顯才知道，三個哥哥都是母親授意害死的。冷汗瞬間順著他的脊梁流了下來，死亡的呼喚原來一直漂蕩在他們這些生活優裕的皇子頭上，而那幕後黑手竟然是敬愛的母親。多麼殘酷的現實啊！要知道李弘、李賢兩個哥哥可是母親的親生骨肉啊。李顯冥思苦想，始終沒有想明白母親為什麼要那麼做。「骨肉相連，怎麼能自相殺戮呢？不能！」

李顯開始害怕母親武則天，害怕的結果是讓他不知道怎麼和母親相處了，使得他在皇宮中言行拘謹、行事中庸、結結巴巴、唯唯諾諾。低頭順眉久了以後，李顯都忘了自己原本的形象了，似乎聽話點頭小心謹慎的形象就是自己眞實的形象了。

即便如此，厄運還是降臨到了李顯的頭上。李顯的妻子趙氏，出身名門，是唐高祖常樂公主的女兒，按輩分和李顯的父親李治是表兄妹，比李顯高出一輩。好在唐朝人的婚姻觀念沒有宋朝以後那樣刻板僵化，當時受封英王的李顯和趙氏幸福地結婚了，準備一起走完安逸的人生。不想，結婚沒多久，李顯的岳母常樂公主得罪了武則天。其實也算不上「得罪」，就是因為親上加親，唐高宗李治對待常樂公主非常客氣、賞賜優厚。武則天就妒忌了，對姑姑兼親家的常樂公主一點兒面子都不給，栽贓罪名將常樂公主及駙馬趙瑰貶謫出京。不僅如此，武則天還強迫廢除了英王王妃趙氏——顯然這不是李顯的本意，把趙氏關押起來。趙氏後來死了，是被活活餓死的。武則天對此面無愧色，下令草草埋葬。

李顯在整個事件中，沒有絲毫作為，也不敢有絲毫作為。聽到髮妻的死訊，李顯除了呆若木雞，就是在內心再次強化了對武則天的恐懼，更加低頭走路輕聲說話了。

後來，被貶出京城的常樂公主和駙馬趙瓌因為和反武的越王李貞有往來，遭到武則天的殺戮。等待塵埃落定、武則天成了歷史以後，李顯才敢公開懷念溫柔美麗的髮妻趙氏。當時他已經是皇帝了，就追封岳父趙瓌為左衛大將軍，追封髮妻趙氏為恭皇后，算是對母親武則天遲到而間接的抗議。

再後來，李顯的弟弟李旦當了皇帝，進一步追封七嫂子趙氏為「和思順聖皇后」。李旦這麼做，除了同樣抗議母親的暴行外，還有對第二任七嫂、也就是李顯第二任妻子韋氏的否定。

接替趙氏的韋氏，京兆萬年（今陝西西安）人，出身關中韋家。關中韋家曾是門第很高的門閥世族，在魏晉南北朝的時候闊得很，到唐代雖然家道中落大不如以前了，高門大戶的架子和風範還在。這樣的家庭教育出來的女兒除了端莊大氣、見多識廣外，就是沉穩有力，有一定的心計和魄力。因為韋氏身上擔負著重振家族的希望。當時富貴人家還比較看重門第觀念，喜歡和過去的世族門閥聯姻。關中韋家這樣的人家則往往把聯姻當作維繫和重振家族的途徑。

韋氏就是這樣成為李顯的第二任妻子的。

沒有利益，也就沒有了誘惑，沒有了紛爭，李顯和韋氏最初的婚姻生活正常、安逸而幸福。兩人一連生了包括長子李重潤在內的多名男女。韋氏還年輕，還沒有依靠丈夫攝取權勢、改善家庭境況的迫切願望。儘管後來李顯被立爲新的太子，可考慮到之前三位太子的悲慘命運，考慮到太過強勢的皇后武則天的存在，李顯看似和皇位靠得很近，其實離得很遠，很危險。李顯不將太子位看作是寶貝，而看作是定時炸彈；韋氏雖然嚮往權勢，可也知道此時的太子位是一個燙手的山芋。

誰知道將來會發生什麼變故呢？

二

弘道元年（六八三年），情況發生了變化。當年十二月，常年患病的父親李治死了。戰戰兢兢當著太子的李顯平靜地即位了。歷史上稱李顯爲唐中宗。

沒有波折，皇位來得這麼容易，讓李顯產生了一種錯覺：我大權在握了！母后武則天依然是強權人物，可她可能是爲了替久病的父親省去麻煩、不得不主持政務的。現在兒子當了皇帝，母后就可以放心地去當太后安享後半生去了。韋氏，現在是韋皇后了，想法和丈夫李顯相同。母后武則天的時代已經過去了，現在是李顯和韋氏的時代。

事實很快就證明李顯、韋氏夫婦想錯了。李顯突然獲得至高無上的權力，開始大手大腳起來。他將韋皇后的父親韋玄貞從普州參軍提拔爲豫州刺史，還想破格提拔爲侍中（類似於宰相）。受唐高宗李治遺命輔政的裴炎堅決反對這項任命。在爭辯中，大怒的李顯喊道：「我以天下給韋元貞，也無不可，難道還吝惜一個侍中嗎？」在「天下都是我的」的思想主導下，李顯甚至想封乳母的兒子爲五品高官。兩個月後，嗣聖元年（六八四年）二月，武則天勒兵入宮，將李顯拽下了皇位，廢爲廬陵王。李顯和韋氏沒有絲毫的反抗能力。他們終於知道自己是多麼的幼稚，他們哪裡是武則天的對手。武則天的時代剛剛來臨，而不是結束！

唯一一次自己獨立做主的決策，就讓李顯失去了皇位。教訓太深刻了，李顯恨自己得意忘形，沒有保持住登基之前唯唯諾諾小心謹慎的處世風格。

在弟弟李旦登基的讚歌禮樂中，房陵王李顯一家老小，緩緩離開京城，被遷往軟禁地。李顯先後被軟禁於均州（今湖北省均縣）、房州（今湖北省房縣）長達十四年之年。

名爲房陵王，實際上李顯連住的房子都沒有。一家人從頭學起，學會自理生活，在荒蠻之地上蓋房、耕耘、紡織和生活。李顯告別了安逸的生活，陷入了赤貧之中。在前往房州的途中，妻子韋氏生下了一個女兒。李顯沒有任何東西接生，只好脫下自己的衣服將哭啼的女兒裹起來。這個來得不是時候小生命因此得名「裹兒」，後來被封爲安樂公主。

生活貧苦艱難，韋氏卻對丈夫不離不棄，始終陪伴在丈夫身邊，照料李顯的生活，鼓勵李顯的人生。這是李顯最苦悶最恐懼的時候。前面三個被廢黜的哥哥最終都被母后害死了，自己會不會是第四個呢？李顯本來就只有半個膽子，被母后拽下龍椅的那一刻連剩下的半個膽子也嚇沒了，如今一想起自己的處境和三個死去的哥哥多麼相似，李顯就不寒而慄，汗流浹背，焦躁不安，由恐懼而絕望，精神幾近崩潰。武則天日漸朝著女皇帝的方向發展，反對武則天的勢力與她兵戎相見。徐敬業和宗室琅琊王李沖、越王李貞等人相繼起兵反武。他們都打出了擁戴李顯重新登基的旗號。李顯和他們沒有丁點聯繫，知道後怕引火焚身，給武則天殺自己的藉口，情緒更加不穩。在軟禁地，他常常大呼大叫，晚上被噩夢驚醒，多次想自殺。韋氏也害怕。可她沒有把害怕表現出來，而是強壯鎮定，用從容和寬容撫慰著李顯的精神，照顧著幾個子女的成長。當丈夫哭喊著要自殺時，韋氏千方百計與之周旋，哄他騙他，安撫他的情緒，讓他慢慢正常起來，同時又不能讓瘋瘋癲癲的李顯給幼小的孩子們的留下心靈創傷。

每當武則天派使者到來，李顯都覺得是自己的末日來臨之時。他聽到連串的馬蹄聲就精神失常或者癱倒在地，無法正常言行。韋氏灑脫地勸丈夫：「人生禍福無常，最後免不了一死。我們是皇室貴冑，何苦這樣呢？」在韋氏的安慰下，李顯才能回復正常狀態。多少次，韋氏扶著渾身顫抖的李顯去迎接朝廷的使者。而武則天的殺戮令一直沒有來，派來的使者不是慰問李顯就是來賞賜物品的。

十四年的光陰將一對年輕夫妻變成了中年夫婦。韋氏在她最美妙的歲月裡，堅定著守在陷於絕境的李顯身旁，多次從死亡邊緣將李顯挽救回來。她一個人撐起了流亡途中的家庭。李顯非常感激韋氏的陪伴。他對妻子、女兒感到深深的愧疚。一次，在他精神正常的時候，李顯鄭重、深情地對韋氏說：「他日，我如果能夠有幸重見天日，一定由著你的性子來，不干涉你的行為。」一無所有的李顯，此時能給的只有許諾了。而此時的韋氏把這句話深深刻在了心底。她也不知道自己是真正偉大的妻子，還是為了等待丈夫的許諾。

聖曆元年（六九八年）初春，朝廷使節的馬蹄聲再次踏破了房州的寧靜。李顯再次被恐懼帶來的精神恍惚所籠罩，韋氏再次平靜地扶著丈夫出來迎接聖旨。大大出乎夫妻倆的意料，使者帶來了天大的好消息：召李顯夫婦回京！

這一年，武則天已經當了八年的皇帝。人到暮年，不得不考慮接班人的問題了。立誰為太子成了朝野關注的焦點。女皇帝的尷尬身分，此時表露無餘。侄子武三思等人自然希望武則天能把皇位留在武家，可那樣武則天不算繼承人的母親，更不算父親，在新王朝的家譜中沒有地位。而大臣們普遍心繫李唐皇朝，傾向立李姓皇子為後。其中，李顯就是頭號人選了。

流傳甚廣的《狄公案》中有武則天晚年的男寵、佞臣張易之向狄仁傑詢問自保之策的內容。狄仁傑就建議張易之去勸武則天迎立廬陵王李顯爲繼承人，以擁戴新皇帝的功勞來爲自己免禍。丞相狄仁傑是堅定的李顯支持者。當時武則天很有意思立武三思爲太子，詢問朝臣是否可行。大臣們面面相覷，不敢回答。狄仁傑卻說：「天下百姓依然思念唐朝。之前北方出現邊警，陛下派遣梁王武三思去民間招募勇士，一個多月時間召集了不到一千人；又讓廬陵王李顯取招募士兵，沒幾天就招募到了五萬人。如果要選擇繼承人，非廬陵王莫屬。」武則天大怒，拂袖而去。後來武則天又向大臣提問：「朕常常夢見雙陸不勝，做何解釋？」在場的狄仁傑和王方慶同時回答說：「雙陸不勝是無子的意思。這是天意在警告陛下！太子是天下的根本，根本動搖，天下就危險了。文皇帝身蹈鋒鏑，勤勞而有天下，傳之子孫。先帝彌留之際，詔令陛下監國。陛下登基，君臨四海已經有十多年了，現在想立武三思爲太子。姑侄與母子關係，哪個更親？陛下立廬陵王爲太子，則千秋萬歲之後常享宗廟；立武三思爲太子，宗廟中就沒有陛下這位姑母了。」武則天終於感悟了。

武則天派人迎廬陵王回長安。李顯到長安後，武則天將他藏匿在帳中，再召見狄仁傑，故意商量立太子的事情。狄仁傑敷請切至，涕淚俱下，請求迎立李顯。武則天這才將李顯召喚出來，說：「還給你太子！」狄仁傑下拜頓首，轉悲爲喜，又說：「太子雖然回來了，可大家還不知道，人言紛紛，怎麼取信他人呢？」武則天就安排李顯公開出現，安排大禮迎還，朝野大悅。之前有許多人多次奏請武則天迎還太子，都沒有成功。只有狄仁傑通過母子天性勸說，使得武則天下定了決心。

《狄公案》的這個說法有很大文學加工的痕跡。但是基本史實是正確的：武則天在朝臣的勸說下，最終決定將廢帝、兒子李顯迎回長安，立為太子。

李顯的第二次太子生涯所處的環境比第一次還要險惡，李顯事事都加倍小心。為了再上保險，太子李顯主動向武家靠攏。他將一個女兒（永泰郡主）嫁給了武則天的侄孫武延基，成了魏王武承嗣的兒媳；又將一個女兒（安樂郡主）嫁給了武則天的另一個侄孫武崇訓，成了梁王武三思的兒媳。李顯與武家聯姻，親上加親，得到了武則天的贊許，穩固自己的地位。

一次，李顯和韋氏的愛子李重潤與妹妹永泰郡主、妹夫武延基三人飲酒閒聊。當時李重潤十九歲，妹妹妹夫的年紀也很小。三個年輕人聊著聊著，就不知道聊到什麼地方去了，突然涉及到張易之兄弟出入武則天臥室的事情。武則天一直蓄養男寵，搞不正常男女關係，即便七老八十了也沒有停止過。李重潤三人年輕，對這個問題很感興趣，卻不知道隔牆有耳。武則天的男寵張易之、張昌宗知道後，上報了武則天。武則天忌恨別人揭她的醜，很生氣，把李顯叫到跟前，劈頭蓋臉大罵了幾個時辰。李顯大爲惶恐，回到東宮後，馬上逼兒子、女兒自殺。當時永泰公主肚子裡還懷著一個孩子，也不得不含淚自盡。另外的說法是，李重潤和妹妹一家是被武則天「杖殺」的。不管子女是不是李顯親自逼死的，李顯又一次對至親的死無能爲力，含淚聽任母親的暴行。只有武則天死後，李顯才表露出眞心實意。他和妻子韋氏對李重潤的死很傷心（這是韋氏唯一的兒子），按太子禮隆重安葬了李重潤，按公主禮厚葬了永泰郡主。現存兩個人的墓室富麗堂皇，壁畫連綿，是已知唐墓中最精彩的。

和事天子

一

李顯的第二次太子生涯時間不短，長達七年，直到神龍元年（七〇五年）。

當年正月，宰相張柬之等重臣聯合掌管禁衛軍的右羽林大將軍李多祚，決定發動政變推翻武則天恢復唐朝。之前，八十二歲的武則天病重，獨居深宮，只有男寵張易之兄弟陪伴。張柬之、李多祚等人突然率領羽林軍五百餘人，衝入玄武門，殺死張易之、張昌宗，迫使武則天將皇位傳位給太子李顯。

事先，桓彥範、敬暉兩個大臣謁見了李顯，告知了政變計畫。要不要參加政變呢？李顯猶豫了。一邊是復興家族基業的大事，一邊是失敗後全家誅斬的厄運，經過短暫的猶豫，李顯毅然經受了。也許，他覺得這是擺脫母親強壓，抒發自我的好機會。

然而在政變當天，張柬之等人攻入皇宮，李多祚、李湛以及駙馬都尉王同皎率人迎接李顯出來給造反者「當頭」，關鍵時刻，懦弱的性格在李顯身上起作用了。他打起了退堂鼓，嚇得不敢開門接見李多祚等人，只是隔著門板推辭說：「聽說聖躬（武則天）近日身體不適，我怕此行驚動她老人家，不利休養。大家還是等等吧，待日後再說。」李多祚等人一聽，急壞了。任何遲疑都可能將政變毀於一旦。王同皎急了，撂下狠話：「先帝把宗廟社稷都託付給了殿下，現在天下横遭蹂躪，人神共廢，已經二十三年了。如今，京城各處將士同心協力，發誓要誅殺凶豎，復辟李氏社稷。您猶豫不決，是想置我們於死地，是想置祖宗社稷於不顧嗎？」李顯說不上話來了。李湛再高喊：「諸將棄家族性命於不顧，與宰相等人同心協力，匡輔社稷，殿下為什麼就不可憐我們的一片至誠之心，忍心置我們於死地。我們死不足惜，但也請殿下出來說明一下。」李顯羞愧得難以回答，半晌才打開宮門，隨著李多祚等人趕往玄武門，「領導」政變。一行人走到玄武門時，官兵們看到太子出面，山呼萬歲。張柬之簇擁著李顯輕易斬關而入，將張易之兄弟當場殺死，並威逼武則天歸還國政。病中的武則天無力與政變勢力對抗，被迫將國政交給李顯監國，並在不久之後禪位給了李顯。

這場政變就是歷史上的「神龍政變」。

一個多月後，復登皇位的李顯復國號為唐，他就是唐中宗。

二

李顯的皇帝生涯，人們看到的都和皇后韋氏有關。史書上記載的、民間流傳的許多「段子」都是韋皇后主演的，唐中宗李顯只是一個配角而已。

李顯復位後，馬上立韋氏為皇后，又不顧大臣的勸阻追封韋皇后之父為王。韋氏效仿武則天，當唐中宗視朝時，也在御座左側隔幔而坐。桓彥範勸諫唐中宗說：「牝雞司晨，有害無利，請皇后專居中宮，勿預外事。」李顯並不理睬。韋氏對他的帝位有大功。李顯並不覺得韋氏和自己一起臨朝聽政有什麼不妥的。

流亡的日子讓韋氏極度害怕物質匱乏，重見天日後，抓緊享受，恨不得把失去的好日子都補回來。她教唆唐中宗李顯說：「十多年的苦難我們已經受夠了，現在就要過自由自在的天子生活了。」李顯也跟著韋氏到處玩，宮裡宮外，各種花樣，玩個遍。李顯跟著韋后登臨城樓，看萬家燈火、市場繁榮和百姓歌舞，後來還專門安排大型室外歌舞表演觀看。市井景象看久了，韋氏和李顯又喜歡上了商賈遊戲，親自領頭，帶上太監宮女們在宮廷裡玩「過家遊戲」。一大堆人扮做販夫走卒，在宮廷裡雜耍。

一年除夕，李顯召集中書、門下諸位大臣與學士、諸王、駙馬入閣守歲。宮廷大擺宴席，置酒，奏樂。美酒正酣，李顯突然對御史大夫竇從一說：「聽說愛卿久無伉儷，今天是除夕，朕爲愛卿介紹位夫人。」竇從一只好唯唯拜謝。馬上，內侍就拿著燭籠、步障、金縷羅扇列隊出來了，扇後有個人穿著衣禮衣，釵著鮮花。李顯命令她和竇從一面對面坐著，中間隔著扇子。竇從一當然想撤去扇子，看看皇帝做媒介紹的女子會是誰？李顯就讓竇從一吟誦〈卻扇詩〉，讓他滿意了才撤去扇子。竇從一想了好幾首詩歌，李顯才讓撤去扇子。那新娘摘去鮮花換衣服再出來，大家這才發現她竟然是韋皇后的老乳母王氏。王氏出身蠻婢，如今竟然被皇帝指婚給了朝廷大臣。大臣們大笑，李顯也大笑，下詔封王氏爲莒國夫人，嫁給竇從一爲妻。這個可笑的行爲背後有李顯的輕浮無知，也有韋皇后在背後的教唆和輕狂。

在輕狂奢侈、驕橫胡鬧方面，安樂公主一點都不遜色於母親韋氏。安樂公主出生在父母流放的途中，從小在泥土中滾爬長大，長大後突然變成了公主。巨大的轉變讓她肆意揮霍公主的尊嚴和權勢，似乎要彌補幼年的悲慘。安樂公主在洛陽、長安的府邸都是首屈一指的，她還慷慨地贊助了大批寺院、宮殿樓閣，出手之闊綽、豪爽，令人瞠目結舌。唐朝的公主收入主要依靠於朝廷授予的田地收入，年收入並不高。安樂公主的支出遠遠超過了她擁有的田地的收入，那多餘的金錢從哪裡而來呢？主要來自李顯、韋氏不斷地賞賜和安樂公主的巧取豪奪。昆明池是長安城裡的著名風景區，區域廣大。安樂公主藉口喜歡昆明池的風景，要求父皇李顯把昆明池賞給她，劃入駙馬府。昆明池從漢代形成後，是人來人往的風景區；許多百姓在池中捕魚，賴以爲生；宮廷也參與池塘捕魚，每年收入十萬貫。因此，歷朝歷代從來沒有將昆明池賞賜於人。李顯沒有答應女兒的要求，而是賜於另外一塊土地做爲補償。安樂公主沒有得逞，仗著父皇的寵愛，將得到的土地不斷擴大，侵蝕周邊土地，再挖了一個規模比昆明池還大的湖泊，取名爲「定昆池」。安樂公主攬錢的另一個主要途徑是賣官鬻爵。朝野都知道，只要給安樂公主塞錢就能夠加官進爵。只要納錢三十萬，不論你是苦力屠夫還是落第文人，都能得到皇帝用墨筆書寫的任官便條。因爲這類官員不是經正常程序任命的，時人諷刺爲「斜封官」。

李顯的無能、韋后和公主的熱衷享受，給了潛伏在朝廷中的武氏力量「翻盤」的機會。唐中宗復位後，武則天不久也死了，但朝廷中武氏的勢力還很大。武則天的侄兒武三思被封爲德靜郡王，其子武崇訓是安樂公主的駙馬，二人依然列位朝堂之上。同時，武則天提拔的宮中女官上官婉兒繼續被留用，負責掌管宮中文件，還被李顯冊封爲昭容，參與詔書的草擬工作。武則天時期，上官婉兒就和武三思勾搭成奸了。現在，武三思和上官婉兒兩人為了共同的利益，聯繫得更緊密了。上官婉兒把武三思介紹給了韋皇后。武三思眉來眼去，很快就把韋氏勾引上床了。上官婉兒則去勾引李顯，兩人關係曖昧。一時間，皇宮大內一片烏煙瘴氣，不堪入目。一個流傳很廣的段子是：韋后和武三思曾在後宮中玩雙陸（一種賭博遊戲），李顯竟然在一旁給兩人數籌碼！

武三思在皇宮裡連皇帝的床都隨便坐，上有李顯的信賴，下有韋皇后和上官婉兒的協助，自然是呼風喚雨，指鹿為馬，無人敢說個「不」字。武三思「內行相事，反易國政」，當權用事，成為天下大患。

三

張柬之、敬暉、崔玄暐、桓彥範、袁恕已五大臣是推翻武則天政權、擁戴李顯的大功臣。李顯即位後封五人為王，很信任他們。當初，敬暉和桓彥範等人誅殺張易之兄弟後，洛州長史薛季昶勸敬暉：「二凶雖除，呂產、呂祿那樣的人物依然存在。大人們應該藉著兵勢誅殺武三思等人，匡正王室，以安天下。」可敬暉多次提醒張柬之誅殺武三思等人，張柬之都不同意。敬暉也沒堅持。張柬之幻想李顯親自處理武三思等人，以此來揚名立威。薛季昶知道後，傻眼了：「唉，我不知道日後會死在什麼地方了。」

張柬之五人眼看韋皇后和安樂公主弄權、武三思勢力沉渣泛起，憂心忡忡，多次勸諫李顯。韋皇后和武三思視之爲眼中釘、肉中刺，一再要求李顯嚴懲五人。李顯將五人貶官外放。武三思暗中派人把韋后與他的私情和其他不光彩的事寫成布告、傳單，張貼在京城裡。這些傳單還宣稱要廢掉韋皇后，弄得群情鼎沸。在韋皇后的哭訴下，李顯下令嚴查。辦案之人秉承武三思的意旨，捏造案情，誣爲張柬之五人對貶謫不滿。於是，李顯將五人罷官，流放嶺南。武三思與韋皇后一定要下殺手，假傳聖旨前往嶺南殺害張柬之五人。敬暉赴任崖州不久就被殺。張柬之在新州憂憤病死。崔玄暐在嶺南病死，桓、袁二人則遭到使者殘殺。

至此，李顯時代的政治完全陷入黑暗的深淵。韋皇后將後宮弄得烏煙瘴氣，武三思則保持了朝政。武三思辦事標準就一條，附和自己意見的就是好人，反對自己的就是壞人。一些趨炎附勢之徒紛紛依附武三思。景龍三年（七〇九）二月，監察御史崔琬彈劾依附武三思的宰相宗楚客、紀處訥收受賄賂、勾結戎狄、致生邊患。崔琬彈劾的事情是眞的，就算不是眞的，被彈劾的大臣應該退出朝堂待罪。宗楚客不僅沒有退出，還憤憤不平爲自己辯護，說崔琬誣陷忠臣。李顯辨不清眞僞，也不想辨清眞僞。他命令崔琬和宗楚客結爲兄弟，言歸於好。這種「和稀泥」的辦事方式讓李顯得了一個綽號：「和事天子」。

親情破裂

一

韋后爲所欲爲幾年之後，野心開始膨脹。在政治野心方面，婆婆武則天給韋皇后樹立了一個極壞的榜樣。韋皇后也想效仿婆婆，做中國第二個女皇帝。安樂公主也越來越驕橫，難伺候，權力欲也開始萌生。安樂公主常常自己寫好聖旨，用手掩捂著上面的文字內容，拿去讓父皇簽署。李顯溺愛孩子，常常不看內容就簽名蓋印；有的時候對內容有懷疑，想看看，但經安樂公主一撒嬌，也就退讓簽字了。她原先的賣官除了攬錢外，開始攬權。通過人事任免，安樂公主身邊聚集了一批大小官吏，臧否人物指點江山。許多政務先在安樂公主府上討論一遍再上朝堂討論，或者乾脆就不拿到朝堂上討論了。

因此，韋皇后到處抓權，想複製武則天的道路；安樂公主則纏著老爸李顯，要求立自己爲「皇太女」。她的膽子很大，竟然公開揚言說：「則天大聖是卑微的侍妾出身，尙能做皇帝，我是公主出身，爲什麼不能當皇太女呢？」李顯不同意立什麼皇太女，就開玩笑地哄安樂公主：「等你母后做了女皇帝，再立你爲皇太女也不遲。」誰想，說者無意，聽者有心。安樂公主就琢磨著什麼時候母親韋氏能當上中國第二個女皇帝，自己好做第三個女皇帝。她轉而攛掇母親篡位奪權了。

可惜，韋皇后也好，安樂公主也好，誰都沒有武則天那樣的魄力和政治手腕。同時，李顯雖然糊塗，但對武則天篡唐的事情印象深刻，斷然不會再讓「女主當國」的情況出現。神龍二年七月，他衝破壓力，堅持立次子李重俊爲皇太子。

韋氏大爲惱怒，一來李重俊不是她的親生兒子，二來李重俊年紀大了，不好控制。一個有主見的年輕皇帝即位，無疑對野心勃勃的韋皇后和安樂公主不利。不知道爲了安慰還是抗議，韋皇后率群臣給李顯上尊號爲「應天神龍皇帝」，接著宗楚客又率百官給韋皇后上尊號「順天翊聖皇后」。「翊聖」就是輔助皇上治理天下的意思。

李重俊和韋皇后、安樂公主、武三思等人的矛盾立刻急劇增加。李重俊是安樂公主庶出的哥哥。但是安樂公主對太子李重俊一直看不起。現在見這個討厭的哥哥竟然斷了母后和自己的權力之路，安樂公主更是氣不打一處來。她和丈夫武崇訓經常辱罵太子，口口聲聲叫太子李重俊「奴才」。李重俊這個孩子從小跟著父親李顯受了很多苦，因此不幸沒有接受正常的教育。李重俊從小遊戲流蕩，不學無術，雖然不是紈袴子弟，但不知治世、性格衝動，遇事感情用事，不用腦子多想想。韋皇后、安樂公主的攬權行爲，李重俊看在眼裡，恨在心裡。現在安樂公主夫婦對李重俊的奚落侮辱，讓李重俊恨入骨髓。

做爲父親的李顯也沒有調和家人的矛盾。他雖然讓李重俊當了太子，卻沒有給李重俊配備優秀的輔助人才，沒有人在重要時刻給李重俊出謀劃策。

李重俊這個衝動無知的孩子發動政變，想殺死政敵武三思、安樂公主等人。

李重俊手無兵權，需要拉實權將領一起幹。他拉攏的對象，也是李多祚。李多祚父子、親族掌握禁軍，爲皇室多次立功。李多祚是東北少數民族人，但唐中宗李顯在祭祀太廟的時候竟然是李多祚和宗室親王一起同車隨駕，給予了莫大的榮耀。這一切李多祚都感恩在心。現在見皇太子李重俊過來訴說武氏餘黨把持朝政、韋后和安樂公主想做「武則天第二」，李多祚愛國忠君的熱情被激發了出來，也衝動起來，對太子的政變計畫不僅贊同，還主動聯絡禁軍將領李思沖、李承況、獨狐之等人參與政變。

神龍三年（七〇七年）七月的某夜，太子李重俊和李多祚、李思沖等人假稱奉聖旨，調撥羽林軍誅殺武三思。很快，數百禁軍精銳殺向武三思府而去。當時安樂公主在宮中，沒有回家，武三思、武崇訓父子正在家裡和一幫黨羽飲酒行樂。禁軍破門而入，武三思父子措不及防，束手就擒。衆官兵將武三思等人綁到李重俊馬前。李重俊痛罵武三思父子，一劍捅一個，親手殺死了武三思和武崇訓。武三思全家和在場的武氏黨羽都被造反的官兵殺死。

初戰告捷後，李重俊、李多祚等人將下一步矛頭對準了宮中的安樂公主、韋皇后和上官婉兒等人。李重俊分兵守住各處宮門，同李多祚一起殺入皇宮，直奔唐中宗、韋皇后的寢殿而去。右羽林將軍劉景仁慌忙跑去報告李顯，說太子謀反，已率軍殺入皇宮。李顯一家三口人嚇得目瞪口呆，呆若木雞。還是上官婉兒鎮靜，臨危不懼，勸李顯說：「皇宮的玄武門堅固可守，請皇上皇后立即登上玄武門城樓，暫避凶嫌，同時緊急宣詔，徵調兵馬討逆。」李顯慌忙命劉景仁召集宮中的禁軍官兵護駕，掩護著一行人登上玄武門城樓。

李顯被韋皇后、上官婉兒等人劫持上了玄武門，這大大出乎了李重俊、李多祚等人的預料。羽林軍將士見狀，圍住玄武門都不敢上前。李顯門樓上花了好長時間，才從下面亂哄哄的景象中分清楚敵我。他衝著李多祚，斥責說：「我平日待你不薄，你為什麼助太子謀反？」李多祚仰頭回答：「武三思淫亂後宮，把持朝政，臣等奉太子令，已將武三思父子正法。太子與臣等並未謀反，只是奏請陛下肅清宮闈。」李重俊志大才疏，遇到如此突發情況，一時不敢進逼。李多祚則臨時更改了政變目標，高呼：「上官婉兒勾引武三思，禍亂後宮，罪不可恕，請陛下速速將她交出來！」城樓上的上官婉兒急中生智，沒等李顯說話，馬上跪在李顯腳下，一把鼻涕一把淚地訴說：「我看觀太子的意思，是要先殺上官婉兒，然後再一一捕弑皇后和陛下。」李顯驚問：「那，我應該如何回答？」上官婉兒忙上前指點，李顯鸚鵡學舌一般，向城下大喊：「御林軍聽著，你們都是朕的親信宿衛，為何跟從李多祚謀反？若能及時反正，捕殺李多祚等人，朕不但不計前罪，還另加封賞，不吝惜榮華富貴！」

參與造反的羽林軍官兵們，原本以爲太子和李多祚是在傳李顯的聖旨來調撥自己殺人，誰知道一不小心捲入了造反事件。他們的第一反應是吃驚，第二反應是無助。聽到李顯承諾只要捕殺了領頭的李多祚等人，就有榮華富貴可以享受，要不要反戈一擊呢？

有個職位很低的太監、宮闈令楊思勖趁造反者懵住了，主動出戰，一舉斬殺了李多祚的女婿、羽林中郎將野呼利。羽林軍的士氣更加低落，有官兵擁向李多祚，將他亂刀砍死，其他官兵見有人挑頭，也紛紛亂刀砍死李思沖、李承況等人。太子李重俊慌忙帶著幾十名侍從突圍而出，逃向終南山。韋皇后、安樂公主等人迅速控制了局面，發兵平息了叛亂。沒多時，李重俊被侍從割下首級，獻給了朝廷（唐睿宗即位後，追贈李重俊爲節愍太子）李顯這個沒心沒肺的父皇，竟然將太子的腦袋放到太廟中，告祭被殺的武三思。

官職卑微的永和縣丞寧嘉勖路過長安，看到被懸掛示衆的太子李重俊首級，立即脫下衣服，取下首級包起來，傷心得號啕大哭。他哭的不是素昧平生的太子，而是痛心李唐皇室的骨肉相殘，傷感局勢的動盪不安。宗楚客知道後，立即要求李顯把寧嘉勖流放嶺南。寧嘉勖後來病死嶺南，唐睿宗即位後被追念「忠義而重名節」。

二

李重俊造反失敗後，韋皇后和安樂公主兩人去除了一大障礙，更加緊了篡位奪權的步伐。景龍二年（七〇八）春，宮中有人阿順韋氏的意思，說她的衣箱中有五龍飛出，粗線條的李顯就命畫工繪製下來，出示朝廷，大赦天下。一批無恥官僚紛紛上前給韋皇后「捧臭腳」，溜鬚拍馬，說韋皇后是天生貴人。百官給韋皇后上尊號爲順天皇后，尊稱李顯爲應天皇帝。景龍三年冬，李顯在城南行郊天大禮，韋皇后參加了助祭。女子祭天，象徵意思已經很清楚了。韋皇后開始給自己造輿論，要像武則天那樣臨朝稱制。

忠於唐朝的力量還很強大。剛剛經歷過一個女皇帝的天下官民也對女主臨朝表示反感，用各自的方法反對韋皇后、安樂公主等人的篡權。朝野對妻女罪行的揭露，逐漸使一向對韋后信任的李顯開始產生了懷疑。

先是定州（今河北定縣）人郎岌冒死上書，揭發韋后與宗楚客勾結，企圖謀反。看見郎岌的上書後，韋后大怒，一定要李顯下令殺死郎岌。李顯只革去了郎岌的官職，命郎岌在家裡反省。但韋后卻不肯甘休，派人將郎岌活活杖死。

接著，又有許州參軍燕欽融上奏：說皇后淫亂，干預國政；安樂公主、武延秀以及宗楚客等人交相勾結，朋比爲奸，危害社稷國家，應予以嚴懲。李顯既感到震驚，不願意相信，卻又心有疑慮，心情之複雜難以言喻。之後，李顯瞞過韋后，將燕欽融悄悄召入宮中，當面質問。燕欽融毫無懼色，揭發了皇后及其他人的醜行，有憑有據。李顯一直沉默不言，過了好半天，才神色慘澹地說了一句：「朕日後再召你進來。」燕欽融退下，從內殿直出，到宮院外時，兩廂忽然擁出一幫武士。爲首的宰相宗楚客手持敕書，假傳李顯詔命，將燕欽融當場殺死。

李顯聽到二人的死訊後，悶悶不樂，開始認眞思考朝野的揭發。愛妻愛女的不法行爲比比皆是，李顯輕易就察覺到不對了。他雖然專寵韋氏、溺愛安樂公主，但在心裡是有底線的。金銀珠寶可以給，賣官鬻爵也可以睜隻眼閉隻眼，但江山社稷必須姓李。他不會把國家給韋皇后，也不會聽任韋皇后和安樂公主敗壞國家。於是，李顯開始自己處理朝政，和韋皇后一起揮霍享受的時間少了，對安樂公主的要求也不百依百順了。

韋皇后和安樂公主一時間不知如何是好。她倆懷念之前爲所欲爲的日子，也擔心李顯眞的調查她們的罪行。爲了自保，也想讓權勢更上一層樓，韋皇后和安樂公主被權勢迷住了心竅，竟然要對李顯下殺手。

景龍四年（七一〇年）的一個秋夜，韋皇后、安樂公主母女一起來看李顯。李顯很高興，吃下了韋皇后遞上來的一塊餅，頓覺腹中疼痛難忍。他痛苦地讓妻子和女兒給自己拿水來，同時傳御醫。韋皇后和安樂公主交換了一下眼色，突然將李顯按倒在床上，用一個枕頭緊緊壓住李顯的頭部。不多時，李顯不知是毒發身亡，還是窒息而死，「龍馭歸天」了，享年五十五歲。害死丈夫後，韋皇后僞造李顯遺詔，扶持李顯年幼的第四子李重茂當傀儡皇帝。李重茂就是唐殤帝。

韋皇后的計畫是像當年武則天對待李顯那樣，找機會李重茂踢下去自己當皇帝。之前，韋皇后要剷除有力量反對自己稱帝的人，主要是李顯的弟弟、相王李旦和李顯的妹妹太平公主。李旦和太平公主都有一部分支持者。韋皇后很重視，籌畫了一個周密的政變計畫。兵部侍郎崔日用得知後，趕緊透露給了相王的兒子李隆基。於是，在李顯屍骨未寒的時候，李隆基在父親和姑姑的支持下，搶入羽林軍，將尚在睡夢中的韋氏黨羽斬首，控制了禁軍，一舉攻入宮庭。宗楚客、上官婉兒等人被殺。韋皇后聞知有變，披頭散髮向羽林軍軍營跑去，想尋找保護，結果被羽林軍輕易捕獲，做了刀下之鬼。政變當晚，安樂公主在駙馬府。第二天天將黎明，安樂公主起床後，對著鏡子畫眉。羽林軍突然殺入，將安樂公主斬於刀下。當天，韋皇后與安樂公主被拋屍街頭，隔天屍首才入殮。韋皇后禍國有據，追貶爲庶人。

政變後，李重茂退位，李旦即位，就是唐睿宗。他很快退位，讓位給李隆基，揭開了「開元盛世」的序幕。

相見歡

大小周后與李後主的亡國之痛

公元九六四年，一個空氣中瀰漫著暗暗花香的月夜，金陵南唐宮廷走廊上響起了一串清脆急促的腳步聲。十五歲的周女英興奮而膽怯地向御花園跑去，心中那頭歡悅的小鹿撞得她嬌柔的身軀輕微發抖。前方，她的夢中郎君也是她姐夫的南唐後主李煜，正在明月底下花香深處迎接她的到來。這段早熟而危險的愛情，將會賜予李煜和周女英幸福還是災禍呢？

爛嚼紅茸，笑向檀郎唾

一

十年前（公元九五四年），司徒周宗十九歲的姐姐周娥皇出嫁了，夫君是南唐中主李璟的第六子、十八歲的李從嘉。

周宗的次女周女英當時只有五歲，睜著清澈明亮的大眼睛看著熱鬧的婚禮，具體而言她一直目不轉睛地盯著姐夫李從嘉看。

愛情是多少美妙，又多麼愛捉弄人啊！也許，千百次的等待才讓一對有情人在層層輪迴和茫茫人海中相遇，而短暫的驚鴻一瞥就能讓愛情在有情人心中生根發芽。年幼的周女英可能不知道什麼叫愛情，但隱約認定李從嘉必將是自己生命中不可或缺的人物。那俊朗的外表、文雅的氣質，舉手投足之間都對周女英有著極大的誘惑。可惜，「君生我未生，我生君已老」。十三歲的年齡差距讓李從嘉成了周女英的姐夫，讓周女英以一個好不被注意的年幼女賓身分參加了李從嘉的婚禮。那份美好的感情注定只能埋藏在心底。

當年的李從嘉還沒有注意到周女英明亮熱烈的目光。他有自己的煩心事。

做為南唐排名第六的皇子，李從嘉是個與皇位很近卻又無緣的孩子。尷尬的地位讓李從嘉必須小心謹慎，防範說不定來自哪個角落的明槍暗箭。李從嘉最大的威脅來自於長兄、太子李弘冀。李弘冀文武全才又性格強硬，一心要振興南唐，毫不猶豫地剷除任何存在的或潛在的障礙。即便是骨肉同胞也在他的猜忌防範範圍之內。李弘冀的叔父、齊王李景遂和李弘冀政見不合，加上李璟曾立有「兄終弟及」誓言並一度將政務交由齊王處理，李弘冀竟然派人將叔父毒死。李從嘉出衆的外表，自然引起了李弘冀的「特別注意」。於是，李從嘉走上了一條瀟灑隱逸不問世事的退隱之路。他自號鍾隱，又取名蓮峰居士，閒雲野鶴醉臥花間，清醒時全副精力鑽研經籍文章。

李從嘉的醉心詩文雖然有避禍的原因在裡面，但非常適合他。李從嘉從小在文學上表現出了很高的天賦，精於書畫，諳於音律，工於詩文。尤其是寫的那一手好詞，贏得了朝野大臣出自內心的一致讚譽。一次，李從嘉拿到一幅他人所畫的〈春江釣叟圖〉，被漁父隱逸的生活畫面所吸引，在畫上題了兩首〈漁父〉詞。

一首是：「浪花有意千重雪，桃李無言一隊春。一壺酒，一竿綸，世上如儂有幾人？」

第二首是：「一棹春風一葉舟，一綸繭縷一輕鉤。花滿渚，酒滿甌，萬頃波中得自由。」浪花桃李和美酒還是我的朋友，他們一起構成了我的春日生活，隨我在江河波濤中四處漂流。這就是隱士李從嘉的生活，引領了唐宋無數文人騷客跟隨其後，構成了綿延悠長的歌頌漁翁隱士生活的文化傳統。漁人和漁人歌成了後世隱逸的代名詞。李從嘉不經意間開創了一個文學流派。在放聲歌唱隱士生活的同時，他的才華也展現無餘。

周娥皇就在此時進入了李從嘉的隱逸生活，讓孤獨漂泊的李從嘉欣喜地看到撲面而來的美景。妻子周娥皇不僅美貌，而且精通書史，是丈夫李從嘉作品的熱心讀者和崇拜者。她很快進入了李從嘉自我流浪的精神世界。更美妙的是，周娥皇善歌舞，尤其擅長琵琶。中主李璟辦壽時，周娥皇曾表演了一曲美輪美奐的琵琶。李璟驚嘆之餘，賞賜給她一把燒槽琵琶。至於采戲弈棋等遊戲，周娥皇也深諳其道，時常陪伴丈夫嬉戲玩耍。於是，李從嘉新作出爐，周娥皇是第一個讀者，不僅欣賞而且還配曲彈奏，曲到情深意濃處還伴有歌舞。李從嘉由衷地高興，美酒歌舞愛妻，興趣享受知音，孤獨和落寞已經絕塵而去。上天賜予了自己一個貌美如花的妻子，賜予自己源源不斷的創作動力，李從嘉還能奢望什麼呢？

管他朝堂掀起滔天巨浪，管他權力風雲變幻，只要能和心愛的人詩文唱和雙宿雙棲，此生足矣。

二

命運便是這般奇特，越是你不想要的東西往往越要塞給你。

李從嘉的大哥、太子李弘冀在謀殺親叔叔、齊王李景遂後，被強大的心理壓力擊垮。骨肉相殘的道德譴責讓李弘冀精神分裂，常常看到死去的李景遂變成猙獰的惡鬼糾纏自己。最終，不堪精神壓力的李弘冀不治身亡，變成了宗廟牌位上的「文獻太子」。李從嘉的命運因此發生了重大的轉折。李璟的二兒子、三兒子、四兒子和五兒子此時都已死去，六子李從嘉成了他最大的兒子。毫無懸念的，李從嘉很快就被李璟立為太子。從此，李從嘉不得不告別無憂無慮的隱逸世界，不甘不願地回到現實中來。

公元九六一年六月，南唐中主李璟去世。太子李從嘉即位，改名李煜。李煜就是大名鼎鼎的南唐後主。

周娥皇在和丈夫度過七年夫唱婦隨的快樂生活後，成為了南唐皇后。

從沒想過當皇帝的李煜坐上了龍椅，可他的心始終沒有坐上去。李煜單純善良恬靜，是一個溫存愛人的丈夫，一位優秀的漁翁、花農、文人、畫家和藝術事業的慷慨支持者，可就不是一個合格的皇帝。他壓根就不會治國。即位之後，李煜沒關心過國事，關心的還是譜詞度曲，每日依然過著風流瀟灑的生活。皇帝身分給予他的，就是能夠把日子過得更瀟灑風光更飄逸安樂。春天來了，李煜就將殿上的梁棟窗壁，柱拱階砌，都裝成隔筩，密密麻麻插滿各種花枝，稱之爲「錦洞天」。他讓妃嬪們都綰高髻，鬢上插滿鮮花，在錦洞天內飲酒作樂。李煜最愛的還是周皇后，史載周皇后「寵嬖專房，創爲高髻纖裳及首翹鬢　之妝，人皆效之」。一個冬天的夜裡，李煜、周娥皇夫妻倆又是一場歌舞酣醉。皇后舉杯請李煜起舞。疲倦的李煜說：「如果你能創出新曲來，我就和你共舞。」李煜是風流天子，日夜歌舞，哪有他沒有聽過的曲子。不想，周娥皇馬上命人擺好紙墨，喉無滯音，筆無停思，瞬間譜成了一曲新曲。原來周娥皇重新考證編排了〈霓裳羽衣曲〉，讓這個失傳的曲子重現南唐宮廷。欣喜的李煜高興地應諾與愛妻醉舞一曲。郎情妾意，好一對恩愛夫妻。

李煜著名的〈一斛珠〉就寫於此時，專門寫嬌妻周娥皇的情態：

曉妝初過，
沉檀輕注些兒個，
向人微露丁香顆，
一曲清歌，暫引櫻桃破。
羅袖裛殘殷色可，

杯深旋被香醪涴。
繡床斜憑嬌無那，
爛嚼紅茸，笑向檀郎唾。

千年以後，我們還能清晰地看到南唐宮廷中那個早晨。晨曦透過紗窗，照在正在化妝的周娥皇身上。李煜慵懶地半躺在榻上，欣賞著愛妻的容顏，深吸著愛妻的體香。只見周娥皇用混合沉香、檀香、紫丁香、梨汁做成的絳紅色的稠稠的濃汁輕輕畫眉、點口紅。她的動作是那麼輕巧、那麼熟練，可李煜還是生怕愛妻太用力地塗，傷了櫻桃小嘴；他又覺得愛妻的整體妝容已經很漂亮了，那口紅不要很多，少許沾起一些點一下就夠了。越看越覺得妻子的美，李煜恍惚間看到妻子微微張開嘴巴，在說些什麼，可他只留心愛妻的唇和微露小舌頭，根本沒聽說的是什么，只覺得那聲音彷彿是一曲清歌，纏綿、婉轉。還沒聽夠，周娥皇的櫻桃小嘴猛地合上了，嘴角噘了起來。原來，周娥皇是在向李煜討酒喝。李煜趕緊給妻子斟了一杯酒，遞過去。周娥皇喝得高興，杯子一晃，酒就濺出來了，美酒濺出來沾染了衣裳。本來的紅袖被酒打溼，變成了深紅色。

這麼一鬧，周娥皇斜靠在繡床上，撒起嬌來，怪李煜傻乎乎的樣子逗笑了自己，害得自己灑了酒。李煜不惱反喜，繼續傻呵呵地看著皇后。只見周娥皇含一粒檳榔在嘴裡邊嚼，李煜湊過去，想和妻子共嚼一個檳榔。周娥皇笑著把檳榔向李煜吐去。這就是「笑向檀郎唾」。檀郎，是中國古代美男子潘安的小名，這裡代指愛人。而這裡的「紅茸」，一般理解為檳榔，也有人說是紅色茸線做的墊子或者毯子。按照這第二種理解，當時周娥皇親昵地拿起床上的墊子或者毯子朝李煜砸去，很像現在的小夫妻在床上戲耍。

戲耍歸戲耍，男歡女愛歸男歡女愛，國家還是要治理的。李煜的問題在於他當皇帝只要享受的一面，不願意承擔治理國家的責任。李煜的愛好太多，音律、書畫、遊樂，還有周娥皇，他都喜歡。很自然的，南唐的政事被荒廢了。監察御史張憲言辭懇切地進諫，請李煜以國事為重。李煜根本聽不進去勸諫。好在他並非暴君，也知道張憲是為了自己好，賞賜他帛三十疋，以表彰他盡職勸諫。明白歸明白，賞賜歸賞賜，李煜就是不改。

花前月下、細柳池邊，李煜周娥皇享受著幸福的甜蜜，羡煞旁人。

羞答答的愛情

美中不足的是，周娥皇的身體不太好。擁抱幸福僅有三年，周娥皇生病臥床了，病情還很嚴重。周家就派人進宮探視。派來的人就是皇后的妹妹：周女英。周皇后在瑤光殿養病，周女英就被安排住在瑤光殿的畫堂裡。

周家派周女英來的原因很簡單，因爲李煜母后很喜愛這個小姑娘。時光流逝，當年混沌未開的小女孩已出落成十五歲的婀娜少女。周女英身上有少女一切的優點：青春可愛、活潑開朗、純眞善良，而且出落得亭亭玉立，就像一朵潔白的蓮花被一陣風吹入了南唐宮廷，飄入了李煜因爲皇后病重而被陰鬱籠罩的心裡。

一個悶熱的午後，在床上輾轉反側難以午睡的李煜索性身著便裝，來瑤光殿看望皇后。經過畫室，李煜決定先去看看小姨子。

在這個令人昏昏沉沉的午後，明媚的陽光鋪滿畫室，宮女們各安其位打著瞌睡，室內一片寂靜。周女英午睡未醒。李煜徑直走入畫堂，平靜地來到周女英的床前，悄悄掀起泛著亮光的竹簾，向裡觀看。一位小仙女沐浴著午間的陽光，枕著一塊雲彩，靜靜地躺在席子上，發出均勻的呼吸聲。李煜能夠聞到少女身上特有的芳香，香氣襲來，讓李煜感到渾身舒暢，彷彿整座畫室都在漂蕩，竹簾搖曳發來竹海蕩漾的清香。周女英也在夢中，不知夢見了什麼，盈盈的笑容在她臉上逐漸綻放開來。李煜從這笑容中想到了無限的情義。他想觸摸周女英那散發香味的繡衣，撫摸她那紅撲撲的臉蛋，最終還是收回了悄悄伸出的手。李煜端詳了周女英一會，靜悄悄地離開了，就像他靜悄悄地到來一樣。

下午，周女英受到了一個宮女傳遞的皇上的一封詞箋。她略微驚訝後，拆開了，裡面是一首〈菩薩蠻〉：

蓬萊院閉天台女，
畫堂晝寢無人語。
抛枕翠雲光，
繡衣聞異香。
潛來珠鎖動，
驚覺銀屏夢。
臉慢笑盈盈，
相看無限情。

越往後看，周女英的胸口起伏得越厲害。紅暈不可遏制地爬上了她的臉頰。這分明是一封情書！周女英彷彿能看到姐夫李煜在寫這首詞時興奮起伏的內心——正如她手捧這首詞的心境。她完全明白了李煜的心意，尤其是那一句「相看無限情」。朦朦朧朧中，十年前種在小女孩心中的情愫開始展現它枝繁葉茂的一面。

送信的宮女看周女英把詞讀完，附耳告訴她：「皇上今天晚上在御苑紅羅小亭等著你。」短短的一句口信，讓周女英的下午變得漫長無比。

月亮終於爬上了柳梢頭，這是一個飄著花香的夜晚，月光朦朧，萬籟俱寂。周女英在送信宮女的引導下，躡手躡腳地走出畫堂，匆匆向御苑走去。腳下的金縷鞋在石板上發出有規律的響聲，敲得周女英心驚肉跳，生怕它破壞了幽會機會。她索性脫下金縷鞋，提在手上，小腳儘量輕地踏著石板，奔向目的地。走近建築在御苑花叢之中的紅羅小亭，周女英發現整個亭子罩以紅羅，裝飾著玳瑁象牙，雕鏤得極其華麗；亭內有一榻，榻上鋪著鴛綺鶴綾，錦簇珠光，生輝煥彩。美中不足的是，亭子面積狹小，只可容兩人休息。周女英看到金碧輝煌的榻上放著床上用品，頓時面紅耳赤，呆立著不知如何是好。

突然，一個男人悄然從紅羅裡面快速出來，從後面抱住周女英。周女英回頭一看，正是李煜！李煜正含情脈脈地看著她。周女英害羞得低下頭去，身體禁不住微微發抖……

纏綿一晚，李煜寫下了〈菩薩蠻〉來追記紅羅小亭的美妙時光：

花明月暗籠輕霧，
今宵好向郎邊去。
剗襪步香階，
手提金縷鞋。
畫堂南畔見，
一向偎人顫。
奴為出來難，
教君恣意憐。

李煜傳神地道出了周女英既愛又羞且怕的心理。一句「奴爲出來難，教君恣意憐」，對情場之中男子具有百分之百的殺傷力。

許多人可能會爲李煜和周女英的行爲不齒，痛恨李煜對妻子周娥皇的不忠。昨日李煜還對妻子恩愛難分，今天就把感情投注給了另一個女人。李煜做得是不是太過分了？

不被祝福

一

周女英在宮中呆了好幾日後，姐姐周娥皇偶爾透過褰幔看到了妹妹。她吃驚地問：「妹妹，你什麼時候來的？」周女英年紀尚小，不知避嫌，如實回答：「我來了好幾天了。」什麼都不用解釋了，周皇后立刻明白了。她感到一陣陣心痛，撇下妹妹，憤怒地面朝床裡，避不見外人。

李煜內疚萬分，朝夕相伴左右。他盡其所能地照顧妻子，親自張羅妻子病中的所有飲食，親口品嚐妻子的湯藥，確定沒有問題溫度合適後再一勺勺餵給妻子喝。周娥皇臥床多月，轉眼到了冬天。李煜在寒冷的冬夜也堅持守護在周娥皇身邊，倦極了就和衣而臥，衣不解帶。不幸的是，李煜和周娥皇生的次子李仲宣夭折了。幼子的死讓本來就病重的周娥皇病情急劇加重。她自知人生將盡，留下遺言說：「婢子多幸，托質君門，冒寵乘華，凡十載矣。女子之榮，莫過於此。所不足者，子殤身歿，無以報德。」（這是官方史書公布的遺言，裡面沒有對李煜的抱怨之情，充滿知足之心。只是不知這遺言是眞是假。）周娥皇要求將中主李璟賜給自己的燒槽琵琶陪葬。最後，周皇后支撐著病體，自己沐浴更衣上妝，更是親手將含玉放進嘴裡，安然等待死亡的降臨。公元九六四年，周娥皇病逝於瑤光殿，年僅二十九歲。她和李煜做了十年夫妻。

李煜將妻子葬在懿陵。他悲傷地親自刻了妻子的墓石，將妻子喜歡的金寶、琵琶陪葬。李煜還以「鰥夫煜」的名義，寫了一篇極其酸楚的〈昭惠周后誄〉悼念亡妻。全文上千字，四字一句，僅有幾句是六字、七字對仗句，讀起來琅琅上口，淚水也不知不覺流了下來。讀者無不被文章情感眞摯、哀淚漣漣的風格所打動。悼文一共十三次「嗚乎哀哉」，李煜「拉血撫櫬，邀子何所」，「吊孤影兮孰我哀？私自憐兮痛無極」，最後以「嗚乎哀哉」的悲嘆結束全文。這篇悼文是李煜留世作品中最長的，也是感情最悲、最直露的一篇。

李煜雖然之前對愛妻周娥皇有背叛行爲，但他對周娥皇的愛是一貫的，始終沒有變。這個世界上，有一些男人天生多情。現在我們知道，李煜不幸就是那樣多情的人。他在心底永遠給周娥皇留著一席之地的同時，接納了周女英。

李煜永遠生活在超越世俗的精神世界，所以他能爲藝術捨棄江山，也能「反世俗」地同時接受兩個女子。理解這一點，我們就基本能夠理解李煜。

髮妻周娥皇死後四年，李煜才和周女英正式結婚。

這期間，李煜和周女英如膠似漆地生活在後宮中。爲什麼要拖延四年才結婚呢？因爲周娥皇死後一年，李煜的母后鍾氏去世，李煜按禮要守孝三年。

二

在李煜正式迎娶周女英之前，北方的宋太祖趙匡胤曾經派人來提親，希望李煜能夠迎娶宋朝女子。當時的形勢是，崛起的北宋在對南唐戰爭中節節勝利，南唐不得不臣服北宋。現在宋太祖欣賞李煜，希望唐宋和親，南唐大臣們都希望能促成此事，保境安民。李煜也深知此事重要，但身爲風流天子的他豈能捨棄愛情、背叛周女英而和來自北方的女子同床共枕呢？因而，李煜拒絕了和親。說到底，在李煜心裡，江山社稷遠不如風流愛情重要。

李煜和周女英的愛情在盛大婚禮中修成正果。婚禮後的第二天，李煜大宴群臣。皇帝結婚，做大臣的肯定要寫文章賀喜，寫不出來起碼也得說幾句祝福的話。可群臣對李煜的第二次娶后都心懷不滿。李煜拒絕北宋和親，是一錯；結婚前，李煜已經和周女英在宮廷中過了四年夫妻生活，還流傳出「手提金縷鞋」之類聞名遐邇的多情詩句，又是一錯。因此，群臣都不情不願地參加宴會。在宴會上，衆人不寫賀詞不行，只好說些怪腔怪調的話，與其說是恭賀不如說是諷刺。李煜也不在意。

由於李煜娶了周家兩姐妹爲后，歷史上稱周娥皇爲大周后，周女英爲小周后，以示區別。

婚後，李煜更和小周后一頭栽進了鶯歌燕舞的後宮。「鳳簫吹斷水雲閒，重按霓裳歌遍徹。」小周后能歌善舞，能像大周后那樣和李煜夫唱婦隨。同時，小周后在追求精緻生活方面，更勝一籌。周女英偏愛青碧色，所穿衣裝均爲青碧色，飄飄然有清新脫俗的氣質。後宮以此爲時尚，都效仿小周后的青碧色衣裳。宮女們嫌民間所染的青碧色不純正，親自動手染絹帛。據說有一個宮女染絹的時候，夜間曬在室外忘記收回。絹暴露空中一夜，被露水所沾溼，第二天顏色分外鮮明，贏得普遍讚譽。妃嬪宮女，都用此法染衣，號爲「天水碧」。周女英又好焚香，常常垂簾焚香，坐在滿殿的氤氳芬芳中，外人望去煙霧縈繞中隱約端坐著一位仙女。焚香有個不好的地方，就是古代宮廷是木結構的，帷帳紗簾什麼的很多，晚上睡覺時在殿中焚香有失火的危險。小周后就發明了「蒸香」：用鵝梨蒸沉香，不僅大大降低火災危險，還讓香氣夾雜著沁人心脾的清、甜的味道。沉香混著熱氣，瀰漫宮廷中，小周后取其名爲「帳中香」。

李煜在生活如此精緻的妻子的帶動下，也搞起了「小發明」。他將茶油花子製成各種形狀的花餅，令宮嬪淡妝素服，縷金於面，用花餅施於額上，取名「北苑妝」。北苑妝的特點就是素樸，李煜創立後，嬪妃宮女紛紛去了濃妝豔抹，用花餅打扮，穿起樸素的青碧裝，反而別具風韻。李煜還喜歡搜集外國的食材，利用中國菜的烹飪方法製作新的菜肴。他一共研製了數十種新菜，都清新芳香。在此基礎上，李煜整頓了南唐宮廷御膳，把每道菜都取了名，刊入食譜，取名「內香筵」。他把這個當作自己的「重要政績」，常常備下盛筵召宗室大臣入宮品嚐。

李煜與小周后就這麼一個做花餅做菜，一個染衣服蒸香，還很樂意與外人分享成果，生活得相當瀟灑。

當愛已成往事

一

李煜夫妻生活在世俗之外，可世俗社會的殘酷不會放過他們。

李煜生活的五代十國戰亂頻繁，是個「王侯將相寧有種乎？兵強馬壯者爲之耳」的年代。弱肉強食是這個年代的運行法則，李煜注定不適應殘酷的叢林法則。

在北方，篡奪了後周帝國的趙匡胤建立了北宋，以翦滅群雄統一全國爲目標。宋軍不斷侵略蠶食南唐領土，對南唐形成戰略壓迫之勢。南唐則積貧積弱，在李煜即位時即已奉宋正朔，向宋朝進貢，只能在江南苟安。李煜在宮廷逍遙的時候，趙匡胤正一個個消滅割據王朝，漸漸把刀子架到了南唐身上。北宋開寶七年（公元九七四年），趙匡胤屢次命令李煜北上，想在汴梁安排李煜做寓公，和平吞併南唐。李煜當然是推辭不去，可也不做任何應變準備。趙匡胤軟的不行來硬的，集結大軍南下總攻。第二年，金陵城破，李煜不得不肉袒出降，被押到汴梁做了違命侯。

「四十年來家國，三千里地山河。」境遇的改變，讓李煜從精神的天堂直線墮入現實，開眼看到了宮牆外淪落的南唐江山。他終於看到了生活中應有的一面。「最是倉皇辭廟日，教坊猶奏別離歌，垂淚對宮娥。」李煜畢竟是風流天子，即便在被俘北上的時候還有歌伎舞女唱著離歌送別。李煜唯有流淚，面對往日的宮娥舞女。失去了才知道珍惜。爲什麼身在福中的時候，不知道珍惜呢？李煜也只能揮淚告別往日的逍遙生活了。

小周后和丈夫一起被俘，來到汴梁的違命侯府。小周后被封爲鄭國夫人。夫妻倆開始了長吁短嘆的淒涼後半生。值得慶幸的是，兩人都還有相愛的人在身邊。

「往事已成空，還如一夢中。」往日的逍遙成了美好的回憶。好在李煜夫妻生命無憂，生活得相當安逸。趙匡胤對投降的各割據政權君主還是很優待的。等到宋太宗趙匡義即位後，情況就惡化了。趙匡義雖然加封李煜爲隴西郡公，升了他一級封爵，卻在暗中進行監視，對李煜下了殺心。

趙匡義要殺李煜，有兩大原因。第一是風流天子李煜在亡國後，反而愛國憂民起來。李煜寫過一首〈相見歡〉：

無言獨上西樓，
月如鉤，
寂寞梧桐深院鎖清秋。
剪不斷，
理還亂，
是離愁，
別有一番滋味在心頭。

李煜一改文風，發愁愁的不再是兒女情長，不再是風花雪月，而是國家和人民，是故國的江山社稷。如果他是皇帝的時候，憂國憂民或者奮發圖強，都沒有問題；問題是李煜現在是寄人籬下的亡國之君了。他的憂國憂民來的太不是時候了，太晚了。這也恰恰是李煜天眞浪漫的時候，雖然陷身現實還是沒看清楚現實，沒學會說話辦事。

南唐宮女慶奴，在金陵城破的時候隱身民間，後來做了宋軍將領的妾侍。慶奴不忘舊主，給李煜寫了問候信。李煜本是多愁善感的人，見了慶奴的信，更加傷感，懷著滿心的哀怨回了一封書信。信中有「此中日夕只以淚眼洗面」一句。這件事和這封信，都被暗中監視的密探報告了宋太宗。宋太宗看了「此中日夕只以淚眼洗面」這一句勃然大怒，認爲李煜暗中聯繫舊人，心懷怨望。北宋王朝高官厚祿養著這些投降的君主，李煜竟然還和往日的宮女通信，心中對新政權不滿，這怎麼能不讓小肚雞腸的趙匡義憤怒呢？

第二是趙匡義看上了周女英，李煜就成了他的情敵。宋朝慣例，朝廷命婦常常入宮搞些「夫人外交」或者和皇室聯絡感情。這是不成文的規定，哪個命婦不去反而奇怪了。小周后也常常入宮。趙匡義登基後，小周后一入宮就好幾天時間，回到家後大哭大鬧，打罵李煜。她罵得很難聽，說李煜無能懦弱，聲聞於外。是什麼原因讓恩愛夫妻反目？周女英入宮的那麼多天，又發生了什麼？汴梁城裡半公開的祕密是：趙匡義在周女英入宮的時候，多次強行姦汙了小周后。小周后自然百般反抗，無奈柔弱的她怎麼能敵得過趙匡義呢？宋朝有人畫畫記錄了汴梁宮庭中不堪入目的場景：四、五個宮女抓住周女英，托著她的身子，方便趙匡義行禽獸之舉。如花似玉的周女英慘遭摧殘後，回家把所有的委屈和憤怒都衝著丈夫發出來。面對橫遭凌辱的妻子，李煜只能長吁短嘆。他本性就是柔弱的人，掌權的時候都沒有碰過硬，現在寄人籬下了更不知道怎麼處理難題了？

趙匡義對小周后越來越喜歡，恨不能長相廝守，李煜也就越來越是眼中釘肉中刺了。

二

太平興國三年（公元九七八年），七夕，李煜四十二歲生日。

李煜和小周后苦中作樂，在庭院中自備薄酒，慶祝生日。

月色朦朧，微風泛起，李煜夫妻的心安靜下來，感受著月夜的靜謐和蒼涼。酌了幾杯酒後，被現實壓迫得麻木的李煜又一次想起了江南往事，想起了以前的美景和歌舞。往年自己誕辰，群臣祝賀，宮中賜酒賜宴，酒筵是內香筵；歌舞響起，宮女們魚貫而出，穿著天水碧的服裝，梳的是北苑妝。而如今，院子裡只有李煜和小周后孤零零的二人，好似囚犯，只是監牢更大、枷鎖無形而已。故國亡故、物是人非，巨大的心理落差讓李煜心力交瘁，愁緒傾瀉。他寫下了一首〈虞美人〉：

春花秋月何時了，
往事知多少。
小樓昨夜又東風，
故國不堪回首月明中。
雕欄玉砌應猶在，只是朱顏改。
問君能有幾多愁，
恰似一江春水向東流。

寫完後，李煜興致很高，讓小周后配曲唱出來。小周后不願唱，捱不過李煜的再三要求，輕啓朱唇將〈虞美人〉一字一字依譜循聲唱了起來。歌聲飄揚，讓苦難中的夫妻倆的思維短暫回到了歌舞昇平的往日。

突然，趙匡義的聖旨到了。他派人送來了祝賀李煜生日的御酒。李煜沒有懷疑，謝恩喝下御酒。不多時，李煜的身體突然失去了控制，尤其是腦袋或俯或仰，好似織布梭子牽機一般不能停止。小周后哭著抱著他，看著丈夫痛苦的樣子無能為力，哭喊著任憑熱淚狂流。李煜腦袋越搖擺越快，然後漸漸慢下來，殷紅的鮮血從耳鼻中湧出來，最後躺在愛妻的懷裡不能動彈。原來，狠毒的趙匡義在御酒中下了「牽機毒」。

做爲掩飾，趙匡義下詔追贈李煜爲太師，追封吳王，並廢朝三日。李煜被葬於洛陽邙山。宋朝將李煜的葬禮辦得很體面，一切按照程序進行，派人護喪，賜祭賜葬，禮節一點不差。可見，哀榮和生前的現實存在多大的差距。

一代文豪和風流天子就這麼走了。後人沒有不爲李煜的悲慘結局惋惜的。李煜天資過人，又是帝王貴冑，原本可以有更好的結局，最起碼可以自然死亡。李煜的悲劇是李煜自己造成的，他才華橫溢，卻沒有用在權力鬥爭和列強爭霸上，而花費在了花前月下和文字飛揚上。李煜「生於深宮之中，長於婦人之手」，柔弱無力，就是個權力的門外漢，卻肩負著帶領南唐王朝在亂世求生存求發展的重任，不失敗才怪。權力鬥爭的失敗衍生出了李煜個人生活和命運的悲劇。權力是造成李煜和周女英悲劇的幕後黑手。

有一件小事可以說明李煜和小周后的政治幼稚程度。兩人都寵信佛教，在境內大興土木造寺廟浮屠。北宋爲了消耗南唐國力，派披著袈裟的間諜來南唐宣講佛法，成功鼓動李煜夫婦大修佛寺，大興佛事，引導他倆在崇佛的道路上越走越遠。據說，宋軍兵臨金陵城下。李煜首先想到的是請佛教「大師」來退敵。結果敵人沒退了，倒是空餘了許多江南寺院，在煙雨中自生自滅。

命運的戲劇性突變，嚴重影響了李煜的文學創作。他前期的作品兒女情長、春華秋實爲主，風格柔靡；亡國之後，「國家不幸詩家幸，話到滄桑句始工」，李煜作品題材和意境大爲擴展，亡國之恨、人生深悟都入詩入詞。在後期作品中，身陷囹圄的李煜的靈魂脫離了苦難的軀殼，吟誦著淒涼悲壯的文字，一路飛奔回江南大地，以磅礴的氣勢巡視著往日的疆土。他的靈魂和軀體一樣，淚流滿面。王國維在《人間詞話》所言：「詞至李後主而眼界始大，感慨遂深。」這讓李煜成了承前啓後一代文豪。

三

小周后料理完丈夫的喪事後，趙匡義屢次催促她入宮。小周后拒絕多次後，在該年年底自殺身亡。

李煜長子李仲寓是他和大周后周娥皇生的。南唐亡國後，李仲寓跟著北遷汴梁，擔任北宋的右千牛衛大將軍。父親死後，李仲寓悲傷過度。趙匡義遣使勞問，喪事完成後賞賜汴梁城積珍坊住宅一處。過了幾年，李仲寓主動說明家族人多口雜，向朝廷「討官」，希望能到地方州縣去謀個實職「養家」。可見，李仲寓比父親李煜務實多了。趙匡義就任命他爲郢州刺史。李仲寓居官沒發生什麼大事，淳化五年（九九四年）就死了，年僅三十七歲。

李仲寓的兒子李正言很早就夭折了，李煜從此絕嗣。

李煜死的時候，江南一帶聞知死訊，很多人都哭了一場。聽到李煜絕嗣後，南唐遺民又掀起了一場悼念浪潮。

配對子

奉聖夫人與魏忠賢的無性婚姻

深宮高牆之內，宮女太監們看似錦衣玉食，生活無憂，但精神生活空虛，子然一身，百無聊賴。「無性婚姻」就在其中滋生開來。宮女和宮女之間、宮女與太監之間，相互慰藉，共同生活，形同夫妻。從漢朝開始，這種被稱為「配對」或者「對食」的假婚姻都遭到宮廷的明禁，只能在暗處滋生。在深宮幽處，太監和宮女們借此熬過幾十個慘澹春秋……

明熹宗天啟年間，一個太監和皇帝奶媽的「配對」，掀起了帝國的軒然大波。

魏四進宮

一

河北肅寧縣人魏四，是在二十多歲已經娶妻生女的情況下，自己割掉生殖器當了太監。

二十多歲已經過了當太監的黃金時間——多數太監是從小淨身送入宮中從底層做起的，而且面臨諸多困難。生理上的困難是成年男子發育完全了，再淨身的手術風險很高。古代手術技術和術後保養都跟不上，許多和魏四想法相同的人都沒能挺過手術和其後的併發症。心理上的困難是成年男子如何面對家庭、社會的歧視和內心的掙扎。他捨棄的不僅僅是一個器官，還有生活的幸福和做人的尊嚴。

所以說，自我淨身要求入宮當太監的成年男子都是意志極其堅強的人。支撐他們戰勝生理痛苦和心理掙扎的只能是內心的渴望。一種渴望是對皇宮的渴望，渴望在皇帝身邊飛黃騰達，渴望能夠改變自己和家族的社會地位，名利雙收。第二種渴望是生存的渴望。一些成年男子把當太監做為一個職業選擇，迫切希望通過進宮來吃飽飯穿好衣服，順便拿一份俸祿可以養家。皇宮外面的民間，生活是那樣的艱難。從小被父母送去當太監的小孩子們不會有切身的感受，自然也不會產生那麼強烈的渴望，只有在生活上打滾了多年的成年男子才會有。

很多年以後，猛烈批判魏四或者試圖客觀解釋魏四言行的人，都想當然地認爲魏四入宮的動機是對權力的強烈渴望，也就是第一種渴望推動他踏上了一條布滿荊棘的道路。

但我相信，魏四自宮的動力主要來自生存的壓力。

當你看到連褲子都穿不起的魏四躲在肅寧城裡的柴火堆中，被賭場追債的人揪出來，當街拳打腳踢的時候，你就能多少理解魏四的選擇了。魏四是肅寧這個窮鄉僻壤中最窮最底層的那類人。被人打過以後，魏四拖著傷痕累累的身子，胡亂在地上撿幾根布條或者幾把枯草抹抹傷口，然後蹣跚地回到那破敗不堪的土坯房。深夜，躺在柴草堆上，他透過屋頂的窟窿仰望天空，耳朵傳來妻子女兒的鼾聲，鼻子裡是刺鼻的霉臭味。此情何堪！魏四長得身高體壯，幹活也不孬，無奈家裡的幾分薄地三下五除二就種完了，一年收不了多少莊稼。魏四每年有大把大把空閒的時間，無所事事，就找人賭錢。他想贏幾個錢，卻越輸越多。原本好好交往的朋友夥計就對他惡語相向動手打人。魏四空有滿腔精力體力無處發洩，無助地看著自己在貧困卑賤、饑寒交迫的道路上沉淪下去，彷彿一眼就能看到幾十年後自己悲慘死去的結局。他不願意這麼生活下去，他想吃飽飯，想有衣服穿，想翻新自家的土房，如果別人能客客氣氣地對他說話就更好了。可魏四不知道怎麼才能實現這一切，除非——去當太監。

河北肅寧盛產太監，因爲這個地方窮。不定時地有肅寧籍的太監回家省親，不是騎著高頭大馬，衙門裡的差役迎來送往，起碼也穿著漂漂亮亮乾乾淨淨的衣服。他們都對魏四這樣的底層貧民起到了榜樣的作用。當魏四決心要入宮當太監後，他的妻子竟然沒有反對。已經分家單過的哥哥還賣掉了家裡的驢，來給弟弟魏四籌措手術的費用。對於貧賤的魏家來說，用一個人的一生的幸福，來換取全家人可能得到的衣食無憂，是很划算的。對於意志堅定的魏四來說，當太監是無奈中的最好選擇。於是，人高馬大的魏四告別家鄉和親人，悲壯地上路了。

魏四到了北京城，用僅有的一點錢找了一個私人手術師做了淨身手術。非常幸運的是，在手術過程中和手術後的一個月中，強壯的體質幫了魏四大忙。他竟然沒有任何差錯地挺過去，順利下地行走，還保留了強壯的力氣。沒有人知道魏四在不能排尿、整天躺在臭烘烘的手術室草堆裡的一個月裡有什麼感受？是悔恨、是痛苦，還是對社會的滿腔仇恨？

下地後，魏四有了一個更大的難題：如何進宮去？宮廷制度森然，不是誰想進宮當太監就能當的。成年太監額外想入宮，要託關係找門路。魏四的哥哥把家裡的房子給賣了，幾家人搬到城外破廟裡住，把錢送給能找到關係的吳公公。誰知人家根本就看不上那幾兩銀子，不收。魏家人狠狠心，把家裡的薄田都賣了，把魏四的女兒也賣了，湊了錢再給吳公公送去。這回，吳公公收了，讓魏四「等著吧」。這一等，就是四個多月。北京城裡有許多像魏四這樣進不了宮的「半太監」，生活無著，或乞討作惡，或蜷縮等死。魏四就在寒冷的冬天，頂著刺骨的北風，在北京龍華寺的廊下窩了四個多月。後來，宮中的前三所需要一個倒馬桶的太監。各個送了錢記了號的「半太監」們都被叫去等候挑選，其中就有凍得半死不活的魏四。結果，魏四中選了。不是因爲他送的錢最多，而是幾個主事太監看中魏四個子最高，樣子最傻。萬曆十七年（一五八九年）臘月十四，魏四正式進了宮，倒起了馬桶。

應該說，每一個主動淨身入宮的成年男子都是一個悲劇，他們的背後都有一段辛酸的往事。

多年以後，沒有名字的魏四有了一個很主旋律的名字，叫做：魏忠賢。

二

不過魏四最初在宮廷登記的名字不是魏忠賢。負責記名造冊的人問魏四，你叫什麼名字？魏四傻乎乎地搖頭，說俺姓魏沒有名字。那人就隨手造了一個名字：李進忠。

倒馬桶的活，對李進忠來說太簡單了。每天清晨早早起來，他把各家各戶的馬桶倒完後就沒有具體的事情幹了。好在他是最低級的太監，誰都可以指使他幹活，不愁沒有事情幹。常常是比李進忠小好幾歲甚至十幾歲的高級太監，頤指氣使地叫他打雜幹私活。李進忠也很樂意幹這幹那，宮中的生活比肅寧的日子好過多了。結果，李進忠整天默默地忙這忙那，加上他個子高，長得又憨厚，在宮中得了一個外號：「傻子」。

既然是傻子，宮中的各種升遷、好處都沒有李進忠的份了。

宮中太監宮女的待遇，除了生活中的吃飯穿衣和住宿外，每月法定的報酬就是幾斗米，非常有限。要想通過當太監改善生活，必須擔任一定級別的太監才可以。從最高級的司禮監掌印太監、秉筆太監、隨堂太監，到其他各監、司、局負責太監，再到具體的管事太監，李進忠數自己和最高級太監的差級，把手指頭和腳趾頭全部用上都不夠。那些高級太監，金銀財寶源源不斷地來，可以在宮外置辦宅邸、美妾，過著和顯貴權戚相同的生活。次一等的太監，或者因爲能夠在皇帝、妃嬪的身邊，或者受命出去辦事，可以有許多灰色收入，保證衣食無憂。李進忠就很淒慘了，只有法定的死俸祿，每月那一點俸米還不夠自己開銷的，根本接濟不了家庭。被賣掉的女兒不知去向了，根本談不上贖回。家裡生活越來越窘迫，侄女、外甥女也相繼賣到北京來做奴婢。

李進忠倒了好多年馬桶，還沒有任何升遷的跡象。他也慢慢成了一個中年太監。全家人在李進忠身上的投資，看起來是失敗了。

不過李進忠傻傻的形象也有一個好處，就是在爾虞我詐的宮廷環境中不招人注意。不招人注意也就不招人忌恨，李進忠得不到什麼好處也沒有什麼危險。一些高級太監比較喜歡李進忠這樣的角色，比如李進忠的直接領導魏朝，又比如大太監王安。《明史》說：「朝數稱忠賢於安，安亦善遇之。」也許是天長地久，魏朝知道手下有個憨厚年長的李進忠，覺得這個人很獨特，就介紹給了更高級的王安。王安是明朝大太監中唯一一個得到朝廷讀書人認可，被認爲是清正廉潔的人。王安不整人，也不以權謀看人，所以對魏朝介紹的李進忠觀察了一下以後，覺得的確是個憨厚可用之人，於是做出了提拔李進忠的決定。

這個決定，改變了李進忠的命運，也間接改變了明朝的命運。

其實，王安對李進忠的提拔是正常的提拔。李進忠在宮中多年，原本就該提拔了。王安用他的長處（辦事老實認眞），提拔他當了東宮一個才人（王才人）的伙食管理員。東宮是太子朱常洛的宮殿。萬曆皇帝很不喜歡朱常洛，只是迫於朝臣的壓力才不得不立這個長子爲太子，立了以後還時常捉摸著廢太子。朱常洛的位置很不穩，宮中的太監宮女們都不太看好他的前途。李進忠又是去給朱常洛的一個才人（低級嬪妃）做伙食保管員，看起來也挺沒有前途的。王安對李進忠的提拔，實在算不上是「破格」。

不過李進忠對伙食保管員的新職位很樂意。新工作比倒馬桶要強多了，而且李進忠可以發揮小農的狡黠，每月撈那麼幾兩散碎銀子的灰色收入。所以，李進忠對伙食保管員的工作幹得很認眞負責很投入，把王才人的伙食照顧得好好的，沒有出任何差錯。他還是那麼傻，對東宮主人朱常洛岌岌可危的位置，對王才人並不高的地位都沒有概念，只是埋頭做好自己的工作，然後偷偷摸摸想方設法把積累的散碎銀子拿出宮去，接濟赤貧的家人。王才人對埋頭幹活的李進忠很滿意，特許他改回本姓。於是，李進忠改名：魏進忠。

在伙食保管員的職位上，魏進忠一直幹到五十三歲。五十三歲的魏進忠已經遠遠超過了明朝人的平均壽命，此時距離魏進忠進宮已經過了三十年了。任何人，包括魏進忠自己在內，都認爲他這一輩子也就這樣了。

魏進忠對自己這輩子感到滿足了。現在的他不愁吃喝，每年能有一百兩左右的灰色收入，又得到主子的肯定，比在老家肅寧種一輩子地好太多了。最重要的是，五十歲的魏進忠生活還不枯燥無聊。在東宮，他有類似家庭的豐富生活。

乳母客氏

一

魏進忠管理王才人的膳食幾年後，王才人就給太子朱常洛生了下長子。這是萬曆皇帝的長子長孫，取名朱由校。

朱由校出身金貴，原本應該接受系統的貴族教育。無奈當時父親朱常洛的太子位置朝不保夕，一度還遭遇「梃擊案」幾乎被刺客要了性命。弟弟福王朱常洵和父皇的寵妃鄭貴妃對他虎視眈眈，朱常洛整天想著自己的安危，根本沒時間照顧兒子朱由校。而身邊的人，包括理應負責皇孫教育的高級太監、宮女們因爲對朱常洛不看好，順便也不接手皇孫朱由校的教育問題（有說法是萬曆皇帝本人不讓教育朱由校）。最終，朱由校成了個「三不管」的孩子：父親無暇管、爺爺不讓管、宮廷不願管。

而生母王才人也是命短，生下朱由校沒幾年就死了。朱由校表面上是交給其他的嬪妃「撫養」。事實上，其他嬪妃才不會理睬這個沒娘的孩子呢。加上宮廷制度對皇子皇孫和嬪妃的接觸設置了種種障礙，朱由校實際上處於一種「野孩子散養」的狀態。

那麼朱由校是怎麼成長起來的呢？是乳母客氏和生母的伙食太監魏進忠一把屎一把尿把他拉扯大的。

我們先按下乳母客氏不表，先說說魏進忠和皇長孫朱由校的特殊關係。

魏進忠看著朱由校出生。他之前沒有好好照顧親生女兒，爲了進宮還默認家人賣掉了女兒。這道心理創傷讓他對親情深深內疚，進而極有可能把這份內疚轉移到親眼看著出生、長大的朱由校身上。朱由校出生後，魏進忠順帶兼管皇長孫的伙食。看著朱由校成了野孩子，魏進忠毅然接起了教育的重任。這份重任之前沒有人願意挑起，現在被一個年老的太監主動挑了起來。

雖然不能從根本上改變朱由校「散養」的狀態，魏進忠盡他所能教育著朱由校。朱由校學會了騎馬、溜冰、爬樹、掏鳥窩和挖蚯蚓，還特別痴迷於桌椅板凳，老琢磨著怎麼把它們給卸了再重新裝上。這些鄉間頑童的行爲愛好，很難說全部是朱由校「無師自通」的。來自鄉間、在鄉間生活了二十多年再入宮的魏進忠對朱由校的內外塑造，肯定起了不小的作用。常常，在夕陽餘暉已經掛在紫禁城的琉璃瓦頂的時候，朱由校還纏著魏進忠玩騎馬遊戲，或者吵著要魏進忠講河北民間的風俗故事。

魏進忠的這種義務教育，是沒有名分的，是純粹義務的。在所有人看來都是「無私」的。一個年過半百的老太監盡力撫養一個不知世事的小皇孫，況且這個皇孫和他的太子父親一樣地位不穩，你說這個老太監有什麼功利目的嗎？比較可信的解釋說，在宮中三十年的魏進忠的生活需要有所寄託，他把教養朱由校當作了虛擬的家庭生活，當作一種親情的彌補。

當然，魏進忠不是教育學家，他的教育粗糙又不全面。他沒有教朱由校儒家倫理——這是帝國宣揚的意識形態和朝臣們的思維方式，他沒有教朱由校歷史興衰——這是一個合格的皇室成員應該知道的，他更沒有教朱由校如何做一個有為的皇帝——這需要教嗎？朱由校有多大可能成為皇帝呢？可嘆的是，魏進忠目不識丁，根本就沒有讀過書。上面那些東西在他頭腦裡壓根就沒有，怎麼教給朱由校。朱由校長到十五歲了，沒有上過一天學堂，只認得簡單的幾個字——其他太監閒來無事的時候，教他認的。但這絲毫不影響魏進忠在朱由校小小心靈中崇高的形象。

現代心理學告訴我們，幼年的人生影像會對一個人造成終生影響。朱由校從小烙下的對魏進忠的信任、依賴和類似親情的感情，日後會對明帝國產生巨大的消極影響。

二

另一個烙刻在朱由校幼小心靈上的人物是乳母客氏。

客氏是河北保定人，出身貧寒，也大字不識一個。她最初的人生和魏四相似，但比魏四幸運，客氏在十八歲時成為皇長孫朱由校的乳母。當時，皇宮裡乃至整個北京城的奶媽都不合朱由校的胃口，小傢伙一口奶都不吃，愁死了宮中操辦的人。這個皇長孫雖然前途不太好，可如果因為沒有奶喝而夭折了，這個責任誰也負不起。於是，尋找奶媽的範圍擴大到北京附近州縣。保定的客氏剛剛生下兒子侯國興不久，奶水很足，被地方官送到宮中候選。奇怪了，朱由校誰的奶水都不吃，就只吃客氏的奶水。順理成章的，客氏留在宮中成了朱由校的專職奶媽。

客氏的宮廷地位也不高，因爲朱由校的地位不高。她的生活和魏進忠一樣枯燥無聊，能做的就是用母親一樣的胸懷關心朱由校。朱由校父親自顧不暇，母親早死，生活上是客氏一手照顧的。客氏和朱由校朝夕相處，叫他起床，哄他睡覺，看著他慢慢長大，簡直把他當成了少小分離的親生兒子。朱由校對生母王氏沒有太深印象，懵懂之中客氏就像是自己的母親，哺育自己，給自己穿衣服，餵自己吃飯，幫自己解決一個又一個問題。漸漸的，朱由校離不開奶媽了。

朱由校有兩個朝夕相處的人，就是客氏和魏進忠了。客氏解決了朱由校生活上的問題，主內；魏進忠教導朱由校認識自然和社會，學會各種本事，主外。

這一主二僕，是皇宮中獨特的風景，多少令人感慨。

萬曆四十八年（一六二〇年），情況發生了翻天覆地的變化。先是常年隱居深宮的萬曆皇帝朱翊鈞駕崩了，苦等皇位三十年的太子朱常洛順理成章地當了新皇帝。朱常洛的漫長等待只換來了三個月的短暫龍椅，很快就因爲縱欲過度、身患重病又撒手人寰了。臨死前，朱常洛指定長子朱由校爲接班人。在王安、楊漣等內外臣工的支持下，年幼的朱由校被擁立爲新皇帝，年號天啓。

事情變化得太快了。幾個月前很少有人對朱由校熱情相對，突然間所有太監和宮女都把熱臉往朱由校身邊湊。順帶著，地位卑微的魏進忠和客氏也成了宮廷裡的香餑餑，誰都對他倆高看三分。

朱由校雖然當了皇帝，可什麼都不會，凡事都要仰仗魏進忠的指點，遇到什麼難題首先想到的就是去問魏進忠這個老奴才應該怎麼辦。在生活上，還是客氏全權打理朱由校的一切，只是原來的粗茶淡飯變成了美味佳肴。皇帝離不開客氏。朝臣們認爲皇帝即位了，奶媽還留在宮廷中，甚至和皇帝同吃同住，實在不合禮制，所以紛紛上書要求將客氏搬出皇宮。朱由校迫於壓力，在即位初讓客氏搬出了皇宮。可在客氏離開後，朱由校厭食、失眠、頭暈，精神恍惚，生活不下去了。幾天後，他不顧大臣們的反對，把客氏召回了紫禁城。整個天啓朝，客氏都自由出入宮廷，和朱由校生活在一起。

因爲多年陪護之功和皇帝對他倆的依賴，魏進忠和客氏在朱由校即位不久便鯉魚跳龍門，「未逾月，封客氏奉聖夫人，蔭其子侯國興、弟客光先及忠賢兄釗俱錦衣千戶」。除了兄弟子侄得到官職之外，魏進忠也升遷爲「司禮秉筆太監兼提督寶和三店」。這個「司禮秉筆太監」是司禮監替皇帝草擬政令意見的人，起碼得由識字的太監擔任。但魏進忠打破了這個職位的任職條件。

從社會底層瞬間躍升到帝國的核心角色。魏進忠和客氏兩人還眞有點不太習慣。每個人，不論他處在什麼地位，都有渴望尊嚴、權勢和得到社會認同的欲望，只是絕大多數人的欲望被強力壓制著，不能得到滿足。魏進忠和客氏也是這樣，如今「潘朵拉魔盒」打開了，欲望的實現不再遙不可及，而是唾手可得了。他們沒有禁受住榮華富貴和一切享受的誘惑，很自然地把手從朱由校身上伸到了朝廷上。

面對驟然到手的權勢，面對可能發揮的巨大作用，當事人的素質決定了夢想實現以後對己對人是福還是禍。

不用說，魏進忠和客氏的政治素質和思想境界都不高。與生俱來的小農意識主導了他們面對富貴的態度。他們對天下事談不上什麼規畫和謀略，儘管他們在干預朝政的時候也不見得有什麼惡意。他們關心最多的還是眼前的利益，宮廷裡的享受和到處「擺闊」。

魏進忠先把名字改爲了「魏忠賢」，說明自己不僅忠誠，而且還是賢才。他很快也像前朝的大太監一樣在北京城裡置辦了大宅院，往返於宅院和紫禁城之間都要鑼鼓動天，前擁後簇，帶齊侍衛、婢女、聽差、馬夫、轎夫、醫生、儀仗隊、戲班子、吹鼓手等等人，順便調來禁軍保護安全。所以，魏忠賢出一趟門，帶個七八千人隨行很正常，帶上一萬人也是常有的事情。通常，「魏公公」如果要回家，那麼從紫禁城到魏府的道路就是他的專用道了——因爲一萬多人在路上排著隊，拿著各種家什走路呢。「擺闊」這一點在「奉聖夫人」客氏身上體現得更爲明顯。奶媽她每回出行，排場都不亞於皇帝，沿途必定是清水除道，黃沙鋪路，香煙繚繞。回到保定老家，家族人等一一拜見，州縣父母官則連拜見的資格都沒有，在外面等著聽客氏隨從的吩咐。和魏忠賢很大一部分精力放在宮外不同，客氏全部精力放在宮中，獨霸後宮，地位類似太后。每年客氏生日，朱由校都親自操辦慶壽，宮裡宮外「老祖太太千歲」的呼聲喊破了天。

魏客二人根本不知道高調張揚的排場是官場的禁忌，也容易招致老百姓的罵聲。這在歷史上都有實實在在的反面教材在那。遺憾的是，魏客二人沒讀過書，不知道歷史上興衰榮辱的教訓。相反，暴發戶的心理和潛在的小農意識讓他們很享受奢侈跋扈的日子。

三

地位穩固後，魏客二人的動作開始多了起來，朝著肆無忌憚的方向發展了。

客氏之前有個宮中的「對食」，就是魏忠賢的原來的上司魏朝。

什麼是「對食」呢？對食就是太監宮女們爲了排遣枯燥乏味的宮廷生活而過起的虛擬的

家庭生活，可以是宮女和宮女之間，但以太監和宮女對食居多。

對食的起源很早。在趙飛燕一章中，史書就明確記載曹宮和道房「對食」。可見在西漢時期，宮廷中就有對食存在。它是怎麼發展起來的呢？據說宮廷的太監不能生火做飯，而宮女則可以。所以太監輪到值班或者當差，錯過了吃飯時間，就沒有飯吃了。相熟的宮女會把自己的飯分給太監吃或者給太監做飯，久而久之，兩人乾脆生活在一起，稱作對食。也有叫「菜戶」的。慢慢的，這個作法在宮中發展成太監和宮女為了消滅寂寞而互相安慰，私下戀愛生活。如果說它類似於婚姻，那麼它就是一種「無性婚姻」。一開始，宮廷嚴禁對食情況，可禁不住，後來就睜隻眼閉隻眼，不聞不問了。太監和宮女們就憑藉這種畸形的家庭生活，走完漫漫人生旅途。其間不乏雙方忠貞不二，相扶相持的感人情形。

客氏入宮時年輕美貌，很快就和高級太監魏朝組成了對食。魏忠賢當時地位低下，年紀大（比客氏大了二十歲），憑硬性條件肯定競爭不過魏朝。但魏忠賢因為照顧朱由校，和客氏在一起的時間很多。兩人相互了解越來越多。客氏發現眼前這個長得高大冒傻氣的老太監，其實是個挺可靠挺能幹的人，對魏忠賢的感情越來越深了。而魏朝呢，職位高，事情多，和客氏在一起的時間很少，慢慢在競爭中落在了魏忠賢的後面。

眼看著客氏和魏忠賢日漸親昵，魏朝不甘心，吵也吵了，鬧也鬧了，魏忠賢也強硬地不肯退讓。三個人的關係就僵在那裡了。

朱由校當了皇帝以後，魏忠賢才徹底戰勝了魏朝。當魏朝和魏忠賢又發生一次大爭吵後，事情鬧到了朱由校面前。朱由校以九五之尊，親自來解決宮中的對食糾紛。他把客氏也叫了過來，問奶媽到底是喜歡哪個人，魏朝還是魏忠賢，他來替奶媽做主。結果，客氏選擇了魏忠賢。於是，朱由校親口認可了魏客二人的對食關係。這樁由皇帝主持的對食關係堂而皇之地被記在了《明史》裡面，可見事情鬧得很大，也可見朱由校不顧身分地對魏客二人的支持。

客氏是朱由校最依賴的人，離開她朱由校都活不下去。魏忠賢不具備客氏這樣的作用，要遜色得多。但客氏選擇了魏忠賢後，她和魏忠賢更加緊密地聯繫在一起，進退一體榮辱與共了。客氏就是魏忠賢。而朱由校對客氏的信任和依賴，很大部分轉移到了魏忠賢身上。魏忠賢等於是集兩份恩寵於一身了。

至於失敗的魏朝，命運就悲慘了，不僅高級太監當不了了，還被貶出宮去當差。魏忠賢在此時體現出了他凶狠的一面。他指使親信在宮外找了個過錯，輕易殺掉了魏朝。想當年，如果沒有魏朝的引薦，魏忠賢還當不了伙食管理員呢。

至於提拔魏忠賢當伙食管理員的大太監王安，也被魏忠賢「絆倒」了。王安是聲望不錯的太監，在扶立朱由校等事情上立過大功。魏忠賢沒讀過書，卻知道一山難容二虎，一條街上不能有兩家羊肉鋪。於是，魏忠賢找了王安的一個過失，利用朱由校的信任，把王安貶到南海子當了一名「淨軍」——宦官士兵。朱由校記得王安的擁戴之功，沒有採取進一步的行動。魏忠賢就派了王安的仇家去當「淨軍」的頂頭上司。很快，南海子就傳來了前任大太監王安的死訊。

剷除魏朝、王安後，宮廷大內就成了魏忠賢—客氏的天下。魏忠賢推薦了唯唯諾諾的太監王體乾擔任司禮監掌印太監，做名義上的頭。他自己依然取秉筆太監的實利，又兼任了特務機構東廠的總管太監，加上派往各支部隊的監軍太監，魏忠賢集明朝政務、特務和軍務大權於一身，成了大權赫赫的人物。

陰差陽錯

一

一個人壓抑了五十多年的欲望，付出了沉重代價才得來的榮華富貴，從最底層突然上升到一人之下萬人之上的巔峰的炫目感覺，三者在魏忠賢身上糾結在一起。

魏忠賢缺乏準備——不論是能力上的還是思想上的，卻不得不走上政治前台，用他的方式開始治理起國家來。

從小好動、愛好廣泛的皇帝朱由校把喜歡桌椅板凳的愛好發揚光大，瘋狂迷戀上了木工，「朝夕營造」，樂此不疲，成了中國歷史上的「木工皇帝」。他造的東西好壞我們不得而知，但他工作的熱情卻是驚人的，史載朱由校「每營造得意，即膳飲可忘，寒暑罔覺」。朱由校對寒暑都不問，對朝政自然不放在心上，推給魏忠賢處理。掌握代擬政令權力的魏忠賢等於是「代理皇帝」。

事實證明，魏忠賢是明王朝的一場災難。

每天要處理各種奏章公文，魏忠賢遇到的第一個麻煩是不識字，只好找識字的太監來把內容念給他聽。可是，大臣士子們寫的文言文，魏忠賢連聽都聽不懂。沒辦法，只好麻煩念字的太監再把念完的內容用魏忠賢能夠聽懂的口語解釋一遍。然後，魏忠賢再根據從泥土中得到的經驗教訓作出判斷，找人寫成批語。一個大字不識的人竟然掌握了中國政治中樞，眞是不可思議。而且魏忠賢還極力隱瞞自己不識字這個「公開的祕密」。有大臣鄙夷魏忠賢「目不識一丁」，結果被抓進東廠打得皮開肉綻。審問的東廠爪牙罵那大臣，你說你批評魏公公什麼不好，怎麼能說他不認字呢？

明朝是太監專權弊政突出的朝代。但歷代高級太監中不識字的可能就只有魏忠賢一個人了。先後專權的王振、劉瑾等大太監不僅識字，而且文化水準都不低。王振更是接受了系統的儒家教育，入宮前還當過官呢。

當然魏忠賢也不是一無是處。從他的表現看，魏忠賢有兩大優點：第一是記憶力不錯。即使五十多歲了，魏忠賢還是能記住那麼多的政務和人事，而且根據旁人的轉述作出準確判斷。第二是處事果斷，只要是他認准的事情或者必須作出選擇的時候，魏忠賢不會猶豫，迅速作出決策，很有當年在肅寧賭博時有血性敢擔當的模樣。這兩點不是學校教育的必然產物，農夫走卒都可能具備這兩大優點。魏忠賢很自信地開始發號施令了。

執政一段時間後，魏忠賢除了加強集權和不斷擺闊以外，對朝政沒有絲毫貢獻。反對浪潮開始湧起。攻擊魏忠賢的主要是東林黨人。東林黨人以綱常倫理自詡，以氣節操守相互激勵，本來就看不斷憑藉宮廷裙帶關係干政的「閹宦小丑」，早就對魏忠賢憋著一肚子氣。天啓四年（一六二四年）東林黨幹將、副都御史楊漣上疏痛斥魏忠賢的二十四大罪，揭發魏忠賢的大奸大惡。義士和清流們，紛紛上書控告魏忠賢。

魏忠賢第一次面對舉朝的反對。他在慌張之餘，興許還覺得有點委屈。魏忠賢處理政務很辛苦，很認眞，沒有功勞也有苦勞，怎麼就沒有人體諒，沒有人理解呢？而且魏忠賢也對自己的能力有那麼點信心，不相信自己把所有的事情都搞砸了，總不會招致那麼多峨冠博帶的士大夫的口誅筆伐吧？

魏忠賢著了慌，只想到一個應對之策，就是向皇帝朱由校哭訴忠心、陳述事情的前因後果。客氏也在一旁爲他辯解。朱由校本來就信賴他們，如今經兩人陳述，更加確信魏忠賢是忠誠的，正確的，遭到了朝臣的打擊。明朝皇帝和朝臣的關係一直很緊張，從開國皇帝朱元璋開始到末代崇禎皇帝爲止，皇帝和朝臣都相互猜忌——不然也就不會有廠衛特務機關了。皇帝普遍不信任大臣而偏向太監，朱由校又是個對朝政毫無興趣，和魏忠賢一樣對朝臣的語言方式一竅不通的皇帝，就更加不相信楊漣等人的控告而相信魏忠賢了。魏忠賢在大臣們的猛烈攻勢過後，安然無恙。朱由校對控告的奏摺先是扣住不放，再接到就下詔書痛責，最後誰再控告就直接打板子。

情形準確無疑地表明，只要朱由校在，魏忠賢的地位就巋然不動。

看明白了這一點，大臣中的一些人就蠢蠢欲動了。和以名節相激勵的東林黨人不同，文人大臣中難免有些鑽營取巧、卑鄙無恥的小人。魏忠賢儼然是一棵大樹，樹下好乘涼，開始陸續有小人投入魏公公門下。最先主動投靠的就是官至內閣大學士的顧秉謙和魏廣微。顧秉謙投靠後分化拆散在朝中居多數的東林黨人，魏廣微不僅無恥而且下流。因爲年紀大了，魏廣微不好意思認魏忠賢做乾爹，拐著彎地讓兒子認魏忠賢當乾爺爺，巴結魏忠賢。魏忠賢還叫魏四的時候，女兒被賣後不知下落。現在川貴總督張我續發現府裡有個婢女姓魏，一查是魏忠賢的本家女子，趕緊把魏姓婢女稱爲「魏夫人」，地位放在正妻之上，到處張揚，彷彿自己就是魏忠賢的「準女婿」。天啓四年以後，魏忠賢勢力開始膨脹成一個大的政治集團。魏忠賢黨羽逐步占據了朝野上下的要職。魏忠賢的黨羽爪牙太多，胡作非爲，民間將他們細分爲「五虎」、「五彪」、「十狗」、「十孩兒」、「四十孫」等。魏忠賢像農村大家庭的家長一樣管理著黨羽，基本上是黨同伐異，只要是自己人一律袒護提拔，只要不是自己人一律監視打壓。東林黨的左光鬥、楊漣、高攀龍、周宗建、黃尊素、李應升等人相繼遇害。東林書院被全部拆毀。

強力清除了反對派後，魏忠賢欣然接受了各地諂媚之人送上來的「九千九百歲」的稱呼。單單從這年齡上來看，如今的天下魏忠賢眞正是一人之下萬人之上了。

朱由校一如既往信任魏忠賢。在朝野的一致要求下，表彰魏忠賢的「突出貢獻」，封魏忠賢爲一等公，濫封他的侄子侄孫官爵。侄子魏良卿被封爲肅寧伯，還替皇帝祭天。

在一六二六年到一六二七年的短短一年時間裡，全國各地一共建造了魏忠賢生祠四十處，是對魏忠賢個人崇拜達到了高潮。南京國子監的一個監生陸萬齡甚至向皇上提出以魏忠賢配祀孔子，以魏忠賢之父配祀孔子之父，在國子監西側建立魏忠賢生祠的建議，簡直要將本朝的大太監神化了。

強權主政又無拘無束後，魏忠賢行為肆無忌憚起來。期間，魏忠賢也遇到過不順心的事。

一次，朱由校泛舟遊玩，魏忠賢和客氏陪伴。不幸發生了朱由校落水事件。儘管魏忠賢跳水救護，但當時情況非常危險，朱由校差點御駕歸西。事後，潛伏著的反魏勢力借題發揮，彈劾魏忠賢和客氏「護駕不周」。客觀上很難證明魏忠賢要為這件突發事件負責，而朱由校事後也沒有追究。魏忠賢和客氏逃過了一劫。

就像政治上凶悍的人往往有他的情感弱點一樣，政治上昏庸的君主往往在親情上是個好男人。昏庸荒唐出名的朱由校就對皇后張氏、弟弟信王朱由檢等至親重情重義。一天，朱由校與皇后閒聊。他問皇后最近在看什麼書，皇后回答說是《趙高傳》。魏忠賢知道了，很自然地認為皇后以趙高影射他，怒不可遏。第二天，魏忠賢就在宮內埋伏全副武裝的士兵。朱由校發覺後，大為震驚，命令把這些士兵押送東廠、錦衣衛處置。魏忠賢企圖借題發揮，誣告國丈等人「謀立信王」，計畫大開殺戒。奏疏都寫好了，可是魏黨的核心人物、司禮監掌印太監王體乾極力勸阻魏忠賢。王體乾說：「主上凡事憒憒，獨於兄弟夫婦間不薄。」意思是說現在的皇上在很多事情上都庸庸碌碌，但在有關至親的事情上卻不是糊塗人。魏忠賢的計畫很難騙過皇帝，反而可能給整個魏黨帶來殺身之禍。魏忠賢聽了覺得很有道理，慌忙將已經伸出去的魔爪縮了回來。

二

客氏在宮中也表現得肆無忌憚、無法無天。

天啓三年（一六二三年），張皇后懷孕。朱由校喜不自勝，客氏卻妒火中燒。她怕張皇后生子，地位提高，威脅到自己。客氏竟然買通宮女，在給張皇后按摩腰部時用力使其流產。後來，裕妃也懷孕了。出於同樣的擔心，客氏要阻止她把孩子生下來。這次做的更狠，裕妃被藉故囚禁於冷宮，斷絕了飲食，最後饑渴而死。第三個遭到客氏迫害的是懷孕的李妃。李妃也被囚禁在冷宮裡。好在李妃聽到裕妃的噩耗後，預先在衣服裡藏有食物，才沒有餓死，但事孩子沒保住。最後，李妃被貶爲宮人。

客氏畢竟是鄉下村姑，沒有見識。表面上她阻止了所有嬪妃生育，卻造成朱由校沒有子嗣，一旦駕崩皇位必將傳入他人之手。那時，客氏也好，魏忠賢也好，到哪兒去找朱由校這樣的堅強靠山啊。爲客氏計，她還不如和嬪妃搞好關係，繼續培養絕對信賴自己的下一代皇帝呢？也許，目光短淺的客氏覺得朱由校比自己小將近二十歲。按照自然規律，自己會死在朱由校前面。她才不管什麼皇室子嗣問題呢，也管不了身後事了。

不幸的是，朱由校偏偏是個短命皇帝。天啓七年（一六二七年），年僅二十三歲的朱由校死了。

朱由校一生依賴魏忠賢和客氏，卻在臨終前固執地做了一回主：招信王朱由檢入宮，將皇位傳給弟弟信王。

和哥哥朱由校完全不同，朱由檢是系統的儒家教育培養出來的青年君主，雄心勃勃要開創儒家經典中的盛世。他和滿口倫理綱常的東林黨人類似，對魏忠賢的所作所為痛心疾首。在魏忠賢的高壓下，朱由檢「初慮不為忠賢所容，深自韜晦，常稱病不朝」。被召入宮時，他特意穿了一件寬大的衣服。害怕宮中的食物被人下毒，朱由檢在袖子裡面藏了信王府做的麥餅和準備的飲用水。在入宮的頭兩天，他就是靠這些東西解決饑渴問題的。進宮後的第一夜，朱由檢徹夜未眠，而是秉燭而坐，隨時準備處理突發情況。登基後，朱由檢改年號崇禎。

崇禎皇帝上台，魏忠賢和客氏的末日就來臨了。

首先，客氏在新皇帝登基後，做為先帝明熹宗朱由校的奶媽就沒有留在宮中的理由了。

她一下子失去了獨霸後宮的合法性，被勒令搬出宮去。出宮的那天早晨，客氏身穿喪服，早早來到朱由校的靈堂，取出珍藏的朱由校幼時的胎髮、痘痂及指甲等燒了，痛哭而去。可見客氏對朱由校還是有感情的。但是她能力見識實在有限，長期肆意妄為，此時也是自作孽不可活。

新皇帝登基初期，沒有動魏忠賢。唯一的變化是崇禎皇帝朱由檢非常勤政，樣樣政務都親自過目，親筆題寫指令，做為秉筆太監的魏忠賢頓時「閒」了下來，無事可做了。很快就有人上奏彈劾魏忠賢種種不法行徑，朱由檢都留著不發表意見，把彈劾的奏章越積越多。後來，嘉興貢生錢嘉徵彈劾魏忠賢十大罪：一並帝，二蔑后，三弄兵，四無二祖列宗，五克削藩封，六無聖，七濫爵，八掩邊功，九傷民財，十通關節。朱由檢藉機開始處理魏忠賢。他的作法很巧妙，把魏忠賢叫過來，讓人把錢嘉徵的奏章讀給魏忠賢聽。魏忠賢呆若木雞，無言以對。

在客氏搬出皇宮兩個月後，被撤去官職的魏忠賢踏上了去明朝皇帝老家鳳陽的「安置」道路。魏忠賢落難了，還擺闊，拉起上千人的隊伍，抬著眾多金銀珠寶，浩浩蕩蕩地向鳳陽出發。走到阜城縣南關的時候，消息傳來：崇禎皇帝已下旨緝拿魏忠賢。隨從一哄而散，魏忠賢在南關的旅館裡與同黨李朝欽痛飲之後，上吊自殺。死後，崇禎皇帝下令將他懸首河間，警戒世人。

緊接著，客氏被捕，被押解到宮中的浣衣局接受嚴刑審訊。《明史》記載客氏招供了一個驚天大案：當時宮中查出八位宮女懷孕，客氏承認這八人都是自己從外面帶進來的婢女，入宮前就以懷孕。她和魏忠賢想學秦朝呂不韋，用宮女私生子來冒充朱由校的兒子，篡奪明朝的江山。之前，魏忠賢在朱由校死前，說已有兩名宮女懷孕，勸說朱由校立那肚子裡的孩子爲繼承人。可惜事情已經晚了，朱由校沒有採納。現在客氏的供認證明，魏客兩人竟然有如此大逆不道的預謀，罪不容誅。於是，客氏在浣衣局被用竹杖和板子活活打死。據說宮中之人恨死客氏，下手極重，客氏很快就被打死了；魏忠賢屍首被挖出來凌遲。

至於魏良卿、侯國興、客光先等人，都被斬首棄市。魏客兩家被抄家，家族成員發配蠻荒邊遠之地。

魏忠賢和客氏在帝國的定點胡爲了幾年後，被徹底定性爲惡人，釘在了歷史車輪上。卻說崇禎皇帝朱由檢在李自成農民軍攻進北京前夕，不知何故在太監的建議下，收葬魏忠賢的遺骸在魏當年選定的墓地香山碧雲寺安葬了他。清康熙年間，魏忠賢墓還「峻宇繚牆，覆壓數里，鬱蔥綿亙，金碧輝煌」，御史進言稱京城首善之區不應「留此穢惡之跡」，於是被完全夷平。

圓圓曲

陳圓圓與吳三桂的怒髮之愛

「衝冠一怒為紅顏」，短短的七個字引出了後人對陳圓圓與吳三桂故事的種種猜測。兩人的愛情被明末清初的亂世推著往前走，難以自制。吳三桂看似手握重兵，似乎可以決定自己的命運，在起義軍和清朝鐵騎的重壓下選擇餘地越來越小，最後剃髮降清；陳圓圓由一個歌姬，被做為工具從蘇州帶到北京，進出皇宮，跟隨吳三桂行走了大半個中國，最後不知所終。抹去歷史的塵埃，亂世已經遠去了，但兩人的愛情傳說卻越演越烈。

姑蘇歌姬

一

陳圓圓的本來既不姓陳，也不叫圓圓，而叫邢沅。她是明末清初江蘇武進人，出身貧寒，父母早亡，投靠了蘇州的姨母陳氏。到了蘇州陳家後，可憐的小姑娘改姓陳，正式定名爲「陳沅」。後人看到明末清初時的史料，「陳沅」這個人就是陳圓圓。

那麼「陳沅」又怎麼成爲「陳圓圓」的呢？

話說陳沅這個小姑娘越長越漂亮，得到了蘇州優美風俗和旖旎風光的精華。這讓姨母一家人決定把她當作「瘦馬」來養。所謂「養瘦馬」，是明清時期蘇州一帶的方言，就是領養幼女，培養長大後賣給別人做妾或爲歌妓。一些小姑娘從小就被按照或嫵媚或清純或歌舞出衆的標準來培養，到了十五六歲就被當作商品出賣。陳沅長大後，色藝雙全，沒有被賣爲妾，而是被賣入了一家戲院，登場演出。戲院給她取了一個藝名，叫做「圓圓」。隨著名聲越來越大，「陳圓圓」的藝名爲人所知，取代了「陳沅」的眞名。

陳圓圓「容辭嫻雅，額秀頤豐」，有大家風度，每次演出都明豔出衆，獨冠當時，「觀者爲之魂斷」，沒幾年就成爲了蘇州著名歌姬。明天啓至清康熙年間吳江鄒樞所著《十美詞記》中載：「姑蘇歌姬昆曲戲子陳圓圓年青聰慧，容貌娟秀，姑蘇歌姬陳圓圓演《西廂》，扮貼旦紅娘腳色，體態傾靡，說白便巧，曲盡蕭寺當年情緒，常在予家演劇，留連不去。」陳圓圓因爲色藝冠時，被譽爲「江南八豔」之一。

如果按照歌姬這條職業路線發展下去，陳圓圓有三條道路可走。第一是繼續輝煌幾年，年紀大了以後頂著著名歌姬的光輝嫁入富豪人家做妾，或者爲名人士大夫出錢贖身，與人詩文唱和，總之是依靠他人度過後半生。這是歌姬最成功、最美好的出路；第二是在歌姬行業發展到地，慢慢地授徒傳藝，然後自己經營戲院，做戲院的老闆，自食其力。這是歌姬最職業化、最獨立的出路；第三條路最淒涼，就是陳圓圓年老色衰後，無人問津。如果她之前積攢了足夠的錢財，可能默默無聞地隱居，了此餘生；如果她沒有足夠的錢財，那下場就悲慘了。然而，陳圓圓走出了第四條道路，深深地介入了政治，在明末清初朝代更迭的大潮中刻下了芳名。

我們跳出尙能歌舞昇平的蘇州富庶一方，會發現當時的明朝已經在水深火熱之中掙扎了。廣大地區民生凋敝，政治黑暗，賦稅沉重；中原地區有以李自成爲代表的農民起義，如火如荼；北方有勃興的滿族人，橫刀躍馬，對明朝虎視眈眈。在位的崇禎皇帝是忙得焦頭爛額，理不清頭緒。

皇帝天天崩著臉，沒有一絲笑容。最害怕的人就是他身邊的人了。保不準什麼時候皇帝龍顏大怒，就拿身邊的人開刀了。於是，他們商量著招些年輕貌美的女子進宮了，伺候皇上，讓皇帝高興。這叫轉移注意力。這個辦法得到了宮廷內部的一致同意，馬上聯繫各自的家人親戚，讓外戚們趕緊張羅著物色美女。崇禎的國丈、皇后的父親周奎祖籍蘇州，覺得蘇州美女甲天下，決定去蘇州尋求美女。可是他年紀大了，自己辦不了這事，就委託國舅、田妃的哥哥田畹下江南選美。

到了蘇州，田畹很快就聽說了陳圓圓的大名，慕名去一探究竟。田畹目不轉睛地看了陳圓圓的一場表演，當即驚爲天人。天底下竟然還有這麼美麗的女子，還有這麼悅耳動聽的歌聲！他當即拿出兩千兩白銀來給陳圓圓贖身，要帶她回京覆命。

陳圓圓一介歌姬，對把自己賣來賣去的行爲自然反感，可她一個弱女子又能如何呢？只能跟隨田畹前往無知的北方，奔向無知的未來。到了北京，陳圓圓漸漸知道自己是逗皇上開心的一個玩具，既沒有名分，也見不得光。可她除了感嘆不幸，又能如何呢？

好在崇禎皇帝並非荒淫無恥的惡人，始終沉浸在繁重的國事中。戰亂頻繁、國庫空虛，崇禎沒有心思淫樂。對外戚們送進宮來的那些美女，崇禎也覺得很反感，揮揮手說，我不需要，你們都帶回去吧！就這樣，陳圓圓和紫禁城作了一次淺淺的邂逅後，回到了田晥的府邸。

有人說失去了作用的陳圓圓回到田府被田晥占爲己有，也有人說陳圓圓在田家充當了普通歌姬。可憐的陳圓圓啊！她離開了富庶的蘇州，離開了欣賞自己的舞台，來到了烽火噩耗頻傳的京城，做起了壓抑苦悶的家奴。

二

田晥家並不是陳圓圓避風的港灣。北京的局勢越來越緊張，今天有某地被農民軍攻陷的噩耗，明天又傳來關外官兵大敗的戰況，城中官民擔驚受怕。明朝的江山不穩定，說不定還有王朝傾覆的危險。田晥做爲皇親國戚，害怕起來了。不管是誰推翻了明朝，他田晥的榮華富貴都沒了。更可怕的是，農民軍誓言要攻陷京城，懲治貪官汙吏。田晥就是對百姓敲骨吸髓的貪官汙吏，說不定連命都會沒了。

田晥要尋找依靠，爲將來做打算了。

崇禎末期的一天，關外的年輕將領吳三桂來京陛見。他立刻成了京城權貴爭相結交的「香餑餑」。田晥等達官貴人豎著耳朵打聽吳三桂什麼時候有空，什麼時候能來赴宴，又喜歡吃什麼菜？人們爲什麼對吳三桂這麼一個品級不高的關外將領如此重視呢？

吳三桂，祖籍江蘇高郵，出生在遼東。其父吳襄、姑父祖大壽，都是關外抗擊滿族鐵器的主要將領。吳三桂長於兵戎，智勇雙全。天啓末年，他曾帶二十餘名家丁在四萬滿族大軍的包圍中救出父親吳襄，孝勇之舉震驚敵我，得到了「勇冠三軍、孝聞九邊」的美譽。明朝軍隊在關外屢戰屢敗，吳三桂掌握的數千關寧騎兵不僅倖存了下來，還逐漸成了抗敵的主要力量。史載吳三桂的部隊「膽勇倍奮，士氣益鼓」，是當時王朝最後一支有戰力的軍隊。盛世重文，亂世重兵，手握鐵騎的吳三桂自然成了各方拉攏交結的對象了。

田畹很幸運地拉吳三桂來到自家赴宴。席間，田畹自然少不了述說仰慕之情，稱讚吳三桂是朝廷棟樑，希望吳三桂能夠多關照田家。這樣話，吳三桂聽得多了，口頭只能答應下來，有沒有放到心裡去就難說了。

宴席少不了要歌舞助興。陳圓圓出場的時候，一曲尚未歌罷，吳三桂的心已經全在她身上了。次次宮廷接見、場場歌舞歡宴，吳三桂都不在意，但陳圓圓的一絲一毫都讓他放在心底，神魂顛倒。陳圓圓是吳三桂心中最美麗的女子。吳三桂裝作若無其事地詢問旁人，此女子是何人啊？旁人回答，姑蘇歌姬陳圓圓，特地找來給將軍助興的。

就在吳三桂陶醉不已的時候，一個噩耗在席間傳播開來。原來李自成軍隊在河南、山西又大敗官兵，攻城掠地，離北京更近了。在座的官員貴戚們彷彿看到了憤怒的農民軍揮舞的鋼刀，明晃晃得令人心寒。田畹惶恐地湊過來問吳三桂：「賊寇將至，我們這些人怎麼辦？」吳三桂趁機說：「如果能以陳圓圓相贈，我首先保護君家無恙。」田畹大喜，當即答應把陳圓圓送給吳三桂。用一個歌姬換取全家人的安全保障，田畹覺得這筆買賣很划算。

陳圓圓又這樣稀裡糊塗地成了吳三桂的女人。疲倦的她不禁打量起吳三桂了。這位將軍沒有想像中高大魁梧的武人形象，也沒有官場中的富態，而是與陳圓圓年紀相差不大，平凡中透出英武之氣的俊朗形象。陳圓圓覺得這一次自己似乎不像之前兩次那麼倒霉了。而吳三桂得到陳圓圓之後，在驚人美貌和善歌善舞之外，驚喜地發現陳圓圓還有著豐富多彩的內心世界，知書達禮，善解人意，儘管屢受傷害卻堅強平淡。短短幾天接觸，陳圓圓不卑不亢，也發現吳三桂在風風光光的表象背後，有著一顆迷茫的心。他對時局沒有把握，又躊躇滿志，希望能夠在亂世中建功立業，名垂青史。

兩顆年輕的人，在亂世中偶然碰撞在一起，相互了解，相互欣賞。

吳三桂愛上了陳圓圓，要娶陳圓圓爲妻，而且還要帶陳圓圓去遼東前線。他希望兩人能夠長廂廝守。

吳襄對陳圓圓的到來卻頗有微詞。陳圓圓的出身太讓他說不出口了。吳家雖然不是貴戚世家，但父子兩代畢竟也是朝廷將領，婚姻嫁娶不能不講究門當戶對。吳襄堅持不同意兒子娶一個歌姬爲妻，只同意陳圓圓做爲一個妾進吳家的門。他也反對兒子把陳圓圓帶到前線去。那樣做太招搖了，太犯官場的忌諱了。你吳三桂是來北京公幹的，結果帶著一個名妓回前線工作，別人會做何感想？對手們又會怎麼詆毀你？況且，讓陳圓圓一個弱女子身陷軍營，也不符合明朝的軍隊制度，對陳圓圓本人也不好。

吳襄堅持要求吳三桂把心愛的陳圓圓留在北京，獨自去前線。

吳三桂覺得父親的話也有道理，就接受了，在朝廷的催促聲中，告別愛人陳圓圓，去遼東前線了。他從來不是一個堅持己見的人。

衝冠一怒為紅顏？

一

崇禎十七年（一六四四年）正月初一，文獻記載京城北京的天氣是「飛沙咫尺不見，日無光」。沙塵暴在北京城的大街小巷呼嘯，肆虐著無人可擋。許多官員都精通天象，以爲這是不祥之兆。有官員占卜一卦，卦文上說，將有暴兵破城之災。沒幾日，鳳陽祖陵發生了地震。初九，兵部收到「大順皇帝」李自成派人送來的文書。李自成宣稱如果明朝不同意對他裂土而治，崇禎帝和他平起並坐，農民軍就要對北京城發動總攻。

崇禎皇帝朱由檢斷然拒絕了李自成的最後通牒。

從新年開始，崇禎皇帝心急如焚，寢食難安。但是面對咄咄逼人的農民軍，他手中的牌並不多了。明朝在南方有舊都南京，崇禎皇帝可以遷都南京，但他害怕承擔喪失北方領土的罪責。剩下的就只有困守北京了。但是怎麼守呢？崇禎皇帝最大的王牌就是東北甯遠總兵官吳三桂。吳三桂手裡有一支人數超過一萬人的鐵騎。這是明朝賴以抵抗東北清朝勢力的鋼鐵長城。正因爲如此，關寧鐵騎經歷戰火洗禮，戰鬥力強大，非關內軍隊可比；也正因爲如此，崇禎皇帝猶豫是否要調吳三桂回師，讓失去抵抗的清朝騎兵湧入關內。

幾天後，李自成大對北京城完成了合圍。當天，「黃沙障天，忽而淒風苦雨，良久，冰雹雷電交至，人情越加惶惑。」崇禎已經顧不上抵抗關外的清朝鐵騎了，十萬火急地令山海關沿線明軍撤入關內勤王。

拿到聖旨，吳三桂唯有苦笑。在他看來，回軍勤王的最佳機會已經錯了。放棄關外可以，勤王也可以，但並不是說想回軍就能回軍的。關寧鐵騎官兵基本是遼東人士，現在要全軍調撥北京，光動員就需要幾日時間。再說，吳三桂所部是明朝長城沿線各州縣的依靠，現在要撤退了，必然引起騷動。關外各州縣官府百姓知道消息後都亂哄哄地要隨軍撤退回關內

——他們不希望無依無靠，更不願意成爲拖著辮子的滿洲人的奴隸。結果，吳三桂所部的關寧鐵騎，裹挾著遼東大小官員、官役、百姓，共約十萬人，緩緩南撤。吳三桂的大部隊撤進山海關後，逐步南移至昌黎、灤州、樂亭、開平一帶，日益接近北京城了。

遺憾的是，李自成搶在吳三桂之前進入了北京城。三月十八日，農民軍對北京發起總攻。一夜之間，北京外城就被攻破。十九日，李自成率軍從承天門進入北京城。對吳家恩重如山，對吳三桂寄予厚望的崇禎皇帝朱由檢跑到煤山（今景山），悲涼地上吊了。

大明王朝結束了，一個新王朝的建立還需要多少時間呢？

天下的局勢是這樣的：占領中原大部分地區和京城的大順國李自成勢力、在盛京已經稱帝建立清朝的滿族勢力、在南方的明朝殘留勢力和張獻忠等其他農民起義軍。李自成是公認的新王朝皇帝的頭號熱門人選，他的大順朝也正在招降納叛，接收江山。但是清王朝的大軍具有同李自成爭奪天下的實力。而阻隔在兩者之間的就是吳三桂那一大攤子人。

原本成不了一方勢力的吳三桂，因爲特殊的情勢，成爲平衡天平的關鍵籌碼。

而就在關內大亂的同時，掌握清朝實權的多爾袞趁機收取了關外地區，並決定大舉伐明。清朝的思路是清晰的，四個字：趁火打劫。他決定趁明王朝自顧不暇，能撈多少好處就撈多少。清朝沒有想到，明朝那麼不禁打，四月初就得知了大順軍攻克北京、明廷覆亡的消息。多爾袞馬上決定「擴大趁火打劫的規模」，其中的關鍵是要在大順軍立住腳跟之前，迅速出兵。這還是一個強盜計畫。多爾袞之所以沒有更大的野心，比如占領原來明朝的華北地區或者乾脆取明朝而代之，是因爲連他自己都不相信新成立的清朝具有那樣的實力。與連地上千里、人口千萬計的明朝比起來，清朝偏居遼東一隅、人口不滿百萬，它與明朝的戰爭就像老鼠與大象的戰爭。老鼠能吞掉大象嗎？多爾袞不相信。

多爾袞命令國內男丁七十以下，十歲以上全部強迫從軍，幾天後就匆忙「統領滿洲、蒙古兵三之二及漢軍恭順等三王、續順公兵，聲炮起行」。時間就是勝利啊，趕緊趁關內的漢人新王朝建立前多去攻城掠地、搶占人口。

吳三桂的關寧鐵騎很厲害，如果與它糾纏，清朝大軍就達不到趁火打劫的目的了。所以，多爾袞採取了降清的原明朝大學士洪承疇的建議，避開山海關，計畫在薊州、密雲之間挖開長城，攻入關內掠奪。於是，清朝大軍朝著山海關以西進軍。這時，歷史送給了多爾袞一個巨大的機遇：山海關的大門敞開了。

二

大門是吳三桂自己打開的。爲什麼歷史會發生如此戲劇化的轉折呢？吳三桂換了一副腦子了嗎？有關吳三桂獻關降清的最權威記載是《明史》：「初，三桂奉詔入援，至山海關，京師陷，猶豫不進。自成劫其父襄，作書招之，三桂欲降。至灤州，聞愛姬陳沅被劉宗敏掠去，憤甚，疾歸山海，襲破賊將。」

這段記載有兩個要點：第一，吳三桂起初答應了大順王朝的投降，並且已經帶兵走上歸降之路了。看到大勢已去，實力遠遜於李自成農民軍的吳三桂投降了新朝大順，是很自然的選擇。這也是絕大多數明朝官員的作法。當時在北京的明朝官員有近四萬人。城破之時，慷慨赴死的只有三十餘人。絕大多數人抱著在新朝做新官的態度迎接了起義軍。儘管之後起義軍在京城內鎭壓官紳，依然有明朝舊官自我安慰說，當初洪武皇帝（朱元璋）剛得到天下的時候，也是這樣做的。

第二，它把吳三桂降而復叛的原因歸結為愛妾陳沅（即陳圓圓）被農民軍大將劉宗敏掠去了。舉著白旗的吳三桂大軍走到灤州的時候，見到了一位從北京逃脫的家人，知道愛妾陳圓圓被他人搶走。奪妻之恨讓吳三桂勃然大怒，率軍掉頭反攻山海關，奪取關隘後，全軍為崇禎皇帝戴孝，以明朝殘餘自居，走上了與李自成兵戎相見的路程。

後人常說，當吳三桂聽到留在京城的家眷的遭遇後，衝冠大怒，高叫：「大丈夫不能自保其室何生為？」遂投降了清軍與農民軍開戰。清初的大詩人吳梅村在《圓圓曲》中寫道：

「慟哭六軍俱縞素，衝冠一怒爲紅顏」，說的就是這段事情。於是，人們習慣於把吳三桂的叛變看作是「衝冠一怒爲圓圓」。

吳三桂的這個反覆，完全歸咎於農民軍搶走陳圓圓是不夠的。久經沙場、宦海沉浮的吳三桂斷然不會因爲一個女人，拿名節、軍隊乃至國家命運來賭氣。一開始，吳三桂就不是死心塌地地投降李自成，只是爲了自保。但是起義軍作法太過激反了吳三桂，先是扣押了吳襄，再是搶走了吳三桂心愛的陳圓圓。吳氏家族的利益已經受到了極大損害，吳三桂還沒投降就彷彿看到了自己的悲慘遭遇。他很自然想到明朝殘餘還控制著淮河以南地區，包括數十萬軍隊和舊都南京。鹿死誰手，還不一定呢？如果自己能在山海關配合南方剿滅李自成，那就是再造明朝的大功臣了。主客觀兩方面原因，促使吳三桂回師山海關。

有人說，吳三桂想做「石敬瑭第二」，他要用山海關向滿清換取榮華富貴。這是不對的。吳三桂的確主動和多爾袞聯繫了，他的如意算盤是借助清朝鐵騎來抵抗農民軍的進攻——李自成的軍力實在太強了，吳三桂必須借助外力。清朝官方說吳三桂是「遣人東乞王師」。可見，清朝也承認吳三桂最先是來接洽「求援」的，不是投降。在信中，吳三桂坦言要復興明朝，請清朝出兵相助。他說：「三桂自率所部，合兵以抵都門，滅流寇於宮廷，示大義於中國。則我朝之報北朝豈惟財帛，將裂地以　，不敢食言。」吳三桂誇口事成之後報答清朝的除了財富，更不惜割讓土地。

李自成獲悉吳三桂叛變，意識到情況嚴重，一面以吳襄的名義寫信規勸吳三桂，麻痺敵方；一面作好武力解決的準備，出兵平叛。他很快親率近十萬大軍，對外號稱二十萬，撲向上海關。向山海關進發的農民軍裹脅著明朝太子朱慈烺、永王、定王、晉王、秦王和吳襄。在封建倫理上，依然以明臣自居的吳三桂很難抗拒這樣的陣勢。在大順軍的猛烈進攻下，吳部大敗，幾乎被壓縮在長城一條線上，局勢危如累卵。

李自成此舉推動了吳三桂由向滿清「借兵」轉爲「投降」。

不管吳三桂有沒有料到李自成這麼「重視」自己，他被壓制得動彈不得，接近身敗族滅的厄運。危急時刻，出使清朝的使節帶回了「救命稻草」：清朝同意出兵，但不是「借師」而是要求吳三桂先接受清朝「平西王」的封號才出兵。也就是說，清朝不把吳三桂當作對等的合作夥伴，而是要他接受收編做清朝的奴才。

將時間倒回，多爾袞意外收到昔日對手的求援書信，當即明白了吳三桂的處境。他非常清楚，現在吳三桂是站在低處求自己。「裂土酬謝？」這是一個非常吸引人的條件。但多爾袞提出了更高的要求，他還要吞併吳三桂手中的山海關明軍，占領盡可能多的土地。多爾袞一邊在腦海中盤算：除了要山海關，還要求什麼地方呢？京城？直隸？山東？他馬上下令清軍改變進軍路線，直趨山海關，並給吳三桂回了一封信：「伯雖向守遼東，與我爲敵，今亦勿因前故尙復懷疑。……今伯若率衆來歸，必封以故土，晉爲藩王，一則國仇得報，一則身家可保，世世子孫長享富貴，如山河之永也。」

途中，多爾袞再次接到吳三桂的告急文書。吳三桂什麼都沒說，只是請求多爾袞「速整虎旅，直入山海」。在吳三桂和大順軍之間，多爾袞喜歡吳三桂。爲了避免大順軍占領山海關，遏止清朝內侵，多爾袞下令全軍以二百里速度急行軍。當晚清軍到達距山海關外十里的地方，已經能夠看到山海關上的烽火，甚至能隱約聽到大順軍和吳三桂部的厮殺聲。

多爾袞慢悠悠地下令全軍紮營休息，並派人告訴吳三桂：本王到了。

吳三桂心裡必然經歷了一番掙扎，但是歷史留給他選擇的餘地很小，時間非常有限。手中沒有任何討價還價籌碼的、在死亡線上苦撐的吳三桂慌忙帶領親信多人到多爾袞面前稱臣迎降。生的渴望壓倒了其他考慮，一個明朝名將從此定格爲了清朝的平西王。

關內大順軍與吳三桂軍酣戰正急，逐漸取得了優勢。突然，清軍鐵騎馳入，萬馬奔躍，矢石如雨，大順軍慌忙迎戰。兩派三方戰成一團，大順軍漸漸不敵。觀戰李自成沒有預料到吳三桂這麼快就與清軍合兵，知道形勢不可挽救，驅馬後撤。大順軍隨之潰回北京。清軍也受到沉重打擊，追擊後縮回山海關休整。

奇怪的，北京的大順政權因山海關戰敗而頃刻間由盛轉衰。先是北京人心惶恐，再是李自成匆忙稱帝，全軍退回陝西。後來人有的說是起義軍禁不起都市豪華生活的誘惑，日趨驕奢淫逸，導致軍心渙散，實力衰微；也有人說華北長期戰亂，而大順軍遊蕩成性，缺乏根據地和物質儲備，支撐不起一個新的王朝；更有人考證出當時的北京城正在流行鼠疫，消耗了大順軍的實力，逼走了李自成。反正，客觀結果又幫了清朝一個大忙。與大順軍一樣，多爾袞也幾乎兵不血刃就占領了北京。李自成沒有使用上的明朝降官，幫忙多爾袞迅速建立起了統治。

三

李自成戰敗後，將吳之父及家中三十八口全部殺死，然後棄京出走。幸運的是，陳圓圓並沒有慘遭毒手，活了下來。

吳三桂在北京城裡重新奪回了陳圓圓。物是人非，重逢後的吳三桂已經不是了陳圓圓第一次看到的那個明朝將軍，而是引清軍入關的平西王了。「民族大義」，陳圓圓還是懂得的。但是她更懂得「身不由己」。陳圓圓的一生，是不情願的一生，美好的目標並不是想做就能做到的。況且，陳圓圓即便認為吳三桂是賣國漢奸，又能如何？她只能跟隨著吳三桂，看著愛人做爲清軍前驅，南下攻城掠地，成了清朝戰車的重要部分。

清朝建立後，吳三桂抱著殺父奪妻之仇，晝夜追殺農民軍到山西。陳圓圓跟隨吳三桂由秦入蜀，然後到貴州、雲南等地。清朝授權吳三桂「永鎮雲貴」，實際上默許吳三桂在西南行割據之實。吳三桂到達了一生權勢的巔峰，在西南說一不二，他的命令還遍布南邊半個中國。同時，吳三桂成了天下「人皆可殺」的大漢奸。明朝移民將他看作亡國頭號罪人，不少人晝夜思索如何殺掉吳三桂。陳圓圓受吳三桂所累，聲名隨之惡劣，也被視爲賣國奸賊。

《武進縣誌》記載：「圓圓，金牛里人，姓陳氏，父業鶩閨，俗稱陳貨郎。崇禎初爲田戚畹歌妓，後以贈吳逆三桂……三桂鎮雲南，叩圓圓宗黨，謬以陳玉汝對，乃使人以千金招之。玉汝笑曰，吾明時老孝廉，豈爲人寵姬叔父耶？謝弗往。陳貨郎至，三掛觴之曲房。持玉杯，戰慄墜地，圓圓內慚，厚其賜歸之。」這裡說吳三桂入清後去江蘇尋訪陳圓圓的親人，找到了一個叫做陳玉汝的老頭，說是陳圓圓的叔父。結果老人家說自己是明朝的孝廉，怎麼也不肯做漢奸寵姬的叔父。好容易找了一個陳貨郎請到雲南，陳貨郎因爲害怕而失態，陳圓圓覺得慚愧不已，只能厚賜送還。親人感情蕩然無存。

還有一則資料提到了陳圓圓不受歡迎。李介立《天香閣筆記》記載：「平西王次妃陳氏，名沅，武進奔牛人。父好歌曲，傾貲招善歌者與居，家居常數十人，日夜謳歌不輟，以此破其家……父死，失身爲妓。予邑金衙道貢二山之子若甫，往金華省父，出滸關，見之悅，輸三百金贖之歸，室人不容。二山見之日，此貴人，縱之去，不責贖金。田皇親覓女優於姑蘇，得沅歌舞冠一時……會平西鎮滇中……移檄江南，爲訪其母兄，撫按下之武進，榜於通衢……沅聞母兄至，擁侍女百餘騎出廊來迎，其母髦年，見虜裝飛騎至，已惴惴矣。及相見，沅跳下馬，抱母而泣，母不知爲己女也。驚怖死，久之乃醒。由是不樂居府中，數請歸，平西乃厚貲遣之。」這個李介立是明朝遺民，江陰人，對明末清初時事特別留心。文中提到的「貢二山」叫做貢修齡，是萬曆四十八年進士，明末曾在金華等地爲官。這些史料說陳圓圓的哥哥和母親在明末清初的亂世中一直生活在故鄉，被陳圓圓請到雲南享福，結果消受不起，堅持回故鄉。到底是老人家不習慣雲南的後期風俗呢，還是不願意和大漢奸住在一起，忍受世人的辱罵呢？

吳三桂的結局我們都清楚。他被欲望和政治現實所擊垮。康熙十七年（一六七八年），起兵叛清的吳三桂稱帝，國號大周。同年秋，吳三桂在長沙病死。其孫吳世璠繼位，退據雲南。康熙二十年（一六八一年）昆明被圍，吳世璠自殺，餘衆出降。陳圓圓不知所蹤。

魂歸何處

一

一九八三年，貴州岑鞏縣縣委宣傳部副部長黃透松接到貴州省文化局轉發國家文物局關於編寫《中國歷代名人名勝錄》的通知。通知明確要求搜集名人軼聞逸事，點明岑鞏縣注意搜集與思州（岑鞏古稱呼）有牽連的吳三桂、張三丰、田佑恭和李白等人。

黃透松接手這項任務，第一次前往本縣的馬家寨調查，希望搜集陳圓圓的軼聞，找到傳說中的墓地。為什麼去馬家寨呢？因為馬家寨是吳三桂子孫的聚居地。為紀念護送陳圓圓的大將馬寶，馬家後人將居住地取名馬家寨。他們極可能知道陳圓圓的後事。

黃透松沒有想到馬家寨的吳三桂後人並不配合工作。他們全都拒絕談論祖先的後事，尤其是對他們稱之為「陳老太婆」陳圓圓的墓地諱莫如深。黃透松等人幾經周折，也沒有得到陳圓圓的墓地訊息。吳三桂後人不配合有他們的理由。「老祖宗吳三桂兵敗後，想留下吳家之根。後世子孫為免遭誅滅九族，逃難隱藏，才世代隱居此處。族人不願『出賣祖宗』。」

就在調查陷入絕境的時候，一個細節讓整件事情「柳暗花明」。黃透松在調查過程中，在馬家寨一名吳三桂後人的一處墓碑上，無意中發現了一副奇怪的對聯：「阬姓於斯上承一代統緒，藏身在此下衍百年箕裘」。其中的「阬」字到底是什麼字呢，是不是「阮」或者「院」字的錯別字呢？而且這幅鄉間的對聯是什麼意思呢，又隱含著什麼？

黃透松等人的誠懇執著打動了吳家後人。吳三桂的一個直系後人終於配合了縣裡的尋訪工作。老人說「阬」字是「隱」字的簡化，是吳家人自己造的，字典上沒這個字。這個字表示後世隱藏此處。在吳家後人幫助下，調查者得以在寨右邊的山凸上找到了不起眼的「陳老太婆」陳圓圓的墳墓。

陳圓圓的墓地前立著清朝雍正六年（一七二八年）立的一塊更不顯眼的小石碑。碑腳已被泥土掩埋，上面有一塊沒有山字形的碑帽，左邊有一塊石夾柱，右邊的那塊石柱已經不知去向，只好用石頭壘砌撐起。

碑上陰鏤「故先妣吳門聂氏之墓位席。孝男：吳啓華。媳：塗氏。孝孫男：仕龍、仕傑。楊氏。曾孫：大經、大純……皇清雍正六年歲次戊申仲冬月吉日立。」整塊碑文都是繁體字，只有一個簡化的「聂」字。難道說這個「聂氏」就是陳圓圓嗎？

二

陳圓圓在明朝滅亡之後的生活，傳說多於史跡。她的史料本來就少，入清以後更像是被人遺忘了一樣。

話說，吳三桂晉爵想立陳圓圓爲正妃。陳圓圓託故辭退，吳三桂只好另娶他人。不想新立的正妃悍妒，對吳三桂的愛姬多加陷害冤殺。陳圓圓只好獨居別院。陳圓圓逐漸被吳三桂所冷落，對吳三桂漸漸離心。吳三桂曾陰謀殺她，陳圓圓得悉後，遂乞削髮爲尼，從此在五華山華國寺長齋繡佛，以女道士卒於雲南。還有一種說法是，陳圓圓的確出家了，改名寂靜，字玉庵。後來吳三桂在雲南宣布獨立，康熙帝出兵雲南，一六八一年冬昆明城破。吳三桂死後，陳圓圓亦自沉於寺外蓮花池，死後葬於池側。直至清末，寺中還藏有陳圓圓小影二幀，池畔留有石刻詩。

可見，有關陳圓圓在清朝的最後滅亡有兩種說法。第一種說法是陳圓圓出家做了尼姑，在吳三桂反叛失敗前就已經病死了；還有一種說法是陳圓圓死於破城之日。在第二種說法中，陳圓圓的死法又存在自縊而死、絕食而死或投滇池而死幾種說法。

昆明周邊地區流傳許多陳圓圓結局的傳說。一種說陳圓圓對吳三桂反清復明的前途沒有信心，提前在昆明周圍建了十餘座尼姑庵，現存的妙法庵、白衣庵、金蓮庵、紫衣庵都是當年她建的。建成之後，陳圓圓挑選外貌與自己相像的女子，入庵當住持。她自己不定期到各座尼姑庵裡居住修煉，久而久之，每個尼姑庵都說陳圓圓住在她們那裡。結果，誰也不知道陳圓圓在哪座尼姑庵裡，誰是陳圓圓？還有一種說法是陳圓圓在昆明城破之時，喬裝逃走，不知所蹤。

康熙時陸次雲的《圓圓傳》所述陳圓圓的故事比較完整。他說吳三桂在雲南被封為平西王后，建蘇台，營郿塢，華貴無比，陳圓圓常歌「大風之章」向吳三桂獻媚，吹捧他「神武不可一世」，因而受到吳三桂數十年如一日的專房之寵。後來吳三桂的叛亂也是出於陳圓圓的「同夢之謀」。陳圓圓的結局是和吳三桂一起「同歸殲滅」。至於如何被「殲滅」，陸次雲沒有說明細節。我們可以作被清軍所殺或做為罪囚被處死兩種解釋。

《龍門陣》二〇〇六年第四期刊登了〈陳圓圓花落峨眉山〉一文，為陳圓圓在清朝的人生軌跡提供了一種全新的說法。

文中說：「已五十多歲的陳圓圓和侍女蛾眉來到峨眉山，立即愛上了這座仙山。她在山中樵夫的引導下，尋尋覓覓，最後在今洗象池寺後避風的山林中，以原木為牆，以野草做頂，建起了能避風擋雨的茅庵，開始了帶髮修行的生涯。在峨眉山的花開花落、雲起雲飛中，和宮女蛾眉相依為命，青燈黃卷，清靜度日……當吳三桂被清朝處以極刑的消息傳來峨眉山，早知其結果的陳圓圓，此刻還是深為悲痛，於茅庵內焚香禱告了一夜。在洗象池外淒厲悲涼的猿啼聲中，在眼前裊裊盤繞的青煙中，她想起了過去吳三桂對自己的恩愛，以及爲了她做出的種種非義之舉，不覺黯然神傷，也深感罪孽深重。其實，當初吳三桂聽自己的勸說，和南明王朝聯絡聯合反清，做出讓天下人稱頌的大義之舉，以洗雪引清入關的不齒；到了雲南後不要急於向清廷邀功，去緬甸捉回永曆皇帝斬而殺之……就不至於越陷越深。自己這生有太多的『如果』，但每個『如果』後面的結果都是不確定的。她知道這都是命，是無法用正常的邏輯或道理來推斷和解釋的。看茅庵前花開花殘，任山谷中雲捲雲飛，又是若干年過去了，寂靜法師陳圓圓終於平靜地走完了人生歷程，爲自己是是非非的一生做了個了結。」也就是說，該文認爲陳圓圓是在峨眉山出家，並且善終。

陳圓圓死後，她的墓地何在，又成爲一個新的疑案。現在雲南、上海、蘇州等地都有陳圓圓墓塚的傳說。之前，除了雲南昆明找到過陳圓圓的衣冠塚外，其餘均缺乏眞憑實據。那麼陳圓圓到底埋葬在什麼地方呢？陳圓圓的埋葬地可以透露出她晚年的行蹤。

三

黃透松等人在馬家寨左側找到了一個吳氏家族墓地。那裡墳塋累累，墓碑林立，其中的「故先妣吳門聂氏之墓位席」是否就是陳圓圓的墓地呢？南京地方誌專家王湧堅認爲那不是一個普通的墓，「雖然墓上並無『陳圓圓』三個字，但這應該就是陳圓圓安息之地。」王湧堅解釋，陳圓圓的墓碑不用眞名而用隱語，是爲了對外保密。「『聂』由雙耳組成，暗指陳圓圓的姓名。陳圓圓原名叫邢圓圓，因爲父親早逝，由其姨父撫養成人，姨父姓陳，所以陳圓圓就改姓了陳。『邢』與『陳』都有耳朵旁，一個在左，一個在右，配成雙耳，『雙』又隱含『美好』、『圓滿』、『團圓』之意，又與陳圓圓的名字暗合。」事實上，石碑上的「聂」字，是吳家人創造出來的，至於以後有這麼一個簡化漢字純屬巧合。而墓上所寫「吳門」也有兩重含意，一是指陳圓圓的夫家姓吳；二是暗指陳圓圓的籍貫蘇州（蘇州古稱吳門）。

王湧堅告訴《金陵晚報》、《北京科技報》等處記者說，陳圓圓是爲了不使吳三桂無後而離開吳三桂。

吳三桂死後，清軍南下，痛恨吳三桂的清朝統治者要滅其九族。「陳圓圓得到消息後，爲了吳家能有後代，就帶著兒子吳啓華（一說吳昌華）、孫子吳仕傑，在吳三桂生前親信、軍師馬寶的護送下，逃到貴州的一片原始森林避難。爲了紀念吳家的恩人馬寶，同時也爲避人耳目，避難的地方就叫做馬家寨。如今馬家寨全寨一百七十餘戶九百餘人，全姓吳。這裡都自稱是吳三桂與陳圓圓的後裔。」對自己的身世，馬家寨的吳姓人採取祕傳的方式，每次確定一兩個傳人，代代相傳。爲防止洩密，除了傳人知曉底細外，沒有任何其他人知曉。辛亥革命後，這個規矩也沒有解禁。陳圓圓的墓碑此前也一直被埋在地裡。

專家的解釋是否正確？貴州岑鞏縣馬家寨的墓地是否就是陳圓圓的歸宿呢？再來看看岑鞏縣志的記載。《岑鞏縣志．文物名勝篇》第八三四到八三五頁載：「陳圓圓墓（考）。明末清初名妓陳圓圓葬於思州城東北三十八公里，今水尾鎮馬家寨獅子山上，鰲山寺南端。」另外還有：「據考，陳圓圓墓碑上沒有直書其名，系對外保密而隱諱……馬家寨名爲馬家，實際居住者全部姓吳，歷來自稱吳三桂後代，如今吳氏已有後裔一千多口。爲保護陳圓圓墓，雍正年間立碑之後未進行重修……據吳氏相傳，陳圓圓晚年住天安寺（又名平西庵）……留有皇傘、御字簿、大刀、金銀等物。同時，馬家寨還有《七顆針的壽鞋》、《吳啓華藏身達木洞》、《襄子家屋場》和《馬寶護送陳圓圓》等傳說故事。」看來，岑鞏馬家寨的陳圓圓墓是最「靠譜」的陳圓圓墓地了。

二十世紀八〇年代初，馬家寨的吳氏家族逐步向外界透露自己的身世。有關部門將碑挖出後豎在了陳圓圓墓前。遺憾的是，人們的這一舉動招來了盜墓賊。二十世紀八〇年代末，陳圓圓的墓被盜一空，僅剩下一具女性骨架和三十六顆排列均勻的牙齒。

憶美人

董小宛與順治帝的愛情傳說

順治皇帝福臨從母親孝莊太后口中知道了愛妃董鄂妃的死訊，當時他剛剛從西山為董鄂妃祈福歸來。太后話音剛落，順治就暈倒在地。宮中一陣忙亂過後，順治緩緩醒來，站起身來，突然要拔刀自刎，周邊的太監趕緊攔住。順治又衝著牆撞去，又被太監們團團圍住。生已無趣，求死又不得，年輕的皇帝咆哮著，痛不欲生……

接下來的兩天中，順治一直在尋死。因為這個世界上他最愛的人已經不在了。

愛情傳說

一

福臨六歲當上皇上，七歲的時候在叔父攝政王多爾袞鐵騎的護衛下入關統一了天下，之後長期在多爾袞和生母孝莊太后的管教之下生活。雖然只是個小孩子就當了天下之主，福臨的生活並不如意。

福臨登基之初年紀很小，正是貪玩的時候，母后的管教卻非常嚴格。從清晨起床讀書做功課然後上朝聽朝堂議政，到晚上請安睡覺，順治小皇帝的一天安排得滿滿當當的。母后孝莊太后的生活也不如意，孤兒寡母兩個人要應付朝野的明槍暗箭，又要壓制聲名顯赫的攝政王多爾袞，她把希望都寄託在了兒子福臨身上。希望兒子能成長為一位強大、勤政又聰敏的偉大帝王。所以，孝莊太后對福臨的管教之嚴格，可想而知。

小孩子不知道大人的苦心，加上孝莊和福臨母子倆缺乏深入的交流——孝莊太后太忙了，福臨開始在心中埋怨母親。這種埋怨進而演變成了隔閡，影響了順治皇帝和孝莊太后的關係處理。

終於，在婚事問題上，順治皇帝和孝莊太后的矛盾公開化了。

順治八年（一六五一年），虛歲十四的福臨到了可以迎娶皇后的年齡了。孝莊太后給兒子安排了一個新娘：蒙古科爾沁部的博爾濟吉特氏。這個博爾濟吉特氏是孝莊太后的侄女。孝莊太后安排侄女做皇后的目的很明確，就是在宮廷中多一份助力，增強自己的勢力。當年八月，順治冊立博爾濟吉特氏爲皇后。小皇后從小嬌生慣養，在馬背上長大，性情張揚；福臨從小謹愼生活，醉心孔孟之道，剛柔結合。福臨夫妻倆性格不合，時常發生口角。

順治受不了了，吵嚷著要廢黜皇后。孝莊太后大驚，自然是百般阻擾。最後，順治皇帝不顧反對，繞開母后，大學士馮銓查閱並奏報前朝廢皇后的歷史故事。順治廢黜博爾濟吉特氏的意思很明顯了。馮銓等大臣早得到了孝莊太后的「關照」，反問順治廢后的理由。順治皇帝大怒，指斥「皇后無能」。禮部尚書胡世安等十八人分別具疏力爭。順治皇帝力排干擾，強硬地讓諸王大臣會議討論廢黜皇后事宜。諸王大臣會議提出了一個折衷方案：暫緩廢后，皇后博爾濟吉特氏仍居中宮。順治堅持己見，奏報孝莊太后，要求廢掉皇后。事情到了這一步，孝莊太后也不好公開挽回了。最後，孝莊下懿准，降皇后爲靜妃。事情就這麼結束了。

孝莊太后不放棄，又在順治十一年（一六五四年）給兒子安排了第二個皇后。這位皇后同樣來自蒙古科爾沁部，還是博爾濟吉特氏，當時只有十四歲。孝莊先安排她來做王妃，兩個月後讓順治冊封為皇后。不用說，孝莊太后安排又一個親戚來做皇后，目的還是原來的目的：政治鬥爭險惡，多一個自己人就多一份力量啊。可惜，順治和第二位博爾濟吉特氏還是性格不合。順治對婚姻不自由非常不滿，婚後不久就訓斥了新皇后。好在第二位博爾濟吉特氏性格圓通，頗能委曲求全；孝莊太后則一開始就強硬支撐新皇后，順治這才沒有再廢掉皇后。

至順治駕崩，第二位博爾濟吉特氏穩居皇后之位。順治死後，博爾濟吉特氏又活了五十六年，直到康熙五十六年（一七一七年）才病逝，享年七十七歲。

博爾濟吉特氏委屈圓通的時候，順治遇到了真正讓他心動的女人，就是董鄂妃。

二

順治皇帝對董鄂妃寵遇有加，可這位董鄂妃的身世卻是清史的一樁疑案。《清史稿．后妃傳》說董鄂妃姓棟鄂氏，內大臣鄂碩之女，「董」是「棟」的漢音。董鄂妃約在十八歲時入宮，順治十三年被封為妃、皇貴妃。這樣的記載不可謂不清楚，可惜後人一般都不相信這段紀錄。

許多歷史學家根據當時傳教士湯若望的紀錄和旁證考證，對董鄂妃的入宮提出了「具體描述」：董鄂妃原來是福臨異母第十一弟襄親王博穆博果爾的妃子。這個博穆博果爾年紀輕輕，毫無功績，卻在順治十二年突然飛黃騰達，被封爲親王。人們相信他的王妃董鄂氏在其中發揮了重要作用。據說董鄂氏不僅長得漂亮，而且聰明過人、善解人意，被順治皇帝看上了。兩人恩愛了起來，不想被博穆博果爾發覺了。回家後，董鄂氏遭到夫君的斥罵。事情鬧大了，董鄂氏哭了，順治也惱了。博穆博果爾突然榮升親王，被認爲和這則被揭開了的「緋聞」有關。博穆博果爾於順治十三年（一六五六年）七月暴亡，不知道是激憤而死，還是自尋死路。爲丈夫服喪期滿後，董鄂氏就被迎娶進了紫禁城。整件事情弄得類似當年唐高宗迎娶父親唐太宗的才人武則天、唐玄宗霸占兒媳婦楊玉環的傳奇故事，細究起來又是另外的「緋聞」。

在民間，人們既不相信《清史稿》的說法，也不認同歷史學家的考證。民間說法是董鄂妃就是江南名妓董小宛。這個說法從清朝一直流傳至今。

董小宛，生於明朝天啓四年（一六二四），從小因家境貧寒墮入娼門，後來成爲秦淮名妓。她和陳圓圓年代相同，經歷也類似，同列「秦淮八豔」。明朝末期，烽火連天、生靈塗炭，秦淮河兩岸照樣鶯歌燕舞。歌姬舞女依舊翩翩起舞，書生公子們還是以激流清議，追求聲色爲時尚。在一片吳儂軟語，滿桌美味佳肴中，歌姬有「秦淮八豔」，風流倜儻的公子哥兒們也被評出了「江南四公子」。來自揚州如皋的冒襄（字辟疆）就有幸入選了。冒襄出身書香門第，家境殷實，文采飛揚，又懂得憐香惜玉。他科舉考試不太順利，考場失意情場得意，很「博愛」，和許多歌姬舞女詩書往來、眉來眼去。

秦淮河兩岸從來不缺才子佳人的故事。董小宛見到冒襄的第一次，就鍾情於他。可惜當時冒襄玩興正濃，和當時多名美女傳出緋聞來。據說起來還有陳圓圓。後來陳圓圓被外戚田疇買到北京去了，開始了另一段故事。董小宛則好不容易逃脫了田氏的搜羅，決心從良，結束賣笑為生的日子。終於在崇禎十五年（一六四二年，也有說是崇禎十二年的），董小宛在姐妹和恩客的財力支持下自己贖身。一艘花船載著名妓董小宛，來到了冒府。冒襄閱遍天下美色後，最終被董小宛感動了，娶董小宛為妾。婚後，二人感情真摯，相敬如賓。冒襄文采風流，卻不拘小節，又不善理家。冒家有園池亭館之勝，冒襄很喜歡在家裡招待，很喜歡那種人文薈萃、四海來賓的感覺。冒家客無虛日，終於家道中落，冒襄「怡然不悔也」，和董小宛隱居不出。

冒襄和董小宛兩人將隱居生活過得有滋有味的。兩個人都有很深的文學修養，情感細膩，把瑣碎的日常生活過得浪漫美麗，饒有情致。清晨，兩個人去蒐集花瓣柳葉尖上的露水，然後花一個上午來煮水泡茶，再花一個下午來吟詩品茶；到了晚上，董小宛運用巧思妙想，把平常的食材做出各種雅致的菜肴來；深夜，董小宛會靜觀皎潔的月光透進窗子在房間裡移轉。

平靜美好的生活很快被清軍入關給破壞了。冒襄不願意降清，又不敢參加抗清，就帶著董小宛踏上了流亡寄寓之路。如皋的冒府在戰火中毀滅，冒襄夫妻守節誓不降清。

南下的清軍統帥洪承疇素聞「秦淮八豔」之名，占領江南後要搜羅這些美女。董小宛在戰亂中沒有了音訊，人們就說董小宛被洪承疇搜羅走了，進獻入宮了。也有說董小宛是豫親王多鐸俘獲，送入宮的。清初的大詩人吳梅村寫了八首詩，題「冒辟疆名姬董白小像」，其中就有：「亂梳雲髻下妝樓，盡室倉黃過渡頭。鈿合金釵渾棄卻，『高家』兵馬在揚州」；又有「欲吊薛濤憐夢斷，墓門深更阻侯門」。人們相信這是委婉地說董小宛的去處。而冒襄本人也在《影梅庵憶語》中寫到，順治八年（一六五一年）三月底自己夢見董小宛被人搶去，並說董小宛在同一夜裡自己也夢見被人搶走了。也是，人們更相信董小宛在清兵入關後，被搶入皇宮，成了順治的寵妃董鄂妃。

民間傳說富含悲劇色彩，情節曲折，可惜應該不是眞的。首先，眞實的董小宛死在了戰亂中。江南陷入戰亂，冒襄董小宛二人顚沛流離，相依爲命。董小宛勞累過度，於順治八年（一六五一年）正月病死，時年二十八歲。冒襄悲傷欲絕，把愛妾安葬在如皋影梅庵。歷代文人多有憑弔。而晚年冒襄以寫字賣文爲生，因爲堅守氣節而聲名鵲起。其次，清廷規定滿漢不通婚，更不會允許順治皇帝迎娶漢族女子董小宛了。對於從江南送來的陌生女子，孝莊太后和朝野大臣肯定會群起攻擊順治皇帝對董鄂妃的恩寵的。在這點上說，董小宛不可能是董鄂妃。第三，順治皇帝和董小宛年齡相差過大。兩人相差十四歲，董小宛去世時順治皇帝僅十四歲。董小宛逝世的時候，順治皇帝剛好迎娶他的第一位皇后。

綜上所述，順治皇帝和董小宛的愛情傳說僅僅是傳說。董鄂妃和董小宛是一南一北兩個不相關的人物。關於董小宛被清軍擄掠入京的傳說就和同期盛傳的多爾袞和孝莊太后的婚事一樣，都興盛於江南。南方對明朝的滅亡和清兵的蹂躪最接受不了，反清意識最嚴重。清朝嚴厲鎮壓了南方的反抗，南方的文人就從思想觀念上繼續反清。這方面就包括在清朝皇室的生活問題上製作了許多「傳說」，比如說了許多多爾袞和孝莊皇后的壞話，說了洪承疇等人擄掠名妓董小宛的故事等等。這些故事，當事人不可能留下紀錄（本來就是沒有的事，怎麼可能留下紀錄），而且許多事情原本就是皇室忌諱的，即使有相關的事情也不可能被記下來。這也爲明末清初盛產傳說創造了土壤。

家庭不幸

一

我們再來看順治和董鄂妃相遇後的恩愛生活，當然是眞實的生活。

順治十四年十月，董鄂氏生下一位皇子。這是順治的第四個兒子。但小皇子在三個月後夭折了。這件事對順治皇帝和董鄂妃的打擊太大了。順治帝追封這個兒子爲榮親王，在兒子的墓碑刻著：「和碩榮親王，朕第一子也。」這裡的「第一子」不是年齡上的第一個兒子，而是心目中的第一子。順治皇帝最珍愛董鄂妃的兒子，最看重這個兒子。愛子夭折，讓生活本已不順的順治皇帝心裡更加不順了。

這時候，佛教走入了順治的精神世界。佛教始終是生活不順者的精神良藥，非常適應順治當時的需要。順治皇帝召見了著名和尚憨璞性聰。順治問：「從古治天下，皆以祖祖相傳，日對萬機，不得閒暇，如今好學佛法，從誰而學？」憨璞性聰回答：「皇上即是金輪王轉世，夙植大善根、大智慧，天然種性，故信佛法，不化而自善，不學而自明，所以天下至尊！」和尙的回答很討巧，順治皇帝信以爲眞。既然自己有佛根，就好好學佛吧。順治學佛後，與當時名僧交往密切，其中最受順治信任的是浙江和尚玉林琇。順治一度拜玉林琇爲師，從他那得了「行痴」的法名（一說是順治皇帝自己取的）。玉林琇引薦了木陳忞、玄水杲、茆溪森等和尚與順治皇帝來往。順治皇帝都以禮相待，一起討論佛法，請教疑難。

慢慢地，順治皇帝產生了出家的念頭。他在西山慈善寺牆壁題詩雲：「十八年來不自由，江山坐到幾時休？我今撒手歸山去。管他千秋與萬秋。」順治還曾對木陳忞說：「朕於財產固然不在意中；即妻孥黨亦風雲聚散，沒甚關係。若非皇太后一人掛念，便可隨老和尚出家去。」他對江山、財富、妻妾都看開了，一切都是過眼雲煙而已，已經留不住他了。可是順治對生母孝莊太后還有留戀，覺得得盡到孝道，所以還沒有出家。

董鄂妃也跟著順治皇帝信佛學佛。但佛學的力量還是沒有醫治好喪子之痛。兒子夭折的打擊損害了董鄂妃的健康。她的病情逐漸惡化。順治皇帝著急了，採取一切措施，力圖挽回愛妃的生命。他詔示天下，遍尋名醫；派大臣廣祀百神，大赦天下，還親自到西山碧雲寺爲董鄂妃祈福。不幸的是，董鄂妃還是在順治十七年八月逝世了，年僅二十二歲。

順治皇帝痛不欲生，不顧一切地尋死覓活。宮人不得不晝夜看守著他，防止皇上自殺。

順治皇帝輟朝五日，追封董鄂妃爲「端敬皇后」。他爲董鄂妃大辦喪事，在景山建水陸道場；命全國服喪，官員一月，百姓三日。順治皇帝親撰行狀，說董鄂妃對皇太后「奉養甚至，左右趨走，皇太后安之」（實際情況是董鄂妃和孝莊太后的關係很緊張）；說董鄂妃「事朕，候興居，視飲食服御，曲體，罔不悉」（這是實際情況）；說董鄂妃「至節儉，不用金玉，誦四書及易，已卒業；習書未久，即精」（董鄂妃的確知書達理）。

悲哀過度的順治還下了兩道過分的命令。第一是命令上至親王下至四品官的所有官員，還有公主、命婦齊集哭靈。不僅要哭，還要哭得悲傷，「不哀者議處」。孝莊太后不贊成。她對董鄂妃的死就沒有順治那麼悲傷，難道還要處置太后？最後在孝莊太后的堅持下，順治收回成命。順治怕董鄂妃在另一個世界沒有人服侍，想把原先伺候董鄂妃的太監、宮女三十餘人悉行賜死。在大臣的勸阻下，這條「人殉」命令才沒有執行。

因為董鄂妃信佛，遺體火化，由茆溪森和尚在景山主持董鄂妃的火化儀式，順治親自為董鄂妃收取骨灰。

二

董鄂妃的死，成了壓在順治皇帝鬱悶壓抑生活上的最後一根稻草。愛妃故去，順治皇帝覺得塵世已經沒有可以留戀的了——包括不喜歡董鄂妃的孝莊太后也不值得留戀了。他的思想越來越消沉。

我們看順治皇帝的一生，「不幸」是個關鍵字。福臨一出生就是父親皇太極眾多兒子中的一個，而且是庶出的小兒子。他本不受父皇喜愛和宗室的吹捧，卻在崇德八年（一六四三年）突然成了大清朝的皇帝。當年，清太宗皇太極突然逝世，引發激烈的皇位之爭。最有希望得到皇位的是福臨的大哥、皇太極的長子豪格和福臨的十四叔、睿親王多爾袞。雙方劍拔弩張，各拉起一幫人來鬥得死去活來。鬥爭的結果是福臨做爲一個折中人物得到了兩派的認可。年僅六歲的福臨就成了順治皇帝。這造成了他一生最大的悲劇。

福臨的皇位是僥倖得來的，所以他在位後要「還利息」。一方面是放棄自己當皇帝支持福臨的叔叔多爾袞在福臨皇帝生涯的前七年出任攝政王，把持了軍國大政；一方面是臨危出馬，拉攏多爾袞擁戴福臨的生母孝莊太后。孝莊太后爲了兒子當上皇帝、當好皇帝，付出了太多太多，所以把巨大的期望值壓在了兒子的身上。在內外兩個強勢人物的注視之下，順治的皇帝生涯是苦悶、無助和沒有樂趣的。

攝政王多爾袞對福臨造成了巨大的心理陰影。多爾袞把持朝政後，一度以「皇父攝政王」自居，粉墨登場扮演了許多應該由順治扮演的角色。在多爾袞一黨的監視下，福臨甚至連見孝莊太后都沒有充分的自由。民間盛傳孝莊太后和多爾袞曖昧不清的「傳說」，越來越盛，最後到達了順治的耳朵裡。順治皇帝的難堪之情，可以想像。謝天謝地，攝政王多爾袞在順治七年（一六五〇年）暴亡，年僅三十九歲。順治皇帝隨即在第二年正月親政。第二個月，順治就對多爾袞進行反攻倒算，給多爾袞追加了十大罪狀，抄沒家產，削其封典，撤其享廟，誅其黨羽。

對多爾袞，順治可以「痛打落水狗」。對生母孝莊太后，順治卻無計可施。孝莊太后爲了兒子順治，忍辱負重，付出了許多。順治對母親的這一點，很感激。可孝莊的強勢，干涉了順治的權力、童年、少年、日常生活和婚姻幸福。順治很不滿，卻無計可施。比如孝莊太后對順治皇帝專寵董鄂妃就很不滿。她希望兒子多親近自己的族人女子。所以，孝莊太后和董鄂妃的關係很不好。最明顯的例子就是在順治死後，董鄂妃的牌位進不了太廟，祭祀規模立即降低規格，也沒有推恩惠及外戚。因爲孝莊太后還活著，力主降低董鄂妃的地位。

民間傳說中有多個孝莊故意對董鄂妃（董小宛）「找茬」的段子。比如說孝莊懲罰在宮中唱南方小曲的董鄂妃，又比如很多人相信董鄂妃是觸怒孝莊皇太后被賜死的。雖然這些傳說將董鄂妃認爲是董小宛，沒有歷史依據，但一定程度上說出了孝莊太后和董鄂妃的緊張關係。

順治夾在愛妃和生母之間，很爲難。他感情站在董鄂妃一邊，卻幫不了愛妃抵禦太后的刁難。如此糾結的結果是順治對孝莊太后的親近感越來越低，心裡越來越逆反。

如今，心愛的董鄂妃死了。順治決定出家修行。愛妃死後的兩個月中，順治皇帝和佛教走得更近了。他先後三十八次拜訪茆溪森的館舍，論禪論佛，有時還徹夜交談……最後，順治向茆溪森提出了一個要求：「爲我剃度爲僧。」

剃髮未出家

一

順治的剃度請求，讓茆溪森大吃一驚。和尙爲皇帝剃度，前所未有，哪個和尙敢操刀啊？茆溪森就不敢，還反覆勸阻順治。順治不聽，堅持要出家爲僧。

順治十七年（一六六〇年）十月，固執的順治皇帝在西苑（今中南海）萬善殿讓茆溪森和尙爲其舉行了皈依佛門的淨髮儀式。他剃了頭髮。

之前，「皇上要出家」的消息已經做爲爆炸性新聞在宮廷和朝堂上流傳開了。大臣們勸阻不了皇上，孝莊太后也知道勸不了兒子。他們就不在順治皇帝身上打主意了，從茆溪森身上找到了突破口。孝莊皇后下令，火速將茆溪森的師傅玉林琇召回京城，挽救皇權危機。

玉林琇匆忙趕到北京。當時順治皇帝已經剃髮，但還沒有正式出家。玉林琇就命人取來乾柴，揚言要當衆燒死敢爲皇帝剃度的弟子茆溪森。順治皇帝出面說情，玉林琇轉而勸阻他放棄出家的想法。順治皇帝問：「佛祖釋迦摩尼和禪祖達摩，不都捨棄王位出家了嗎？」玉林琇回答：「佛祖和禪祖是悟立佛禪。現在最需要陛下在塵世護持佛法正義，護持一切菩薩的寄身處所，所以您應該繼續做皇帝。」修行不一定要出家。順治這才答應不出家了。一場皇權風波就此平息了。

做爲補償，順治皇帝讓寵信太監吳良輔替自己在憫忠寺出家爲僧，名義上自己還是出家了。

二

然而，民間盛傳順治皇帝出家了，還言之鑿鑿地說順治皇帝是在五台山出的家。原因是董鄂妃的去世讓他悲痛欲絕，加上對塵世絕望，所以就捨棄龍椅出家了。理由則有很多。首先，順治皇帝在茆溪森爲他剃度之後的兩個多月後就被宮廷宣布駕崩了，病因沒有公布；其次，順治皇帝的陵墓中沒有順治皇帝的屍首，而只有一個骨灰壇；第三，繼位的康熙皇帝成年後頻繁駕臨五台山，令人生疑；第四，順治皇帝的「遺詔」無情地自我批評，幾乎自我否定了，讓人懷疑不是順治的本意。和之前的「緋聞」傳說一樣，順治出家的傳說也很盛，成爲清朝一大疑案。

同樣，認爲順治出家的理由沒有一條是直接的、有力的證據。即便所有理由合起來，也不能證明「順治出家」這個事實。

根據《清世祖實錄》的記載，順治十八年正月初一，順治皇帝免去群臣的新年朝賀禮儀。當日，皇帝本應該祭祀太廟，結果也派官員前往代爲行禮。皇上又出什麼事情了呢？第二天（正月初二），《實錄》正式記載順治身體不適。也就在這天，順治讓寵信的太監吳良輔做爲替身，出家當了和尚。

初四，朝廷正式宣布皇帝患病。初五，紫禁城各宮門所懸的門神、對聯全部撤去。初六，順治傳諭，本應皇帝參加的大享殿（祈年殿）禮儀，改派官員代祀，令禮部列出代祀官員的名單。皇上身體不適不能去太廟祭祀，還可以說得通，可連近在宮中的大享殿也去不了了，說明順治的病情相當嚴重了。同日，皇帝傳諭赦免京城內十惡死罪以外的一切罪犯。根據《清聖祖實錄》（康熙的實錄）補正，也就在初六日順治皇帝召原任學士麻勒吉、學士王熙到養心殿，奉旨在乾清門撰擬「遺詔」。這也從另一面證明了順治知道自己時日不多了。

正月初七，凌晨，順治皇帝在養心殿駕崩，年僅二十四歲。

宮廷沒有公布病因。當時宮中傳諭全國「毋炒豆，毋點燈，毋潑水」。這是民間爲避痘講究的迷信作法，人們推測順治皇帝是得了「天花」。可以相信，順治皇帝的確是病逝的。也許是因為病逝時間和剃度時間過於接近，加上太監吳良輔頂著順治的名號出家，才給人「順治出家」的錯覺。

而現存的順治皇帝《遺詔》，黃紙墨蹟，保存完好。在大臣代擬、順治認可的遺詔中，順治皇帝做了深深的自責，包括熱衷漢族文化習俗、沒有對太后盡孝、與親友隔閡等，還承認自己在董鄂妃死後「喪祭典禮，過從優厚，不能以禮止情」。順治皇帝自責的內容，和孝莊太后對順治帝的不滿驚奇地吻合。有人就此認為遺詔是假造的。

實際上，感情細膩的順治皇帝經常自我反省、自我批評。這是皇帝很難得的品質。而順治就經常把自然災害、社會動亂歸於自己的「政教不修，經綸無術」，屢次下詔自責。順治十六年正月，朝廷正式統一全國，順治皇帝竟然拒絕大臣祝賀，認為沒有必要慶祝戰爭結束。一年後，順治皇帝在祭告天地、宗廟時，對執政的十七年做過簡單的總結。整個總結都在自譴自責中度過，還下令官員不要給自己上慶賀表彰。所以，順治皇帝在遺詔中自我批評，也在情理之中。

歷史學家黎東方在《細說清朝》中對順治的系列疑案作了一個結論：「順治的確有出家的意思，而且剃了頭，但是未曾能夠貞的當了和尚，便死於天花。」

順治皇帝的大殯，是按照佛教禮節進行的。玉林琇等和尚親臨葬禮；順治屍體被火化，茆溪森和尚親自爲順治遺體秉炬火化。清朝入關的第一位皇帝，匆匆走完了並不如意、讓民間疑雲重重的一生。

叔嫂情

慈禧與奕訢的不倫之戀

隆裕太后曾對弟弟德錫說：「其實老太后（慈禧）並不快樂，她的難處是我們外人想不到的。就像宮裡很多人都傳言老太后並不喜歡我一樣，其實再怎麼說我也是老太后的親侄女，有些事情還是我們自己家的人親呢。這些日子，老太后有時候突然就會跟我嘮叨一些她的過去。」「不快樂」的慈禧太后的過去，是在一個個謀權的施展和一個個搭檔的合作與鬥爭中度過的。她把持朝政將近五十年，恭親王奕訢是慈禧前期最重要的合作夥伴。

世間不如意之事

一

咸豐三年四月（一八五三年五月），賦閒在家多年的恭親王奕訢終於接到了一個任務：皇帝哥哥讓他去熔內務府的三口金鐘。

事情起因是這樣的：當年太平軍動搖了清朝的半壁江山，而國庫存銀僅二十二萬多兩，完全不敷軍費使用。咸豐皇帝就想到了內務府還有三口廢棄不用的金鐘，可以熔化了充當軍費。奕訢接到這個不算什麼事兒的事兒，誠惶誠恐，趕緊上奏說：「臣等唯有督率司員，始終奮勉，勤慎奉公，以期無負聖主委任之至意。」畢竟，這是他被皇帝閒置三年來，接到的第一個有實質內容的任務。

二十一歲的奕訢很認真地帶人查實了三口鐘的情況，再拉過去熔鑄，最後煉出黃金兩萬七千零三十兩。事成後，奕訢再次很認真、很虔誠、誠惶誠恐地向咸豐皇帝啓奏：皇上交辦的事情辦完了。

僅僅三年前，奕訢和哥哥咸豐的關係還不是這樣的。那時候，他們還不是君臣而是兄弟。咸豐皇帝奕詝是四阿哥，奕訢是六阿哥。在眾多的兒子中，父皇道光最喜歡的就是奕訢。因爲奕訢長得一表人才，文武全才，資質超過其他兄弟。文的方面，奕訢出口成章，寫得一手好詩詞；武的方面，奕訢騎射精良，是滿族著名武士。史書一致記載道光對六子奕訢「最鍾愛」，但他挑選的繼承人卻是跛腳、懦弱、平庸的四子奕詝。

道光皇帝一共有九個兒子，前三個兒子夭折了，第五個兒子過繼給了人家，後三個兒子年紀還小，眞正競爭皇位的就是第四子奕詝和第六子奕訢。道光花了不少心思來考察這兩個兒子。他安排兩個兒子參加圍獵，結果奕訢收穫滿滿，拿下了全場第一；奕詝卻一無所獲，回來對道光說現在正是野獸繁育的時候，我不忍心讓牠們骨肉離散。道光病重時，分別召兩個兒子來詢問時政和對策。奕訢侃侃而談，指點江山，意氣風發；奕詝則長跪不起，淚流滿面，只希望父親早日康復。結果，道光皇帝覺得還是四兒子仁義孝順，品德高尙，像他自己。於是，奕詝的道德優勢戰勝了奕訢的實幹進取精神。

臨終前，道光皇帝覺得六兒子奕訢挺可惜的，以遺詔的形式封他爲恭親王。

奕詝繼位後，對競爭對手奕訢懷恨在心。按照他的本意，奕訢別說是晉封親王，估計連皇族俸祿都要停發了。因爲有父皇遺詔在，咸豐不敢把六弟怎麼樣，擱置起來不用了。

大清王朝的龍椅，奕訢似乎觸手可及，可就這麼還差一丁點的時候被人搶走了。這決定了他後半生的悲劇命運。

就在奕訢誠惶誠恐地熔化金鐘的同時，宮中蘭貴人家遭遇了巨大變故。

蘭貴人姓葉赫那拉，比奕訢小三歲，當時年僅十八。一年前（一八五二年），正當奕訢小心翼翼地躲避咸豐皇帝的排斥打擊，夾著尾巴蟄居在京師的時候，葉赫那拉氏經過了長達一年多的「選秀」過程，成爲了新皇帝咸豐的嬪妃，位列最低級的貴人。當時，葉赫那拉的父親惠征外放地方道員，因爲選秀是大事，葉赫那拉都不能隨行，只能含淚和家人告別。年紀輕輕的她獨自一個人留在了紫禁城候選，此後五十七年再也沒有回到家中和父母姐妹團聚。

葉赫那拉氏生於北京城中下等滿族官員家庭。祖輩都是五六品的京官。慈禧出生時，父親惠征是二等筆帖式（文書），八品小官。惠征監生出身，在部委衙門抄抄寫寫了多年，終於在咸豐初年外放蒙古、安徽等地任道員，官居四品。遺憾的是，女兒在咸豐元年（一八五一年）就被列入秀女名冊，不能隨家人一起外任了。日後，有人說慈禧出生在江南，還會唱江南小曲，並因此獲得了咸豐的喜愛。這不是眞的，慈禧是純粹的北京人，出生在北京，長在北京，除了兩次被洋人趕出北京逃亡外，一生從未離開過北京。慈禧弟弟桂祥的曾孫子證實這一點：「我記得在小的時候聽爺爺大體講過，後來父親也曾經帶我到據說是慈禧出生的大院去看過，這個院子位於北京西四牌樓的辟才（劈柴）胡同。」

惠征在安徽池州當道員，正巧趕上了太平軍進攻。咸豐三年太平軍攻陷安慶，殺死安徽巡撫，安徽全省震動。惠征帶著餉銀萬兩逃往鎮江。咸豐皇帝下令嚴查逃跑官員，惠征名列其中，同年被罷官，幾個月後病死在了南方。若干年後，惠征的女兒發達了，追封了倒霉的父親一個世襲的「承恩公」。日後，又有人編造了惠征死後，慈禧扶棺北歸的一系列奇遇。其實，慈禧壓根就沒出京，而且在父親死前一年就已入宮了，怎麼可能扶棺北歸？

在咸豐三年（一八五三年），奕訢和葉赫那拉的心境都是灰暗的。奕訢飽受皇帝哥哥的打壓，委曲求全；葉赫那拉死了父親，家庭陷入困境，而她只是宮中小小的貴人，不僅幫不上忙，還要應付宮廷內部殘酷的傾軋爭鬥。兩個年輕人都看不到光明的未來。

二

蘭貴人葉赫那拉很快就引起了咸豐皇帝的注意。

因爲葉赫那拉長得很漂亮，咸豐迷戀她的美貌。《十葉野聞》記述：「當文宗初幸慈禧之日，頗有惑溺之象，《長恨歌》中所謂『春宵苦短日高起，從此君王不早朝』者，彷彿似之。」當然，葉赫那拉很有心機，人很聰明，知道怎麼迎合咸豐。這也讓她能在後宮衆多的嬪妃中接近並得到咸豐的寵幸。慈禧的侄子、桂祥的兒子德錫回憶說，「慈禧對隆裕說，她剛剛進宮那會兒，因爲長得漂亮，而且得到咸豐的寵愛，咸豐對其他嬪妃看都不看一眼，所以很多人都嫉妒她，常常在背後說她的閒話，甚至用一些手段陷害她」。好在，蘭貴人擋住了明槍暗箭。

葉赫那拉知道皇帝的恩寵不是永久不變的，今天可能對你甜言蜜語，明天就可能看都不看你一眼。而她要想在激烈的競爭中保住地位，最有力的武器就是生一個皇子。母以子貴，只要生了皇子，后妃在宮中就能挺直腰板，抬頭做人，就有了抵禦大風大浪的資本。

果然，好色的咸豐皇帝很快就對蘭貴人失去了興趣，移情別戀了。咸豐不再怎麼去蘭貴人的房間，卻得到了蘭貴人懷孕的消息。這將是體弱的咸豐的第一個孩子。朝野上下翹首以待。幸運的是，蘭貴人生下了一個男孩。他就是咸豐唯一的兒子載淳。母以子貴，蘭貴人葉赫那拉迅速升格爲懿嬪、懿妃、懿貴妃，地位僅次於皇后——儘管此時咸豐皇帝對她很少過問了。

咸豐皇帝去幹什麼了呢？首先，他專門闢出圓明園來「金屋藏嬌」，沉溺女色。清朝的一代強后莊妃太后曾在宮門樹一鐵碑，上書：「敢以小腳女子入此門者斬。」所謂的小腳女子就是漢族女子。因此，咸豐皇帝才移駕到圓明園，寵幸漢族女子，在文字上沒有違反祖宗的規矩。「文宗（咸豐）漁色，於圓明園隅，暗藏春色，謂之四春，世競傳之。」可見，咸豐和「四春」的故事，在民間是公開的祕密了。「四春」之外，咸豐還鍾情一個曹姓寡婦，也收來享受。

其次，咸豐酗酒。酒量不好，每次喝酒都喝得酩酊大醉；酒品也不好，一喝醉就對侍女大打出手，痛加凌辱。每醉即有一二侍女遭殃，往往凌辱或打得侍女幾致於喪命。後宮嬪妃深受其苦。

最後，咸豐竟然吸食鴉片。他一繼位，國事日非，內憂外患。太平軍攻陷南京後，咸豐更是逃避到鴉片的世界裡，染上了大煙癮。後來英法聯軍來了，咸豐逃亡熱河，被政務弄得焦頭爛額，乾脆拋棄政務，沉溺在鴉片呑吐之中。

葉赫那拉攤上了這麼一個無能懦弱、劣習纏身的丈夫，著實不幸。她的人生似乎就要和這麼個醜陋的人一同走完了。

咸豐皇帝帶著嬪妃、美女在圓明園享樂的時候，有志報國也有能力出來整頓朝綱的恭親王奕訢正被咸豐閒置在屬於圓明園分院的和春園裡。和春園本是個廢棄的院子，咸豐即位後「賞給」弟弟奕訢做府邸。奕訢趕緊謝恩，然後草草收拾一番勉強能夠居住後，搬了進來。咸豐是讓他住在京郊，無法染指政務；奕訢就索性隱居其中，把院子改名「朗潤園」，終日詩書自娛。

日後，又有好事者和影視劇作品說，奕訢和葉赫那拉在這段圓明園歲月中相識相知並相愛。這又是沒有根據的八卦緋聞。

三

也就是在咸豐三年十月初七日（一八五三年十一月七日），咸豐特命恭親王奕訢在軍機大臣上行走。因爲他是宗室親王，自然成了領班軍機大臣。

咸豐讓弟弟當了軍機大臣，是要重用他了嗎？是，也不是。因爲當時太平天國的北伐軍勢如破竹，渡過黃河，已經逼近天津了。咸豐皇帝無奈，只能拉親戚兄弟中最有本事、文武雙全的奕訢出來臨危救難了。這不是重用，而是利用。這不，等奕訢和僧格林沁等王爺把太平軍的北伐軍消滅在天津，眼前的危險沒有了，咸豐皇帝就大大低估了奕訢的利用價值。咸豐五年（一八五五年），南方還在酣戰，咸豐就以奕訢爲生母「請封」的家庭衝突罷了他的官。

咸豐生母早死，由奕訢的生母靜貴妃撫養成人。他和奕訢算得上是一奶同胞。咸豐五年，老人家病重，咸豐和奕訢都侍候在旁。一天，靜貴妃迷迷糊糊地錯把咸豐皇帝當成了奕訢，交代他說：「你父皇本來是想立你當皇帝的，不料成了現在這個樣子。這是你的命啊！

以後，你好自爲之。」老母親看到了親生兒子奕訢韜光養晦背後鬱鬱寡歡的心。可在養子咸豐聽起來，特別不是滋味。恰好不久奕訢求咸豐在生母臨終中將她從貴妃升爲皇后，了卻老人家的一樁心事，讓她風風光光地離開人世。小氣的咸豐支支吾吾，不做肯定的回答。著急的奕訢想當然地把咸豐的支支吾吾當作默許，傳皇帝的「口諭」升靜貴妃爲皇后。逝世的靜貴妃得了「康慈皇太后」的謚號，可咸豐卻以奕訢辦理太后喪禮「疏略」的罪名，把他趕出了軍機處，繼續養花種草去。

這一賦閒就是五年光陰。其間，奕訢自號「樂道堂主人」，寫了大量詩作。他都寫些什麼呢？一年四季、花鳥魚蟲、日月風雨和小景色小東西，還有就是對皇帝哥哥歌功頌德的文章。僅在咸豐六年秋天，奕訢僅詠稚的詩作就寫了《稚詠三十首》，內容涉及秋月、秋雲、秋風、秋雨、秋露、秋霜、秋陽、秋水、秋菊、秋葵、秋桂、秋蘭、秋荷、秋聲、秋葉、秋色、秋漁、秋樵、秋獲、秋吟、秋社、秋鴻、秋鷹、秋恐、秋燕、秋彌等。不管窗外風起雲湧、人來人往，奕訢都很乖地呆在「樂道堂」裡吟詩作畫。

期間，曾經有人提議過讓奕訢出來爲國家做點事情。這個人就是懿貴妃葉赫那拉。

咸豐八年（一八五八年）五月，英法聯軍攻陷大沽口炮台，天津城危在旦夕。咸豐皇帝還在圓明園「天地一家春」和后妃美女歡宴呢。酒半，緊急軍情來報「英法軍已陷天津」，

「帝痛苦起，罷宴。孝貞與諸妃皆泣，後獨進曰：事危急，環泣何益，恭親王素明決，乞上召籌應付」。（費行簡《慈禧傳信錄》）

當咸豐皇帝無計可施，皇后和其他后妃只能哭泣的時候，葉赫那拉保持著清醒的頭腦。一方面，她知道哭泣沒有用，應該召集大臣商議；另外，她直接推薦了恭親王奕訢來辦這件事。這表明那拉氏在後宮地位已經鞏固，可以向咸豐皇帝進言，參與朝中大事。這也表明那拉氏對奕訢很了解，清楚整日無所事事的奕訢才是朝廷的能臣幹將。咸豐皇帝還眞的召奕訢和大臣肅順等來商議如何禦敵。奕訢主和，肅順等人主戰。咸豐皇帝聽取了肅順的意見，對英法聯軍採取了強硬態度，把奕訢打發回去繼續吟詩作畫了。

雖然葉赫那拉推薦奕訢出山沒有成功，卻明明白白地顯示她已經開始干政。

清朝入關後就立下規律「后妃嚴禁干政」，可葉赫那拉在國家危難、丈夫孱弱的情況下破了這條規律。之前許多人歸因爲葉赫那拉本人的政治野心，現在漸漸有人開始從葉赫那拉的角度來思考她爲什麼要介入政治：「她也和武則天一樣，是政局逼著她一步步走上政治舞台的，如果咸豐帝有能力、有作爲、有主見，就不勞她去思慮、去『進言』，她也根本無此機會參與政事。事態相反，在那緊張時刻，逼著她去想、去參與。敵人打到門外了，該如何辦？憑她的所處地位，想想自己、想想兒子，是抵抗、是逃走，她能不向皇帝、向僅有她生得一子的丈夫說個主意嗎？何況她也是熱衷於此的。」一來是葉赫那拉本人有干政的興趣和能力，二來客觀環境也推著她這麼做，兩個因素相互糅合開始塑造了日後的當國太后。

權力搭檔

一

話說咸豐皇帝主戰，結果節節敗退。咸豐十年（一八六〇年），他不得不任命奕訢為全權欽差大臣，處理與英法聯軍的交涉。

不用說，這次還是讓奕訢來當消防隊員，替自己解決燃眉之急。奕訢上任的情形可以用「兵臨城下」、「危如累卵」八個字來形容。當年，英法聯軍再次攻陷天津，在京郊殲滅僧格林沁的蒙古騎兵，磨刀霍霍直向北京城而來了。咸豐趕緊宣布「北狩」承德，攜帶重臣和后妃棄城而逃，留下奕訢來簽訂城下之盟，收拾殘局。

之後的事實深為中國人熟悉。英法聯軍火燒了圓明園，並且和奕訢等人簽訂了《北京條約》。奕訢勉強保住了北京內城，維持了一個「和局」。在一年外交活動中，奕訢痛定思痛，睜開眼睛看世界，對西方文化和洋人採取了比較客觀和友好的態度。這讓他得到了西方列強的好感。由於朝廷孤懸承德，留在北京的官員、辦理交涉的人和京畿軍隊都聚集在奕訢身邊，形成了一個相對開明的政治集團。

奕訢因禍得福，有了強大的政治資本。

咸豐皇帝逃跑前，葉赫那拉力勸皇帝留在京城。《吳可讀日記》記道：「當皇上之將行也，貴妃力阻。言皇上在系，可以震懾一切。」咸豐一逃，人心就散了，就難以繼續組織抵抗了。葉赫那拉面對大敵，是主戰的。所以，在逃亡承德的起初歲月裡，她對一心主和、向西方示好的奕訢很有意見，甚至有些排斥地跟著別人叫奕訢的綽號：鬼子六。

咸豐皇帝的死讓葉赫那拉的視野一下子抬高、拉大了。

咸豐十一年（一八六一年）八月二十三日，咸豐帝在承德避暑山莊病重，自知將不久於人世，口授遺詔，立唯一的兒子、年方六歲的兒子載淳為皇太子，繼承皇位，同時任命載垣、端華、肅順、景壽、穆蔭、匡源、杜翰、焦佑瀛八人為「贊襄政務大臣」。第二天，咸豐帝就死了，年僅三十一歲。臨終前，咸豐將自己的兩枚印章（「御賞」和「同道堂」）分別給皇后和葉赫那拉掌管，規定新皇帝發布詔諭時，除了玉璽必須蓋上這兩枚章才能生效。

載淳登基做了小皇帝，咸豐的皇后成為慈安太后，生母葉赫那拉成了慈禧太后。好強又有心機的慈禧考慮的不再是和洋人戰和與否的意氣之爭，也不再是一兩次戰爭的勝負，而是如何鞏固自己和皇帝兒子的地位，如何把自己的心思貫徹到國家治理上。她的設想和權欲強盛的肅順迎頭相撞，兩人互爲死敵。

咸豐很信任肅順，據說臨終前還擔心日後慈禧專權，就和肅順商量如何避免載淳年幼大權落於外戚之手。肅順建議咸豐皇帝行「鉤弋故事」處死葉赫那拉。漢武帝末年，考慮到繼承人劉弗陵年紀太小，擔心日後母后干政，漢武帝就賜死了劉弗陵的母親鉤弋夫人。咸豐沒有採納建議，慈禧太后知道後，一下子就明白了權力鬥爭是你死我活的搏鬥，必須學會分化組合、縱橫捭闔。如今最迫切的威脅就是肅順這八個顧命大臣，他們力求大權獨攬，根本沒把慈安、慈禧兩個太后放在眼裡。慈安太后性格很溫和，很懦弱，也覺得肅順等人飛揚跋扈，難以忍受，看來肅順等人攬權的確過分，不知道得罪了多少人。和慈安太后的單純厭惡不同，慈禧太后開始謀劃如何剷除八個政敵。她能夠聯合的首要對象就是在北京的奕訢集團了。

錯失皇位的奕訢對沒有權位的日子有切身感受。他需要權位來施展才華，實現抱負。咸豐的死給他提供了一個爭權奪位的良機。可肅順等人既不認同自己的政治理念，又處處爭權奪利，奕訢很自然和肅順等人站到了對立面。奕訢集團和慈禧集團洞察各自心思後，一拍即合。

奕訢在哥哥死後，哭喊著來到承德哭靈，哭得天昏地暗，不禁讓旁人悲戚落淚。肅順等人防著奕訢藉機和慈禧太后聯合。可當奕訢要去拜見兩位嫂嫂，並請肅順等人同去的時候，肅順又不方便跟著去了。他只好拍拍奕訢的肩膀說：「六爺，這是你們的家事，我們就不去了。」結果，奕訢和慈禧、慈安在沒有第三者的情況下，緊張又興奮地談了兩個多小時。其內容不爲人知，正史也沒有記載。一些人就猜測，叔嫂三人先是相對痛哭。兩位太后是哭訴肅順等人的侮慢和跋扈，奕訢更多的是在哭自己之前那麼多忍受的委屈。最後三人「密商誅三奸之策」，初步籌畫了誅殺八位顧命大臣的政變計畫。

之後，奕訢返回北京。表面看來一切平淡，可一張大網已經在北京和承德之間祕密展開，越織越密。政變的主要步驟是藉咸豐皇帝靈柩回京之機把肅順等八人引回北京，奕訢在北京嚴陣以待，等人一到就甕中捉鱉。肅順集團主要能做的是拖延咸豐靈柩回京的日期，同時痛斥那些爲兩宮太后和奕訢說話的大臣。他們對咸豐皇帝臨終授予的「顧命大臣」名義太看重了，自以爲只要壓制住奕訢就萬無一失。殊不知，奕訢和慈禧等人早已經嚴陣以待，甚至連抓拿肅順等人公布罪狀的詔書都已經寫好了。他們還商定抓拿肅順的人選，就是咸豐和奕訢的七弟、也對肅順不滿的醇郡王奕譞。

九月底，咸豐靈柩浩浩蕩蕩回京。從承德遷回北京的人員太多、場面太大了，衆人不得不分爲兩撥。其中肅順、奕譞護衛靈柩爲一路，緩緩而行；兩宮太后、小皇帝和其他顧命大臣爲一路，先回到京城。一回到京城，兩宮太后就接見奕訢和周祖培、桂良、賈禎、文祥等人，哭訴肅順、載垣、瑞華等人欺君侮后等罪。奕訢當場宣讀諭旨，公示肅順等人三大罪狀：第一是在戰事上籌畫失誤，致使英法聯軍兵犯京津，火燒圓明園；第二是阻止回鑾，造成咸豐「聖體違和」「龍馭上賓」；第三是在咸豐死後專擅朝政，奪權胡爲。慈禧則從法律上徹底否定了肅順等人的權力。她說咸豐臨死的時候，根本就沒有任命什麼「顧命大臣」。肅順等人是假傳聖旨。叔嫂二人這麼一演雙簧，肅順八人的罪過可就大了。

當時，跟著兩宮太后先行回京的載垣、端華得知太后、奕訢等人在單獨議事，闖進宮來，看到一幫人在討論就喊道：「太后不應召見外臣！」

奕訢見狀，根本就不回應，厲聲宣布將載垣、端華、肅順等人革職拿問，嚴行議罪。載垣等被奕訢黨羽拿下後，還大喊：「我輩未入，詔從何來？」

做爲集團首腦的肅順當時還在京郊，夜宿修正。奕譞踢開房門，把睡夢中的肅順綁進了京城。最後肅順被斬首，其他大臣或被廢爲庶人發配邊遠惡土，或革職永不敘用。奕訢和慈禧合作把對手剷除得乾乾淨淨。因爲政變發生在一八六一年辛酉年，得名爲「辛酉政變」。

咸豐十一年十一月初一日（十二月二日），清朝第一次「垂簾聽政」儀式在紫禁城養心殿舉行。養心殿正中間碩大的龍椅上坐著年僅六齡、茫然無知的小皇帝載淳；小皇帝身後是一架八扇黃色紗屏，屏後並坐著年輕的慈安和慈禧太后；小皇帝的御案左側站著恭親王奕訢，他以議政王、領班軍機大臣的身分接遞朝臣奏疏，呈予御覽，並發表自己意見。

在台上的這四個人，小皇帝載淳是擺設，慈安溫順懦弱與世無爭，真正決策天下的是慈禧太后和奕訢這對權力搭檔。

辛酉政變的成功，奕訢有一大半的功勞。事後在權力布局的時候，奕訢自然少不了要插手核心決策，但以什麼名號來進行，大家都頗費腦筋。慈禧太后決定授予奕訢「議政王」的頭銜，另有深意。奕訢的角色類似於入關之時的「攝政王」多爾袞，但多爾袞的擅權專斷已經把「攝政王」三個字變成了一個忌諱名詞。慈禧又否決了朝臣提議的「輔政王」頭銜。「攝政」也好，「輔政」也好，都有讓出部分決策權的意思。慈禧不願意，只希望奕訢提供意見建議，所以定名為「議政王」。延伸起來想，政治決策、人事變動都由太后決定，奕訢可不是只有「建議」和「議論」的權力。

載淳剛即位的時候，肅順等人擬定了一個年號：祺祥。如今，慈禧以「同治」年號代替。她心目中的「同治」可不是太后與與親王共同治理天下，而是強調太后和皇帝母子共同治理天下的意思。當然，「同治」年號給奕訢及其黨羽的心理暗示是兩宮太后很謙虛地要和大臣們共同治理江山。這是他們顧名思義，想錯了，慈禧不負責，也不解釋。

這時，奕訢三十歲，慈禧二十七歲，慈安二十六歲。

二

慈禧太后和奕訢的合作，取得了不錯的成績。他們在政治蜜月期內動作不斷，建立總理衙門、撲滅太平天國、開展洋務運動、支持漢族官僚、官派出國留學等等。曾國藩在給弟弟曾國荃的信中評價：「兩宮太后及恭邸力求激濁揚清，賞罰嚴明。」

起初，叔嫂倆關係非常好。慈禧對奕訢恩寵有加，有意籠絡。比如同治初年，慈禧太后把奕訢的大女兒接進宮中教養，接著就晉封她爲榮壽固倫公主。按照制度，親王的女兒最多封郡主，只有皇帝女兒才能封公主。慈禧向奕訢示好，結果讓年僅十一歲的奕訢女兒成了清朝唯一一個親王生的公主。朝會或者議政的時候，奕訢率領軍機大臣、六部九卿進見，然後就站在那裡侃侃而談。慈禧見他站著議政很辛苦，常常太監進茶的時候也吩咐：「給六爺茶！」奕訢也欣然領受。有一次，奕訢站在御案旁議政了很長時間，說得口乾舌燥，竟然順手拿起桌子上小皇帝載淳的茶喝了起來。這可是「大不敬」的行爲。奕訢很快發現不對了，趕緊放回原處，然後裝作若無其事地繼續議政。慈禧太后也不糾結這些禮節問題。可等到兩人關係不好的時候，奕訢在細節上的疏忽就成了他飛揚跋扈的「罪證」。

奕訢和慈禧關係惡化的原因是兩個人都是進取心和抱負很強的人。慈禧要用奕訢之才來幫助自己治國；奕訢卻想借慈禧之力來施展抱負，中間肯定存在分歧。慢慢的，兩人在一些政務上產生了分歧，奕訢大聲辯論，堅持己見。況且，奕訢主政時間長了，也有禮節疏忽的地方。比如有的時候沒聽清楚慈禧的話，讓慈禧重複。隨著統治越來越鞏固，內憂外患漸漸消除，慈禧決心「敲打敲打」奕訢。

同治四年三月（一八六五年三月），揣摩到慈禧意思的蔡壽祺上疏彈劾奕訢貪墨、驕盈、攬權、徇私等情。慈禧馬上藉機讓大家「議議」。大學士倭仁、周祖培等人齊集內閣，召蔡壽祺詢問。事關重大，大家就奏摺所言，一條一條地過。結果，蔡壽祺拿不出所奏各條的證據，僅僅說「傳聞」奕訢在給某某人升官的時候接受了賄賂。於是，大臣們基本判斷蔡壽祺是風聞言事，純屬誣告。可大臣們的判斷不重要，重要的是慈禧「先入爲主」的意願。她根本不看大臣們的回奏，而是拿出了一份早已擬好的處理意見，交給幾個大學士處理。

佳文共賞，慈禧的這份朱諭如下：

「諭在廷王、大臣等同看，朕奉兩宮皇太后懿旨：本月初五日據蔡壽祺奏，恭親王辦事徇私、貪墨、驕盈、攬權，多招物議，種種情形等弊。嗣（似）此重情，何以能辦公事？查辦雖無實據，是（事）出有因，究屬曖昧，難以懸揣。恭親王從議政以來，妄自尊大，諸多狂敖（傲），以（倚）仗爵高權重，目無君上，看（視）朕沖齡，諸多挾致（制），往往諳（暗）始（使）離間，不可細問。每日召見，趾高氣揚，言語之間，許（諸）多取巧，滿是胡談亂道。嗣（似）此情形，以後何以能國事？若不即（及）早宣示，朕歸政之時，何以能用人行正（政）？嗣（似）此種種重大情形，姑免深究，方知朕寬大之恩。恭親王著毋庸在軍機處議政，革去一切差使，不准干預公事，方是朕保全之至意。特諭。」

上文括弧中的是大學士周祖培替慈禧修改的錯別字。整個詔書充分顯示了慈禧平日自學文化取得的成果，語句可讀，意思表達得非常清楚、強硬。親奕訢的周祖培只敢在「恭親王從議政以來，妄自尊大」處加上「議政之初尚屬勤愼」八個字，回覆慈禧。慈禧同意了，命令：「此詔由內閣速速明發，不必由軍機！」因爲軍機處的班子都是親奕訢的，慈禧沒時間和軍機處再磨蹭，要得就是快速扳倒奕訢。結果如她所願，奕訢的「議政王」頭銜沒了，軍機大臣和其他職務被全部撤去，空餘一個「恭親王」領俸祿用。軍機處隨之大換血，改由惇親王、醇郡王、鍾郡王、孚郡王四人輪流領班。

奕訢眞正見識了慈禧這個女人的厲害，彷彿重新嗅到了哥哥咸豐在位時期那種壓抑的味道。好在他多年來治國的成績還在，同情支持他的人也還在。接替奕訢的惇親王奕誴是他的五哥，行事魯莽，人又傻，道光皇帝不喜歡這個兒子，就把他過繼給了別人。奕訢也不喜歡這個五哥。可就是他，第一個公開爲奕訢鳴冤，覺得對奕訢處理過重。奕誴的宗室地位很高，慈禧不能不處理他的意見，只好把他的鳴冤發給朝臣討論。討論前，慈禧分批召大臣談了自己的意見。出來後，親奕訢的文祥傳述說，兩宮太后對奕訢絕無成見，此次讓大家公議一定會從諫如流，如果公認議政王奕訢無大過失，就請「復任」，兩宮太后及皇帝「許爲可也」。反對奕訢的倭仁卻說慈禧認爲：「恭王狂肆已甚，必不可復用。」而兩次召見都在場的鍾郡王則證明：倭仁與文祥傳述的諭旨都沒有錯，兩個傾向完全不同轉述都是太后的口諭。

這是怎麼回事呢？慈禧太后在如何處理奕訢問題上，猶豫不決。她既認可奕訢的能力和成績，又不願意奕訢分享過多的權力。本次，慈禧處理奕訢是爲了「敲打」警告一下小叔子，並不是徹底埋葬奕訢的政治命運。直到慈禧這個底子後，大臣們紛紛贊同處置奕訢的不當言行，希望太后能夠讓他改正錯誤，將功補過。

整個事件的結局是，慈禧下旨嚴厲「訓誨」奕訢，奕訢則跑去慈禧面前「伏地痛哭」，表示要痛改前非。不日，諭旨准奕訢重新掌握軍機處，但撤去「議政王」頭銜。奕訢就像是一家公司的董事總經理，突然被董事長趕出了董事會，只讓他專門做好職業經理人。

美國史學家馬士在《中華帝國對外關係史》上對慈禧和奕訢的關係作了經典的評價：

辛酉政變之初，中國政壇上出現了兩個當權者：慈禧和恭親王。那時慈禧已是一個堅強意志和清醒頭腦的女政治家，行將展布她偉大的執政才能。但她是個女人，又少執政的經驗，所以才讓恭親王給以支持。而恭親王自知自己有能力統治中國，但根據中國的皇權地位，他沒有最後決定權。所以這兩個人一起工作，最初是在平等的基礎上，到後來當親王意識到他在國家中的地位的時候，才像主婦和管家一樣。

安德海之死

一

同治八年（一八六九年）七月初，兩艘太平船沿京杭大運河揚帆南下。兩面大旗在船舷兩側獵獵作響，一面寫著「奉旨欽差」，另一面是「採辦龍袍」。此外，船上還有迎風招展的使者旗幟、龍鳳彩旗多面，船上不時傳來絲竹音樂之聲。一路上，船隊經北京、天津取道河北入山東，緩緩而行，準備去江南。船隻是逢州遇縣必停，驚擾地方官吏，要錢要物。沿途一些趨炎附勢的地方官爭先恐後前去逢迎巴結。

到底是哪位欽差大人如此「高調」地出行呢？原來是宮中的總管太監、慈禧太后最寵信的安德海。

安德海是河北河間人，年輕時自宮入宮當了太監。民間傳說慈禧太后能夠得到咸豐的寵幸，安德海幫過忙；又傳說辛酉政變初期，慈禧和恭親王奕訢都不確定對方的心思。安德海就充當了探路石的角色。慈禧假裝痛責了安德海，把他趕出承德行宮。安德海趁機逃往北京聯絡奕訢，探聽風聲，之後往來北京和承德之間，為政變成功立下了汗馬功勞。這些傳說不知道是真是假。反正慈禧發達以後，很器重安德海，確有其事。慈禧的生活起居全部由安德海照料，遇到什麼事情也詢問安德海的意見。安德海「以柔媚得太后歡」，使慈禧太后逐漸有點離不開他了。

民間傳說安德海是一個淨身不乾淨的「假太監」，和慈禧有曖昧關係所以得到寵信的。這個傳說流傳甚廣，因為沒有根據，不予採信。

安德海有了慈禧的寵信後，開始自我膨脹起來，不僅貪汙腐化，還交接朝臣。慈禧多少也知道安德海的劣跡，也不加眞正遏制，反而一些自己不方便出面的事情都交給安德海去做。安德海更加行事囂張了。清朝對太監限制很嚴格，嚴禁太監干政，還規定太監只能待在宮中，私自出宮者殺無赦。自我感覺很好的安總管哪受得了這個，厭煩了宮中清規戒律，就藉口要給同治皇帝採辦龍袍和大婚器物，請得慈禧同意後直奔江南而來了。

別看安德海只是個四品的太監總管，出北京城後沿途州縣官員都捧著他哄著他，讓他很有傲視群雄一覽衆山小的感覺。外面的世界太讓他享受了。七月二十日，船隊到達山東北部的德州。安德海說第二天是他生日，要在船上慶壽。隨從們趕緊忙起來，置辦酒宴、請戲班子，把碼頭搞得烏煙瘴氣的。二十一日，安德海把從宮中帶出來的龍袍和翡翠朝珠擺在一把太師椅上，自己並排坐在另一把太師椅上，整個慶壽活動正式開始。徒子徒孫們給他磕頭拜壽，戲班子在船上演「八音聯歡」，引得運河兩岸聚滿了密密麻麻看熱鬧的百姓。

安德海弄出的大動靜，很快就傳到了德州知州趙新的耳朵裡。趙新很詫異：我從來沒有接到內閣或者軍機處的公文，不知道有欽差大臣過境啊！

事關重大，趙新不敢怠慢，親自帶上衙役前往運河碼頭察看。他來晚了一步，趕到時安德海已經辦完壽筵，繼續南下了。趙新連忙把事情的來龍去脈呈文山東巡撫丁寶楨。

丁寶楨接到趙新稟報後，立即召集幕僚商議。丁巡撫科舉正途出身，清正剛硬，早就對狐假虎威胡作非為的安德海不滿了。傳統士大夫原本就不齒於宦官太監，對干政跋扈的太監更是深惡痛絕。如今安德海撞來了，丁寶楨和幕僚們很快就商定了「嚴肅處理」的意見。丁寶楨一面寫了道擬密折，以六百里加急送往北京；一面派東昌府（今聊城）知府程繩武尾隨安德海的船隊，命令一遇到有僭越或不法行徑，立即抓拿嚴辦。

程繩武過去一看。這還需要看嘛，安德海僭越和違法的罪狀都清清楚楚地擺在那裡呢！嚴格依法辦事的話，早就該抓了。可程繩武不敢抓拿。打狗要看主人啊，安德海之所以如此囂張，是因為他後台硬得很，有恃無恐啊！

丁寶楨見程繩武沒有動靜，加派了總兵王正起帶上軍隊追趕，務必將安德海緝拿。王正起追到泰安縣，終於將安德海一行截下逮捕。

卻說抓安德海的時候是一個夜裡，兵丁衙役們把安德海一夥人下榻的客棧團團包圍起來，泰山知縣和守備親自衝進客店抓人，很快就把安德海的隨從們逮住了，可獨獨不見安德海。安德海不見了，事情就不好辦了啊。如果他跑回京城去，反咬一口，山東的這一干人等可就慘了。總兵、知縣、守備慌忙命令仔細搜查客棧周邊地區。最後終於在後院的水井中發現了安德海。原來，安德海警惕性很高，聽到動靜後抓起金銀珠寶，跳進後院的水井藏了起來。人贓並獲後，衆人不敢懈怠，連夜把安德海等人押送濟南，天明時分抵達濟南，把人犯關進歷城監獄。

丁寶楨親自來會安德海。安德海起初還很囂張，見到丁寶楨還趾高氣揚，不肯下跪。丁寶楨一示意，就有一個軍官過來狠狠地摁住安德海的頭，把他給摁跪在地。

安德海質問，丁寶楨，你認不認得我？

丁寶楨說，當然認得，抓的就是你安總管。

安德海反問，憑什麼抓我？

丁寶楨說，就憑你「私自出宮」一條，我不僅要抓你，而且還要殺你呢。

安德海辯解，我可是奉旨出宮，爲皇上採辦龍袍。

丁寶楨說，聖旨在哪裡？你說你是奉旨欽差就眞是欽差啊？

安德海咬咬牙，狠狠地說，丁寶楨，你殺不了我。你等著。

丁寶楨肯定地說，安德海，你這回是死定了。不僅是我要殺你，還有許多人早就想殺你了；單憑我一個人的確殺不了你，但其他人會幫我殺掉你的。

二

丁寶楨爲什麼這麼說？他說的「其他人」又是誰呢？

首先是恭親王、領班軍機大臣奕訢就對安德海恨之入骨，早就想除掉安德海了。

宮廷政治布局錯綜複雜。安德海以爲抱住慈禧太后的大腿就可以了，不想他的飛揚跋扈和無所顧忌，很輕易地得罪了其他政要。安德海仗著慈禧的寵信，貪得無厭，多次向朝臣們索要金銀錢財、幫人買官求官。奕訢一概不買安德海的賬，可能還搬出祖宗禁止宦官干政的規矩對安德海有所訓斥。安德海就恨上了奕訢，在慈禧面前進讒言，給奕訢小鞋穿。一次，奕訢請見慈禧，看到太后正同安德海閒聊，安德海談天論地，神態輕浮，甚爲隨便；慈禧也同之親昵忘形，竟然沒有接見恭親王。奕訢非常惱怒，退下來就對他的親信說：「非殺安，不足以對祖宗、振朝綱也。」同治四年，慈禧廢黜了奕訢的「議政王」資格，在朝野面前大大出了奕訢的醜。據說這次巨大矛盾的發生，和安德海從中搗鬼不無關係。

所以，奕訢早就想除掉安德海了，只是苦於沒有機會，也忌諱慈禧的庇護。

當然了，奕訢沒有殺死太監總管的權力，即使有機會也需要請來聖旨才行。辛酉政變後，政令最後由兩宮太后認可再通過小皇帝同治的玉璽蓋章確認。所以，奕訢要殺安德海除了要找到確鑿的證據，還需要太后與小皇帝的協助。

也怪安德海的人緣實在太差。同治小皇帝是第二個對安德海恨之入骨、必欲除之而後快的人。慈禧太后對同治皇帝的要求很嚴格，安德海狐假虎威，對同治的要求也很嚴格。同治對安德海不客氣的話，安德海更不客氣。他常跑到慈禧面前說同治的壞話，惹得同治被慈禧責罵多次。同治恨死安德海了，曾做了個泥人然後一刀砍下它的腦袋。旁人就問了：「皇上這是何意呀？」同治毫不掩飾地說：「殺小安子！」

安德海出京採辦之前，按制度要請示同治皇帝。慈禧太后替安德海在同治面前打了聲招呼，同治口頭贊同，既沒有正式同意更沒有給安德海詔書或者證物。一和慈禧分開，同治就把這個消息告訴了慈安太后。

爲什麼告訴慈安呢？因爲慈安是第三個想設計剷除安德海的人——您看看，安德海的仇人都是些什麼人啊，怎麼可能倖免呢？

我們知道慈安是個好脾氣的太后，竟然也對安德海的行徑看不下去，可見安德海得罪了多少人。安德海依恃慈禧的寵信，竟然把慈安也不放在眼中。慈安太后看他行爲跋扈、不守朝廷規制，極爲不滿。安德海離京後，慈安、奕訢和同治就開始想方法怎麼繞開慈禧，把安德海正大光明地正法。剛好安德海離京前後，慈禧生病了，休養期間不處理政務了。慈安趁機建議讓同治皇帝學習處理政事。慈禧也同意了。於是，地方的奏章和每天的廷議都送給同治皇帝，由慈安和奕訢協助著處理。這下子，「殺安三人組」可以繞開慈禧直接處理安德海了。

奕訢從安德海必經的各省督撫中挑中了清正剛硬的山東巡撫丁寶楨，把他召進了京城，特地提到了安德海的事情，暗示一旦安德海行爲不法可以就地拿辦。

所以，當安德海被緝拿後，丁寶楨才能那麼肯定安德海這回必死無疑。丁寶楨的奏報送抵朝廷，朝廷很快發回意見：該太監擅自外出，不用審訊，就地正法。

朝廷處理奏報，其中有什麼波折呢？有兩種說法。第一種說法是慈禧還在生病（也有人說慈禧正在看戲），並不知道安德海被緝拿的消息。恭親王奕訢稟報同治皇帝和慈安太后，三人召見軍機大臣，很快討論出了就地正法的意見——正如「殺安三人組」之前設想的一樣。

第二種說法是丁寶楨奏報到達時被慈禧看到了。慈禧大吃一驚，可安德海罪狀確鑿，慈禧一時不知道怎麼搭救，只好同慈安、同治一起召見奕訢等大臣商量辦法。結果，同治說自己沒有派遣太監出去採辦龍袍，慈安接著說祖制嚴禁太監私自出京，奕訢就要求按照規定將安德海殺無赦。大臣們也紛紛贊同。慈禧被孤立了，不得不同意處決安德海。

如果說慈禧對處決安德海的命令一無所知，肯定是不符合情理的。她執掌朝政多年，不可能錯過任何朝堂上的政治訊息。最大的可能是慈禧知道了安德海遇險，雖然有心搭救卻無力回天了。首先，安德海「私自出京」這條最要命的罪行，單憑慈禧一個人無法爲他洗刷。

當初慈禧疏於防備，沒有給安德海正式的任命、沒有經過朝廷手續，更沒有得到同治皇帝的詔書。現在同治、慈安都否認曾派安德海出去採辦龍袍，慈禧不可能在朝堂之上批駁慈安和同治的說法。第二，安德海其他罪行累累。沿途僭越之舉、擾民之事、中飽私囊和囂張氣焰，人所共知，難以否認。丁寶楨還從安德海的兩艘船上搜出黃金一千一百五十兩、元寶十七個、極大明珠五顆、珍珠鼻煙壺一個、碧霞犀數十塊、駿馬三十餘匹和其他珍寶玩物。這些罪證如何銷毀？最後，安德海的人緣實在太差，除了慈禧會救他外，其他人都說安德海該死。你讓慈禧怎麼辦？安德海的人緣哪怕好那麼一點點，出京前就有人會提醒他注意太監私自出京的規矩。總之，慈禧是中了奕訢等人的埋伏，無力回天了。

表面上看，這是奕訢、慈安、同治三人設計整死安德海，實質上是在發洩對慈禧的不滿。慈禧大權獨攬，讓三人都不舒服。安德海只是慈禧強勢的一個衍生物而已。安德海的死，是三人對慈禧的一個打擊。

也有人分析說，慈禧清楚奕訢、慈安、同治三個人聯合起來對付自己。她不想和三位親人的關係搞僵了，加上如果任由安德海胡鬧下來不知道會捅出什麼大婁子來，所以「棄車保帥」，計畫用安德海的死來緩和與三人的關係。安德海疏於防範，自請出京的時候，慈禧就沒有阻止。慈禧一開始就知道安德海只要出京就會被殺。據說，丁寶楨的奏摺到的時候，慈禧故意繼續裝病休息或者裝作沉迷於看戲，實際上給奕訢三人處決安德海創造機會。事後，慈禧多次公開強調安德海私自出京，違制被殺，罪有應得，命令太監們引以爲戒。所以，在安德海之死這件事情上，奕訢三人是勝利者，裝糊塗的慈禧也是勝利者。只有自我膨脹到忘記自己是誰的安德海是徹徹底底的失敗者，丟了腦袋。

實際上，山東的丁寶楨爲防夜長夢多，沒等接到朝廷諭旨，就先把安德海給斬首了。隨從的太監也一併處決，其他人分別處以刑罰。丁寶楨並沒有因此受到慈禧太后的刁難，反而被認爲是能臣幹才，升任四川總督去了。

同治帝后

一

同治十二年（一八七三年），同治皇帝載淳十七歲了。這一年，他親政了，並且結婚了。婚禮是奕訢負責操辦的，辦得不錯，事後兩宮太后發懿旨獎賞，加恭親王「世襲罔替」號。這個「世襲罔替」的親王就是民間稱的「鐵帽子王」。清朝規定王爺的爵位是世代遞減的，每過一代人降一級爵位。比如奕訢是親王，兒子就只能是郡王，孫子只能是貝勒。但加了「世襲罔替」後，子孫世世代代就都是親王了。

這次婚禮選定的皇后是阿魯特氏。阿魯特氏比同治皇帝大兩歲，其父崇綺是清朝「立國二百數十年，滿蒙人試漢文」考中狀元的唯一一人。阿魯特氏從小受書香薰陶，知書達理，端莊賢慧。在挑選皇后的時候，同治皇帝一眼就看上了她。可慈禧太后看上了富察氏，要求同治皇帝選富察氏。可慈安太后也喜歡阿魯特氏，支持同治的選擇，最後阿魯特氏成了皇后。慈禧對這個皇后兒媳從一開始就不喜歡，對兒子同治忤逆自己的意思站到慈安一邊非常惱火（同治和慈安的關係比較親近，和生母慈禧的關係反而不好）。做爲補償，富察氏被封爲慧妃，同時入宮。

婚後，同治皇帝的婚姻生活很不美滿。慈禧太后不允許他和皇后阿魯特氏親熱，強迫他多親近慧妃，還要求他倆趕緊生育。強扭的瓜不甜，同治鬱鬱寡歡，加上正值叛逆年齡，他更不喜歡慧妃了。一邊是不喜歡的慧妃，一邊是不能親近的皇后，同治乾脆選擇獨居乾清宮。這就造成了三個新婚男女的悲劇，同治和一后一妃各自獨居宮中，形單影吊，鬱鬱不樂。

在治國方面，同治是個不合格的皇帝。他從小頑劣，不好好學習，基礎很差，親政時看奏章都感到困難，更不用說批閱和給出意見了。親政後，慈禧太后還要「訓政」，奕訢做爲領班軍機大臣也會提出處理意見，主客觀因素一綜合，同治還是一個茫然無作爲的小皇帝。權力結構並沒有大的變化。

家庭生活和政治上的不如意，讓同治心灰意冷。宮中的生活無趣極了，同治又是血氣方剛青春好動的年紀，就動了出宮私訪的心思。奕訢的長子載澄看出了同治的心思，主動陪同他微服出宮遊玩。這個載澄比同治小兩歲，是同治的堂弟，兩兄弟感情很好。同治長在深宮，悶悶不樂又懦弱無能，載澄則從小在四九城玩大，頑劣不堪。出了宮，同治就跟著載澄四處亂跑。載澄盡帶同治去那些亂七八糟的地方，勾欄瓦肆、戲院茶樓乃至妓院娼寮。同治很喜歡在這些地方遊樂，流連於妓女的溫柔鄉裡。兩個年輕人想玩又怕被長輩或者朝臣認出去，不敢去那些高檔娛樂場所，只敢去胡同小院和暗娼私場，行爲煙瘴氣之事。世上沒有不漏風的牆，同治和載澄的荒唐行徑，很快就在京城暗中傳開了。妓院玩場也猜出兩個人的眞實身分了，不便指出，只好裝作不知，聽任二人胡來。

對於同治的胡來，奕訢聽在耳裡知道在心，但因爲事情與自己的兒子載澄有牽連，不方便出面勸諫，就鼓動其他大臣上疏。先後對同治皇帝以隱誨之語暗相勸諫者有十數名大臣，同治皇帝一概置之不理。後來，同治發現了有一件政務自己可以做主，那就是重修圓明園。圓明園在他父親咸豐時被英法聯軍燒掉後，還餘有相當規模的亭台樓榭。同治在朝政上無所作爲，在紫禁城生活得又不順心，就以給慈禧太后修建養老之所的名義下令重修圓明園。慈禧太后對圓明園有特殊的感情，年紀大了也想有個養老地，就贊同了兒子的決定。

奕訢不贊成重修圓明園，因爲國家財力承擔不起。但他不便反對。同治皇帝全力做這一件事，奕訢不得不違心地捐了兩萬兩銀子助修。可同治皇帝親自監工，工程規模越來越大，耗資越來越高，加上同治所用非人，導致採購原料人員出現經濟醜聞。國庫實在承擔不起圓明園工程，而同治又想重修三海，奕訢覺得不能任由同治一意孤行下去了。七月十六日，奕訢、奕譞聯合御前和軍機十名重臣，共同上了名爲《敬陳先烈請皇上及時定志用濟艱危折》的奏摺。奏摺一共談了八件事：停園工、戒微行、遠宦寺、絕小人、警宴朝、開言路、懲吏患、去玩好，是對同治言行的全面否定和勸諫。誰知道三天後，同治對這麼重要的奏摺竟然沒有一字一句的回覆——大量的奏摺都壓在他的案頭上任由塵土堆積。奕訢只好與十位重臣同時要求同治帝召見。同治帝只好接見了他們。

一見面，同治就冷冷地問：「何事請見！」

惇親王回奏：「臣等十人聯名上奏，請皇上俯納！」

同治打開奏摺，沒看幾行，便生氣一摔：「我停工何如，爾等尚有何饒舌！」

奕訢接著奏道：「臣等所奏尚多，不止停工一事，容臣宣誦。」

然後開讀奏摺，邊讀邊講。沒讀多少條，同治帝大怒斷喝：「我這個位子讓給你怎麼樣？」

奕訢受此搶白，不再說話。聽到皇帝這般講話，十位重臣都驚愕不已。文祥伏地大哭，喘息不已，昏暈了過去。

醇親王奕譞仗著是皇叔，哭著在此勸諫，一條一條地勸同治改過自新。說到「戒微行」內容時，同治自以爲微服出宮行動詭祕，無人知道，就要醇親王說出證據來。醇親王也不客氣，一樁一件指出同治在什麼時候去什麼地方鬼混。同治當衆被揭了老底，極其窘迫，說不出話來。尷尬了半天，同治讓步說，衆臣勸諫的八件事中，七項都可以採納，只有圓明園工程一事需要轉奏皇太后定奪。

打發走大臣後，同治思來想去，覺得出宮胡鬧的事情只有他和載澄兩個人知道，除了他們倆，最有可能知道的就是奕訢了。幾天後，同治單獨召見了奕訢，追問：「微行一事，聞自何人？」奕訢被逼無奈，只好說：「臣子載澄！」同治惱羞成怒，認定自己出醜是載澄把祕密洩露給了父親奕訢，奕訢再把醜事渲染了出去。

同治沒有接受教訓，而是遷怒於奕訢父子，決定重重懲罰他們父子。他憤怒地召見全班御前大臣和軍機大臣，宣布「恭親王無人臣禮，當重處」，罷免奕訢所任軍機大臣等一切職務，降爲不入八分輔國公，交宗人府嚴議；免去載澄的貝勒郡王銜，免其在御前大臣上行走。同治不僅拒絕了重臣聯合勸諫還重懲奕訢父子，讓朝臣大失所望。大臣們與同治帝反覆折衝，迫使同治將奕訢革去親王世襲罔替，降爲郡王，仍在軍機大臣上行走，並革去載澄貝勒郡王銜。但同治以「朋比謀爲不軌」的罪名，革去十位上疏勸諫的王爺和大臣的職務，報復他們聯名上疏。如此一來，滿朝寒心，都感嘆同治簡直是扶不起的阿斗。

事情鬧到八月初一，兩宮太后出面責備同治皇帝。慈禧和慈安「垂淚於上」，同治皇帝「長跪於下」。慈禧說：「十年以來，無恭邸何以有今日，皇上少未更事，昨諭著即撤銷。」同治不敢違背，只好收回成命，恢復奕訢父子等人的一切官爵。

同治皇帝經此一鬧，事業心更沒了，對政務更是不插手，剩下的只有荒唐胡爲之舉了。同治十三年十二月初五（一八七五年一月），十九歲的同治皇帝就死了。

宮廷說法是他死於天花，提供了詳細的診斷材料。親歷者翁同龢等人在日記中也記述了當日見到彌留之際的同治皇帝，症狀的確像是出天花。不過民間相信同治皇帝死於梅毒，或者死於梅毒和天花兩種病。同治之死便成了清宮一大疑案。不過可以肯定的是，同治皇帝是清朝後期比較昏庸的一個皇帝，也是個不幸的皇帝。

二

同治皇帝死時沒有一兒半女，只是在皇后阿魯特氏肚子裡留有一個胎兒。可惜的是，在同治帝死後百餘日內皇后阿魯特氏也死了，死期是光緒元年二月二十日（一八七五年三月二十七日）。阿魯特氏的死，是一個家庭悲劇。死因很確定，自殺身亡。

阿魯特皇后和慈禧太后的關係很不好。一來慈禧太后本來就不喜歡這個媳婦，二來阿魯特皇后出身詩書世家，和慈禧太后的興趣愛好相差挺大。而阿魯特氏又清高獨立，不肯委屈逢迎慈禧。婆媳之間的矛盾就這麼產生了。據野史傳聞，慈禧愛看戲，不喜歡看戲的阿魯特氏不得不陪侍左右。那時戲劇中有許多曖昧甚至淫穢的情節，阿魯特皇后看到就把臉轉向一邊。慈禧看到後，更不喜歡她了。旁人就勸年輕的皇后不要和太后過不去，要搞好關係。不想，阿魯特氏說：「我乃奉天地祖宗之命，由大清門迎入者，非輕易能動搖也。」意思是自己是明媒正娶的皇后，不是隨便可以廢黜的。這話在慈禧聽來就像是在諷刺她不是咸豐明媒正娶的皇后，而是通過選秀進宮的一個侍妾。慈禧更不喜歡阿魯特氏了。在溥儀的《我的前半生》中，也記載了阿魯特的這句話。不過出處不同。《我的前半生》說同治病重時，阿魯特皇后前去養心殿探視，二人說了些私房話，被慈禧皇太后知道。慈禧怒不可遏，闖入暖閣，「牽后髮以出，且痛抶之」，並叫來太監備大杖伺候。據說皇后情急之下說了句：「媳婦是從大清門抬進來的，請太后留媳婦的體面！」慈禧一直以側居西宮為遺憾，也為咸豐臨終前沒有冊封自己為皇后而不滿，被阿魯特的話揭開了傷疤簡直要由不喜歡到仇恨了。

同治病重，慈禧不讓阿魯特皇后去侍奉。阿魯特氏也不敢去，又給了慈禧罵她的理由。慈禧說她「無夫婦情」。同治彌留之際，阿魯特氏哭著去探視，還為同治擦拭膿血，慈禧卻罵她：「此時爾猶狐媚，必欲死爾夫也！」慈禧一開始對阿魯特氏的偏見，加上長期生活過程中慢慢積累的矛盾，在兒子臨終前轉化為了婆媳公開的衝突。

一些史料和民間傳說都提到了同治皇帝留給阿魯特皇后密詔的事情，這導致慈禧要了阿魯特氏的命。《清朝野史大觀》記載：

同治帝死前，召他的師傅李鴻藻到御榻前。此時，正好皇后也前來問疾，站在皇帝一側，欲引避。同治帝說：「不用。師傅是先帝的老臣，你是我的媳婦，我正有要言，何必引避？」鴻藻見了皇后，急忙免冠伏地。皇帝說：「師傅快起，此非常時刻，我就要不行了！」此時鴻藻、皇后皆失聲哭。皇帝問皇后說：「我如不諱，必立嗣子，你是何意，可快說明。」皇后說：「國賴（賴）長君，我不願居太后之虛名，擁委裘之幼子，而貽宗社以實禍。」皇帝聽後笑了笑：「你這麼知禮，我就無憂了！」乃與師傅謀，以貝勒載澍入承大統。且口授遺詔，令師傅就榻而書之，凡千餘言，書成，皇帝說：「明日或能再見一面！」李鴻藻出宮，戰慄無人色，趕忙跑到慈禧後宮，請急對。慈禧召之入，李鴻藻把遺詔進呈慈禧。慈禧閱畢，怒不可遏，立碎之，擲於地，叱鴻藻出。而後命盡斷同治帝的醫藥飲膳，不許入乾清宮。不多久人們就聽到了皇帝的死訊了。

在這裡，同治皇帝對身後事做了布置，選擇年長的載澍繼任皇帝，並且誇獎阿魯特氏皇后不爭名位，識大體顧大局。慈禧為了繼續把持朝政，不能讓年長的皇帝繼位，最後選擇了年幼的光緒登基。為了實現目的，在李鴻藻的協助下，慈禧撕毀了同治的遺詔，還涉嫌害死了同治皇帝。

還有一個說法是遺詔由同治交給了阿魯特皇后。慈禧就必須把阿魯特皇后和遺詔一起消滅掉了。慈禧從阿魯特皇后那看到眞正遺詔後，狠狠地用遺詔扇皇后的臉，說：「你害死了我的兒子，還想做皇后嗎？」

慈禧迅速把侄子兼外甥光緒扶上了龍椅。阿魯特皇后在宮廷的處境既危險又尷尬。喜歡她的同治皇帝已經死了，而一貫討厭她的慈禧太后開始淩辱她。繼位的光緒皇帝是同治皇帝的堂弟，是以承繼咸豐帝爲子登基的。那麼阿魯特皇后既不算皇太后（慈禧依然是皇太后），又肯定不能算是皇后，在宮中以何名義立足呢？處境危險前途茫然，阿魯特氏寫了一張紙條，詢問父親崇綺現在應該怎麼辦。崇綺在字條上批了一個「死」字轉給女兒。絕望的阿魯特氏帶著肚子裡的胎兒自殺了。

阿魯特氏自殺後，慈禧對她依然沒有放過。光緒二年五月，御史潘郭儼請求更定阿魯特氏的謚號：「後崩在穆宗升遐百日內，道路傳聞，或稱悲傷致疾，或雲絕粒霣生，奇節不彰，何以慰在天之靈？」慈禧批示：「其言無據，斥爲謬妄，奪官。」我們很自然認爲慈禧始終厭惡阿魯特氏，不希望還有人提到這個兒媳婦，更不願聽到百姓還對她「道路傳聞」。

慈安與奕訢之死

一

同治朝皇帝的家事，從太后皇叔開始說，到宮廷鬥爭，皇帝身亡皇后自殺，應該算是完了。我們在最後還要交代一下算是同治朝另外兩個靈魂人物的結局問題：一個是慈安太后，一個是恭親王奕訢。

慈安太后死於光緒七年三月初十日（一八八一年四月八日），時年四十四歲。

慈安太后是「暴亡」的。之前一段時間，倒是慈禧太后身體不好，不能理政，都是慈安一個人在垂簾聽政。結果生病的慈禧太后沒有死，慈安太后倒在一天晚上突然死了。兩宮太后共同聽政，慈安的死，最大的受益者是慈禧。考慮到這兩點，許多人認為慈安是被慈禧害死的。

民間傳說慈安發現了慈禧的醜行，被慈禧滅口了。據說有一個姓金的男伶，受到慈禧專寵，隨意出入宮禁。那一段時間慈禧生病，慈安就到慈禧的住處探病，正撞上慈禧和金姓男伶躺在一起。慈安太后是咸豐皇帝的皇后，在禮法上地位高於貴妃身分的慈禧太后。她見狀就「痛責」了慈禧。慈禧嚇得當場認錯，並誅殺了那個男伶，但同時也對慈安起了殺心。

流傳更廣的一個說法是咸豐皇帝臨終前給慈安留有遺詔。咸豐皇帝看出慈禧的權力欲很強，心計重，擔心日後皇權旁落，專門寫下遺詔限制慈禧。遺詔內容是如果慈安日後發現慈禧有獨攬朝政、專權獨斷的情況，可以召集大臣懲治慈禧。多少年過去了，慈安和慈禧都相安無事。據說慈安生病的時候，慈禧還曾割肉給慈安治病。慈禧的溫良恭謹讓慈安產生了錯覺，以為慈禧不會出現咸豐擔心的情況。她天眞地把咸豐的遺詔拿出來給慈禧看了，看完說我們姐妹互信互敬，我看先帝的擔心是多餘的。於是慈安太后把咸豐的遺詔給燒了。可慈禧知道慈安手中竟然握有如此定時炸彈，內心大驚，表面對慈安表示感謝，回去後就籌畫著如何除掉慈安了。

不過對於慈禧具體是怎麼下手的，傳說就沒有進一步的說法了。清朝宮廷自然也公布了慈安的診斷紀錄。御醫們都證明慈安是正常死亡。親歷者翁同龢等人也入宮見到了御醫搶救慈安的情況，證明慈安正常死亡。

民間傳說慈安死後，慈禧把持慈安靈柩不讓大臣接近瞻仰，同時迅速安排了慈安下葬，有作賊心虛的嫌疑。實際情況是慈安的遺體停放寢宮，供大臣們瞻仰。大臣們看到慈安的遺容正常。所以，慈安之死可以認爲是突發急病不幸死亡。她能夠在複雜的咸豐、同治、光緒三朝善始善終，與她與世無爭的態度和平和的心態關係重大。

二

奕訢從前半生的積極進取轉變爲了後半生的消極退讓，因爲他遭受的打擊太多了。

奕訢的一生有許多不如意的地方。辛酉政變後，他本以爲能中興王朝，幹出一番事業來。儘管表面上辦了洋務、中外和睦、造了輪船，也有中國人會說洋話了，但是按照洋務大將李鴻章的話來說都不過是「紙糊」的把戲而已，並沒有起到富國強兵的作用。內憂外患在奕訢主政後期激發出來了。而奕訢又遇到了慈禧太后這麼一位比他更有手腕的政治家，屢屢失利，難免政治態度消極起來。

年紀大了，身體也不太好，雖然還是領班軍機大臣，奕訢處理政務不像以前那麼勤勉了。一八八四年中法戰爭爆發，奕訢經常缺席軍機處會議，遭人詬病。奕訢的心態已經老化了，更主要的是他對中外戰爭失去信心。四月八日，慈禧在奕譞的支持下突然發布懿旨，將以奕訢爲首的軍機處大臣全班罷免。這是慈禧繼辛酉政變以後，發動的第二次宮廷政變，稱「甲申易樞」。慈禧將奕訢免去一切職務，讓回家養病。做爲對他幾十年從政的肯定，慈禧保留奕訢「世襲罔替」親王的待遇，還賞賜親王雙俸。而換上來的奕劻、奕譞、世鐸等人能力遠不如奕訢，只是對慈禧太后惟命是從而已。

奕訢也不反擊，平靜地過起了退休生活，重拾筆墨，繼續以詩書自娛。比如他寫道：「紛紛擾擾起紅埃，長夏閒居門不開。心似蒙莊遊物外，玳簪珠履愧非才。」一副居門不出、不問世事的樣子。

有的時候七弟奕譞前來造訪，奕訢心存芥蒂。後來奕譞經常前來，還帶人到他家照相，奕訢對照相漸漸入迷。兄弟倆留下了許多單人照和合影，心裡的疙瘩也化解了。再後來，奕譞也在權力鬥爭中被慈禧弄了下來，也被安排「回家養病」了。奕譞沒有奕訢那麼好的修養，悶悶不樂寡言少語的，最後慫出病來了。奕訢還寫詩安慰奕譞：「擾擾人間是與非，醉鄉不去欲何歸。漫夸列鼎鳴鐘貴，還得山家藥筍肥。」

人生便是如此，不會總按照你的設想來走，而需要你去適應它的安排。奕訢把國事、家事和人生看得很開了，是是非非都動搖不了他的好心態。

光緒十七年（一八九一年），奕譞死了，同年與奕訢共事二十多年的好友寶鋆也死了。奕訢受到了很大的打擊。四年後（一八九五年），打擊接踵而來。中國在甲午戰爭中輸給了蕞爾小國日本。新式海軍，全軍覆沒，標誌著做為奕訢主政時期主要政績的洋務運動的徹底失敗。更大的打擊是，國家危亡，朝廷和慈禧要奕訢再次出山，主持大局。所謂的大局，就是向日本求和。日本方面也傳來消息，除非奕訢或李鴻章出面，不然不以其他人為談判對象。奕訢只能勉為其難，年過花甲再任領班軍機大臣。

在任上，奕訢支持李鴻章與日本談判，同意割地賠款。最後商定的中日《馬關條約》內容之苛刻、對中國危害之巨大，舉國譁然。慈禧看到條約內容對國家傷害太大，又見群情激憤，對是否接受條約猶豫不決。翁同龢等人主張拒絕批准條約，還為光緒帝擬定拒約的宣示稿。最後，慈禧、光緒讓軍機大臣們去恭王府找奕訢定奪和戰大計。奕訢認為中國已經沒有再戰可能，認為光緒應該儘早批准條約。條約簽訂後，奕訢再次成為眾矢之的，旋即去職。

光緒二十四年四月十日（一八九八年五月二十九日），恭親王奕訢突然病死。此時，維新變法的浪潮正席捲北京城，人們正在熱議祖宗之法的變與不變，奕訢對人們來說似乎是過去年代的一個回響。

珍妃井

珍妃與光緒的愛情悲歌

光緒皇帝和隆裕皇后大婚之夜，心情壞到極點的光緒一下撲在表姐隆裕的懷裡，號啕大哭。他對隆裕說：「姐姐，我永遠敬重你，可是你看，我多為難啊。」從在襁褓之中到走向墳墓，光緒皇帝從來就不能自己做主，一切都是被慈禧安排好的或者投慈禧喜好。唯一一次光緒想振作圖強的維新變法，則導致了慈禧和光緒關係的徹底惡化。光緒最後幾年的悲慘生活從此開始了。

親爸爸慈禧

一

同治死後無嗣，光緒皇帝載湉並非皇位的有力競爭者，是慈禧力排衆議將他迎立爲新皇帝的。當時，載湉只有四歲。

《翁同龢日記》記載諸王大臣對著同治皇帝的遺體哭靈完之後，都趕到養心殿朝見慈禧太后，商議新皇帝人選問題。慈禧太后詢問：「此後垂簾如何？」

兩年前，同治皇帝就已經親政了，兩宮太后垂簾聽政結束。現在慈禧不急著挑選皇帝卻想自己垂簾，大臣中馬上有人（疑爲恭親王奕訢）反對：「宗社爲重，請擇賢而立，然後懇乞垂簾。」

慈禧太后就說：「文宗（咸豐皇帝）無次子，今遭此變，若承嗣年長者，實不願，須年幼者，乃可教育。現在一語既定，永無更移，我二人（指與慈安太后）同此一心，汝等敬聽，則即宣曰醇親王之子載湉。」在這裡，慈禧以年幼者「乃可教育」爲理由，不願挑選年長宗室爲皇帝，挑選了醇親王奕譞的兒子載湉。奕譞是咸豐皇帝的七弟，娶了慈禧的妹妹生下了載湉。所以載湉既可算是慈禧的侄子又可算是慈禧的外甥，加上年紀很小，是想繼續攬權的慈禧的最佳人選。

根據《慈禧外紀》記述，載湉不是第一選擇，經過了一番討論才被扶立爲新君。當日養心殿內，兩宮太后對面而坐，王大臣們跪在地上。同治死後，阿魯特皇后正懷著身孕，她肚子裡的胎兒應該是皇位的第一繼承人。可是，慈禧首先發言否定了這個胎兒：「皇后雖懷有身孕，不知何日誕生，皇位不能久懸，宜即議立嗣君。」

恭親王奕訢反對：「皇后誕生之期已近，應暫祕不發喪，如生皇子，自當嗣立。如所生爲女，再立新帝不遲也。」

慈禧堅持說：「現在南方尙未平定，如知朝廷無主，其事極險，恐致動搖國本。」

慈禧的意見也有道理。一旁的慈安太后就說：「據我之意，恭王之子載澂可以繼承大統。」

載澂爲什麼成爲皇位的第二繼承人了呢？因爲和同治皇帝血緣最近的就是他的堂兄弟們，其中六叔奕訢的長子載澂又是堂兄弟中血緣最近的（載澂在宗法上是咸豐最大的侄子）。奕訢聽說要立自己兒子爲皇帝，連忙叩頭遜謝，連說不敢——自古兒子當皇帝的，老子的日子都不好過，何況還有一個強權太后在那呢。

既然堂兄弟不行了，慈安太后又提出第三個選擇，在同治的侄子輩中選擇：「在下一輩裡，按序當立者爲載治之子溥倫。」

載治是郡王兼貝勒，道光皇帝長子奕緯的兒子。他的兒子溥倫是同治皇帝侄子中最大的一個。載治聽說要立自己的兒子爲皇帝，也慌忙叩頭，連說不敢。慈禧太后見慈安太后提出的人選都不符合自己心意，越說越遠了，便親自出馬。她說載治是「過承子」否定了溥倫。原來，道光皇帝長子奕緯早死，載治是從遠支親屬中過繼而來的，宗法地位雖高，血緣卻很遠。

慈禧提出立奕譞之子載湉爲皇帝，並說：「宣即決定，不可再延誤！」

奕訢聞聽，怒謂奕譞：「立長一層，能全然不顧嗎？」他的憤怒其實是說給慈禧聽的。載湉無論是從宗法，從血緣，從年齡各方面考慮，都不是最佳人選。而且奕訢爲國家考慮，覺得年長者爲帝，對國家有利，所以反對立載湉爲皇帝。

最後，御前會議投票表決新皇帝人選。結果三人贊成立載澄，七人贊成立溥倫，十五人贊成立載湉。在慈禧的力挺下，載湉繼承了皇位，就是光緒皇帝。

也許是汲取和親生兒子同治皇帝母子不和的教訓，慈禧太后傾注了心血來撫育教導四歲的光緒皇帝。光緒的穿衣、吃飯、洗澡、睡覺等生活瑣事，慈禧都親自過問，甚至親力親爲。據說光緒的肚臍有病，慈禧就每天給他擦身子，衣服也要一天三換；光緒的身體虛弱，慈禧每天命令御膳房要葷素搭配，每天必須變換花樣，少食多餐。光緒從小膽子小，怕雷怕閃電，每當這個時候，他總會鑽進慈禧的懷裡。這個時候，慈禧也會緊緊地摟著他，拍他入睡。這些母愛，慈禧甚至都沒給過同治。

慈禧將光緒看作是自己的親生兒子，讓光緒喊自己「親爸爸」。

現代心理學告訴我們，一個人對另外一個人關心照顧越多，對他的期望值就越高，相反期望不能滿足時的失望也就越大。

二

光緒十三年（一八八七年），光緒皇帝十七歲了，應該娶妻成親，也可以親政了。和同治時代一樣，慈禧也開始操辦小皇帝的婚事。經過一番挑選，最後有五個女孩子進入最後的角逐，分別是：慈禧的侄女、副都統桂祥的女兒葉赫那拉氏，江西巡撫德馨的兩個女兒，禮部左侍郎長敘的兩個女兒。

五個女孩子全被叫到殿上來，由光緒皇帝親自挑選。慈禧和一群貴婦坐在後面。慈禧把一柄玉如意交到光緒手中，說：「皇帝看誰中選，你自己決定。誰被你選中皇后就授給玉如意。」光緒皇帝推託說：「這件大事當由皇爸爸（指慈禧）做主。子臣做不了主。」慈禧很大度地讓光緒自己做主，畢竟是終身大事。於是，光緒就拿著玉如意，上前端詳起五個女孩子來。他看中了德馨的女兒，在她面前停了下來，想把玉如意給她。突然，背後傳來慈禧太后低沉而有威嚴的喝聲：「皇帝！」光緒皇帝一驚，馬上明白了慈禧的眞實意思。她是要光緒「自由」地執行她的意思。無奈，光緒只好把玉如意遞給了慈禧的侄女、自己的表姐葉赫那拉氏。

慈禧對光緒所有的關愛，在選後這件事情上表現得清清楚楚。她的關愛是有目的的，就是要求光緒按照她的意思行事。慈禧想用關愛來培養一個俯首帖耳的皇帝。這是她和光緒日後矛盾爆發的根本原因。

光緒把玉如意遞給葉赫那拉氏後，慈禧爲防再出現差錯，便宣布立桂祥的女兒葉赫那拉氏爲皇后，也就是日後的隆裕皇后。長敘的十五歲和十三歲大的兩個女兒分別被選爲瑾嬪和珍嬪，德馨的兩個女兒被禮送出宮。有一種說法是選后前，長敘家賄賂了總管太監李蓮英萬兩白銀，希望李蓮英能夠做些手腳，讓自己兩個女兒中的一個被選爲皇后。李蓮英知道慈禧的眞實意思，覺得讓長敘的女兒爲皇后難以做到，退求其次，對慈禧進言，讓長敘的兩個女兒都留在宮中做了嬪妃做爲補償。而德馨既沒有背景又事先沒有活動，兩個女兒只能雙雙出宮了。

不能婚姻自主，對光緒皇帝的打擊很大。身爲皇帝，卻不能選擇自己心愛的女子。況且當時光緒正躊躇滿志準備親政，不想遭遇了人生大事的挫折，心裡委屈懊惱極了。慈禧指定給他的隆裕皇后比自己大三歲。表姐弟倆從小就在一起玩，光緒對表姐有好感，卻從未想過要娶她爲妻。隆裕皇后事後曾對弟弟德錫透露：當時在洞房裡，心情壞到極點的光緒一下撲在表姐隆裕的懷裡，號啕大哭，並對隆裕說：「姐姐，我永遠敬重你，可是你看，我多爲難啊。」慈禧讓光緒多親近皇后，光緒偏偏就沒有興趣。

其實隆裕也很爲難。她也沒有想到要和表弟結婚，她也是被慈禧指定爲皇后的。但是隆裕在傳統禮教中長大，思想保守，性格懦弱，咬咬牙接受了現實。德錫說：「偏偏隆裕皇后是一個舊時代的女人，學的是賢淑之道，欠缺的是政治遠見，比起珍妃來就差得更多了。這樣一來，老太后不但沒促成光緒和隆裕，反而更讓光緒冷落了隆裕。」

和同治的情況一樣，慈禧的亂點鴛鴦譜又造成了一對男女的悲劇。光緒和隆裕這對夫妻生活得很不快樂。

珍妃進宮

一

讓光緒皇帝驚喜的是，慈禧太后指定給他的珍嬪是個青春活潑的小姑娘，他很喜歡。

珍嬪入宮的時候只有十三歲，青春可愛，活潑好動，人也聰明，常常那跑跑這鬧鬧，笑聲不斷。紫禁城裡的人們都喜歡她，畢竟在深宮高牆內笑聲已經是久違了。就連慈禧太后，也對珍嬪這個小丫頭有好感。

光緒皇帝成長和生活的環境很壓抑，珍嬪像天使一樣給他帶來的大自然的清新之風，能讓他在煩惱的時候開懷大笑，能拉著他在平常之中尋找到樂子。光緒皇帝禁不住經常去找珍嬪。

「老太后在接觸中也發現珍妃的確是一個非常聰明漂亮的人，一時之間，好像找到了自己年輕時候的影子，因此，她也非常喜歡珍妃，並願意接近珍妃。」當然，慈禧的喜歡不是無緣無故的，也不是「免費」的，她對珍嬪的認可和喜歡是有條件的。那就是她希望珍嬪站在自己一邊，利用光緒對她的喜歡去影響光緒，讓光緒在思想上、行動上和太后保持一致。慈禧希望珍嬪能夠爲己所用，進而影響光緒也爲己所用。

但是慈禧忽視了一點前提條件：年輕的珍嬪是否和自己同心同德呢？

珍嬪和慈禧年紀相差很大，思想性情大不一樣。她還是個不懂事的小孩子，不明白宮中那麼複雜的權力布局，只是想讓自己的宮廷生活過得有滋有味。她把宮外的照相機等新玩意引進了宮廷，又喜歡女扮男裝，曾經裝扮成太監逗光緒皇帝玩。對慈禧的潛在意思和宮廷許多潛規則，珍嬪都領會不了，更不用說執行了。慢慢地，慈禧和她的關係就疏遠了，開始緊張起來。德錫說：「其實只是一件事情，讓兩個人鬧得比較僵，就是：老太后說珍妃不守婦道。因爲珍妃當時通過關係從外國人的手裡買了相機，在宮裡隨便照相，並且穿的衣服在當時來說是失了體面的。另外一個原因是當時老太后還沒有認識到照相機的作用，認爲是妖術、邪術。所以就很反對這些東西在皇族中使用，但即使是這樣，在當時的一些大臣家裡還是藏有相機。再一個讓老太后比較反感的事情就是珍妃喜歡穿著男服在宮裡走動，這讓老太后認爲給皇家丟了臉面。其實珍妃是一個很開朗大方的女人，有點大大咧咧的。但是當時的宮廷是非常嚴謹的，從來沒出現過這種情況。所以，她們之間還是產生了隔閡。」

珍嬪自身有許多毛病，除了年輕不懂事、貪玩外，還花錢大手大腳。她出身滿族世代權貴人家，錦衣玉食，講排場慣了，進宮後也是用度無計，對太監宮女時有賞賜，花錢如流水。清朝給後宮妃子們發「例錢」（也就是工資），珍嬪早早就花光了，暗中靠向姐姐瑾嬪借貸和吃老本過日子。有的時候，光緒皇帝也塞給珍嬪一點錢財，但很快也花完了。甲午戰爭期間，巨大的戰爭成本壓得清朝和光緒喘不過氣來。後宮以身作則，帶頭縮減開支，共度國難。這可把珍嬪給難倒了。珍嬪從小在富貴人家長大，不知道「節約」爲何物。本來日子就緊巴巴的，現在縮減開支，珍嬪的日子完全過不下去了。內心失去平衡開始驕縱的珍嬪失去了理智，決定搞創收——賣官。

珍嬪的能力著實不錯，很快就組成了一條「買官——賣官」的產業鏈。堂兄志銳負責拋頭露面，聯絡買主、提供商品；珍嬪負責給光緒吹枕邊風，塞條子請託。珍嬪還勾結奏事處太監，掌握人事消息，又拉攏住所景仁宮的太監上傳下達。買賣的官職也從縣官逐步上升爲道台知府，利潤可觀。珍嬪拿大頭，其餘由各個環節人等分配。看著源源不斷而來的錢財，珍嬪可以在緊縮銀根的背景下大把花錢了。她很享受這樣的生活。光緒依然寵信珍嬪，只當愛妃開始關心朝政了，沒有其他的想法。最後珍嬪賣官成了後宮半公開的祕密，蔓延到社會上，引起了騷動。

十九世紀末期，民間報紙和筆記閒書流行，爲我們記下了不少珍嬪賣官的趣聞軼事。江蘇蘇松太道道台的位置很重要。它名義上是管理蘇州、松江兩府和太倉州的道台，但駐紮在最先開放、迅速發展的大上海，兼管上海海關事務，俗稱「上海道」。這個職位既肥又職責重大，牽動東南，因此官員們雖然內心垂涎卻不敢貿然請任。有個叫魯伯陽的富豪，見上海道台出缺，就給珍嬪塞錢，想得到這個肥缺。光緒看到珍嬪請求任命魯伯陽爲上海道台的條子後，批准了，轉給軍機處。軍機處的各位大人浸淫官場幾十年，人脈極廣，可就是沒有聽說過魯伯陽這個人，查閱所有具備相關任職資格人員的檔案也沒有此人，只好不恥下問，詢問朝中大臣。滿朝大臣都不知道魯伯陽是何方神聖。軍機處只好回報光緒皇帝，不知魯伯陽爲何人，請皇上明示。光緒皇帝只見過珍嬪遞的條子，他也不知道魯伯陽爲何許人也，就說你們去吏部查查天下所有官員的資料的，我也不知道他是誰。當時禮親王是首席軍機大臣，聽光緒這麼一說，明白了。皇帝都不知道魯伯陽是誰，卻直接任命他爲官，一準是走後門的暴發戶，翻遍吏部檔案也不會有這個人的。禮親王聰明，回答說，既然皇上恩准特任了，就不用查了，發布委任狀吧。

珍嬪賣官事件中最出格的一次是任命一個叫做玉銘的人擔任四川鹽法道。地方主官赴任前要進宮「陛見」，接受光緒皇帝的詢問、告誡和慰勉。光緒一「關懷」就出事了。他先問玉銘的履歷：「你以前在哪個衙門任職啊？」光緒這是問他之前的官職。玉銘沒當過官，又不會說話，張嘴回答：「回皇上，奴才在木器廠當差。」話一出，朝堂上的大臣們都樂了，原來又是一個「特任」官員啊。光緒臉上也掛不住了，叫玉銘將履歷詳細寫來。玉銘就拿著紙張筆墨，跪到殿門外面寫去了。問題是玉銘壓根就不識字，玉銘不識字但是有錢，想買個官光宗耀祖，珍嬪和她兄弟也沒細問就收錢了。誰想還要當這滿堂文武的面寫字啊？好大一會兒，光緒問怎麼還沒把履歷交上來啊，太監出去一看，玉銘跪在地上，汗流浹背，只在紙張畫了歪歪扭扭幾條槓呢。新任四川鹽法道竟然不識字！消息傳出，輿論譁然。

於是就有大臣彈奏珍嬪賣官鬻爵了，還有人把消息捅到了慈禧太后那裡。此時的慈禧剛剛「歸政」光緒沒多久，對光緒掌權不放心，現在醜聞爆發，慈禧也爆發了。她當衆拷問珍嬪，從其住處搜獲記有賣官收入的帳本。之前，慈禧對珍嬪已經沒有了好感，現在賣官一事讓慈禧厭惡起了珍嬪這個恃寵揮霍、干涉朝政的后妃。據說，性情倔強的珍嬪和慈禧發生了激烈的言語衝撞。慈禧說她干預朝政，她就反唇相譏，說就慈禧「沒有」干政。慈禧勃然大怒，將珍嬪「褫衣廷杖」，也就是扒去衣服當衆杖打。這次懲罰很重，珍嬪先是「人事不省，六脈沉伏不見，抽搐氣閉、牙關緊急」，後來「周身筋脈顫動、痰中帶血」，經過二十多天臥床休息和治療才痊癒。

這是光緒二十年（一八九四年）十月月底的事情。之前珍嬪因爲慈禧六十大壽已經升爲珍妃，沒當幾天就被慈禧太后降爲貴人，姐姐瑾妃也受連累，被降爲貴人。珍妃手下的太監數十人，有的被發配充軍，有的被祕密處死，有的被立斃杖下，就連伺候珍妃的宮女也被驅逐出宮。

經過這件事後，慈禧很珍妃的關係決裂了。珍妃在後宮的日子很難過，經常受到慈禧的責罵。德錫在晚清宮中擔任侍衛，回憶說，在這種情況下珍妃曾經懷過孩子。但是就在珍妃懷孕大約三個月的時候，他們與慈禧之間的關係變得更加不好，還產生了比較大的衝突，珍妃頂撞了慈禧，於是慈禧就派人打了珍妃，光緒一看情況不好，馬上給慈禧跪下，並且告訴慈禧，珍妃已經懷孕了。這讓慈禧接受不了。因爲當年慈禧把隆裕嫁給光緒的時候，她的期望值是非常大的，據說還在懿旨中講明：他們的兒子就是將來皇位的繼承人。慈禧希望以此「把大清皇帝的血統與自己家族葉赫那拉氏緊緊聯繫在一起」。後來，慈禧通過一些手段讓珍妃流產了。婆媳兩人的關係就更差了。

一八九八年，戊戌變法失敗後，光緒皇帝被幽禁於中南海瀛台；珍妃也被幽閉於宮西二長街百子門內牢院。很多人認爲珍妃被打入冷宮，是因爲她支持光緒維新變法，與擅權專政的慈禧太后產生了直接矛盾。珍妃有個弟弟叫志錡，在戊戌變法期間和維新派關係密切，也有「嘗偵宮中密事，輸告新黨」的記載。但說珍妃在遭到慈禧懲處的情況下依然參與變法，則缺乏證據。很可能是慈禧鎮壓了維新變法之後，順帶著把討厭的珍妃打入冷宮。

二

一九九〇年，八國聯軍兵臨北京城下。慈禧攜帶光緒倉促西逃。臨行前，紫禁城樂壽堂前的井蓋被打開，珍妃掉到井裡死了，時年二十六歲。這就是珍妃落井事件。

在細節上，珍妃落井疑問重重。首先，凶手是誰？有人說是李蓮英推珍妃入井，有人說是太監崔玉貴推的，有人說是珍妃被逼自己跳入井中的。多數人認爲不管誰是直接凶手，慈禧肯定是幕後的黑手。不過德錫爲自己的姑姑慈禧辯解說：「（慈禧和珍妃關係不好，）但是隔閡歸隔閡，老太后要殺珍妃的心卻沒有。」他覺得這是一樁突發事件。

第二，珍妃爲什麼會被推入井中殺掉，難道僅僅是慈禧先前對她的惡感，還是另有原因？清宮末代大太監小德張過繼的孫子張仲忱在《我的祖父小德張》中說慈禧挾光緒西逃之時，珍妃正患天花，病臥在床。珍妃懇求放歸娘家養病。但這與宮中禮制不合，慈禧遂逼迫珍妃投井自盡。這又是一個珍妃掉井的版本。

第三，珍妃臨死前有什麼言行？許多作品提到珍妃反對慈禧裹脅光緒西逃，認爲西方對光緒皇帝友善，能夠接受光緒皇帝。在國破之際，光緒皇帝應該留在北京主持殘局。這恰恰打中了慈禧的軟肋：西方接受光緒不接受我慈禧，我留光緒在北京不是自棄權力，讓光緒掌權嗎？這可能導致慈禧下定決心要處死珍妃。那麼，珍妃在死前有無抗辯，有沒有提議光緒帝留在北京收拾殘局？

第四，光緒皇帝有無在場？

我們先來看看隆裕皇后是怎麼說的。民間流傳隆裕皇后和珍妃的關係很不好。因爲珍妃得寵，也因爲珍妃很聰明，把宮裡的典禮禮節學得很好，而隆裕皇后卻老出錯，結果許多宮中典禮只好由珍妃代替皇后來主持。這些都引起了隆裕的忌恨。

隆裕說：「很多人都說是我嫉妒告她黑狀，所以老太后派人把她推到井裡去了。其實事情是這樣的：當時與八國聯軍戰敗後，洋人軍隊打到了北京。於是在完全沒有取勝希望的情況下，老太后西行。當時的情況非常緊急，因爲誰也不清楚這幫洋人最後會幹什麼？會不會像燒圓明園那樣，把紫禁城也燒了。當然西行帶不了那麼多人，因爲人多了就會成爲負擔。但是因爲當時光緒是皇帝，而我是皇后，同時又是老太后的親侄女，要帶也只能帶我和皇上走。而其他的一些親屬就地回娘家躲避，妃子們也不例外。可是當時的珍妃非常氣盛，不服從老太后的指揮，並當場頂撞了老太后。在那個緊急時刻，珍妃一直對老太后說：『我是光緒的妻子，我要跟著去。你有偏見，皇后是您的侄女，所以您帶她走。所以我也請求你帶我走。』這就讓老太后非常難堪，帶走一個珍妃，就必須帶走瑾妃，還有其他的一些人，所以要開這個口子很難，加上洋人已經打到北京了，再不走就來不及了。於是老太后當時非常不高興，認爲珍妃根本不識大體。」

「從另外一層上講，本來老太后就對珍妃平日的作爲有點不高興，再加上這些緊急時刻的頂撞，老太后氣得臉色發白，直打哆嗦。在皇宮裡，大清朝幾百年來從來沒有人敢於這麼頂撞太后，即便是皇上都從來沒有過，何況一個珍妃。老太后也是一個非常要臉面的人，所以氣得當時抬腳就走，珍妃一直跟著老太后說自己的理由，於是就來到了距離珍妃住所不遠處。珍妃這時候還不死心，對太后說：『我是光緒的妻子，就要跟皇上在一起，不在一起，寧願死。活著是皇家人，死了是皇家鬼。』老太后一聽，就更加生氣，本來火燒眉毛的事情，哪還有時間吵架啊，於是就對珍妃說：『你願意死就死去吧。』當時說話的地方不遠處就有一眼井，於是珍妃緊走兩步，說：『那既然這樣，我就死給你看。』於是直接就奔井口去了。老太后一看情況不對，這孩子跟我頂撞兩句，怎麼還眞的去死啊。於是對崔玉貴說：『趕緊去拉住她。』但是這個時候已經晚了，當崔玉貴跑過去的時候，珍妃已經跳下去了。可老太后一看沒辦法了，內憂外患啊，於是沒來得及管她，就走了。」

按照隆裕的說法，珍妃堅持要隨太后皇帝一起逃難，慈禧不允許，兩人發生了激烈爭吵，說了過火的話。最後珍妃自己跳井了，慈禧讓崔玉貴去拉，結果沒拉住。事後，慈禧將珍妃的死歸罪於崔玉貴。德錫家的人證實，崔玉貴一度被趕出宮來，無處容身，被桂祥家收留了幾年，最後慈禧鬆口，崔玉貴才回到宮中。

但是根據慈禧身邊宮女和太監們的回憶，勾勒出來的珍妃落井的經過，卻和隆裕的講述大不一樣。伺候過慈禧的一個何姓宮女的相關回憶是：

逃跑是光緒二十六年，即庚子年的七月二十一日。頭一天的下午，老太后在樂壽堂屋裡睡午覺。我和往常一樣，陪伴在寢宮裡，背靠西牆，坐在磚地上，面對著門口。這是侍寢的規矩。突然，老太后坐起來了，撩開帳子。平常撩帳子的事是侍女幹的。今天很意外，嚇了我一跳。老太后匆匆洗完臉，一聲沒吩咐，竟自己走出了樂壽堂。我們跟隨老太后走到西廊子中間，老太后說：「你們不用伺候。」這是老太后午睡醒來的第一句話。我們眼看著老太后自個兒往北走，進了頤和軒。大約有半個多時辰，老太后從頤和軒出來，鐵青著臉皮，一句話也不說。我們是在廊子上迎老太后回來的。晚上便有人偷偷地傳說，老太后賜死珍妃，讓人把珍妃推到井裡了。我們更不能多說一句話。

珍妃落井當日守衛樂壽堂的太監唐冠卿的回憶是：

聯軍入京，崔玉貴率快槍隊四十人守蹈和門，予亦率四十人守樂壽堂。時甫過午，予在後門休息，突睍慈禧後自內出，身後並無人隨侍，私揣將赴頤和軒，遂趨前扶持。乃至樂壽堂後，后竟循西廊行，予頗驚愕，啓曰：「老佛爺何處去？」曰：「汝勿須問，隨予行可也。」及抵角門轉彎處，遽曰：「汝可在頤和軒廊上守候，如有人窺視，槍擊勿恤。」予方駭異間，崔玉貴來，扶后出角門西去，竊意將或殉難也，然亦未敢啓問。少頃，聞珍妃至，請安畢，並祝老祖宗吉祥。後曰：「現在還成話麼，義和拳搗亂，洋人進京，怎麼辦呢？」繼語音漸微，噥噥莫辨，忽聞大聲曰：「我們娘兒們跳井吧！」妃哭求恩典，且云未犯重大罪名。后曰：「不管有無罪名，難道留我們遭洋人毒手麼？你先下去，我也下去。」妃叩首哀懇。旋聞后呼玉貴。貴謂妃曰：「請主兒遵旨吧！」妃曰：「汝何亦逼我耶！」貴曰：「主兒下去，我還下去呢！」妃怒曰：「汝不配！」予聆至此，已木立神痴，不知所措。忽聞后疾呼曰：「把她扔下去吧！」遂有掙扭之聲，繼而砰然一響，想妃已墜井矣。斯時光緒帝居養心殿，尚未之知也。

何姓宮女和唐冠卿雖然沒有目睹，但旁聽了慈禧、珍妃、崔玉貴三人的對話和珍妃落井的聲音。兩人的回憶相互印證，加上何姓宮女還說民國初年崔玉貴親口講述了處死珍妃的經過，與唐冠卿所講的基本一樣。因此，慈禧讓崔玉貴殺死珍妃的事實被許多人採信。

一九〇一年，慈禧帶著光緒返京。珍妃屍體從井中被打撈上來，清廷追封她為珍貴妃。追封珍貴妃的諭旨說：「上年京師之變，倉卒之中，珍妃扈從不及，即於宮中殉難，洵屬書烈可嘉，恩著追贈貴妃位號，以是褒恤。」在這裡，慈禧掩飾了自己殺害珍妃的罪行，將珍妃之死說成來不及逃跑，在宮中「殉難」，給人珍妃國難當頭以身殉國的印象。珍妃因為「貞烈殉節」，所以晉升為貴妃。這是傳統後宮政治話語體系下的邏輯。

珍妃最初葬在阜成門外恩濟莊的宮女墓地，名實不符，也可以看出慈禧對她的眞實態度。民國二年（一九一三年），珍妃的姐姐瑾妃熬出了頭，成了端康皇太妃。她主持將珍妃遷葬光緒景陵妃嬪園寢，並修建了一個小靈堂供珍妃的牌位。靈堂上懸掛有「精衛通誠」的匾額，頌揚珍妃對光緒的一片眞情。這又是傳統後宮政治話語體系下的評價。

瀛台時光

一

慈禧鎮壓戊戌變法是她和光緒皇帝關係惡化的轉捩點。之前，慈禧雖然對光緒的行動有所掣肘，有所約束，但光緒多數時候可以自由施政，自由度相當大。兩人的關係也和和氣氣。之後，光緒被軟禁在瀛台至死，慈禧重新走回前台發號施令。

瀛台位於北京三海之南海，四面環水，北面一橋相通，主體建築是涵元殿。涵元殿原本是皇室遊覽、避暑的勝地，一八九八年九月後則成了光緒的囚禁地。慈禧派來的太監日夜監視著光緒帝。每天，光緒只有在上早朝的時候，才能被太監看押著走出瀛台。早朝時，光緒呆坐無語，散朝後再被押回瀛台。

是什麼導致慈禧和光緒關係急轉直下的呢？之前的說法是光緒任用康有爲等人推行的改革，侵犯了慈禧爲首的「后黨」的權力。而康有爲等人舉止失措，在改革面前被扼殺的時候竟然要「圍園捕后」（發兵圍困頤和園抓拿慈禧太后），激發了后黨的鎮壓。「圍園捕后」並非光緒的意思，卻讓慈禧誤解爲是光緒不忠不孝的惡行。這實在是變法期間光緒和慈禧缺乏溝通交流，所用的康有爲等人品行惡劣所致。慈禧太后發動政變後，斥責光緒道：「我撫養汝二十餘年，乃聽小人之言謀我乎？」光緒跪地渾身顫抖，良久才囁嚅道：「我無此意。」慈禧大罵：「痴兒，今日無我，明日安有汝乎？」沒有慈禧，可有光緒？這一句話，就注定光緒的維新變法不能繞開慈禧。

不主張變法的陳夔龍說：「光緒戊戌政變，言人人殊，實則孝欽（指慈禧）並無仇視新法之意，徒以利害切身，一聞警告，即刻由淀園還京。」慈禧也認識到清朝應該改革圖強，開始也支持光緒的舉措，可當康有爲等人要侵奪她的權力，特別是聽說要抓她時，就發動政變了。

支持變法的維新黨人王照則說：「戊戌之變，外人或誤會爲慈禧反對變法，其實慈禧但知權利，絕無政見，純爲家務之爭，故以餘人之見，若奉之以變法之名，使得公然出頭，則皇上之志可由屈而伸，久而頑固大臣皆無能爲也。」王照的關鍵認識是改革也是慈禧和光緒的「家務事」。康有爲慫恿光緒處處出頭、事事獨斷，讓慈禧心裡延誤。如果事事奉慈禧之名進行，維新變法可能就是另一種結局了。王照「亦屢向南海勸以此旨，而南海爲張蔭桓所蔽，堅持扶此抑彼之策，以那拉氏爲不可造就之物」。康有爲黨人對慈禧的仇視和忽視，導致了變法運動的失敗，也造就了光緒的個人悲劇。

二

與光緒開始瀛台囚禁生活相始終的是有關光緒「龍體欠安」的消息。

光緒的身體不好，這是事實。有人希望光緒的身體越來越差，最好是能夠早死。這些人包括在變法中被光緒處置的人、依附慈禧發動政變的人、囚禁光緒的人和覬覦皇位的人，等等。尤其是光緒的年紀比慈禧年輕很多，一旦慈禧死了，光緒就能夠名正言順地走回瀛台，處理朝政，處理那些敵人了。所以，光緒的病情在一八九八年之後成了朝野談論的焦點。御醫們忙著給瀛台的光緒看病，御醫不夠還向天下徵集名醫。朝廷公布光緒的病情越嚴重，反對慈禧的人就越覺得這是慈禧一黨的陰謀。

與光緒病情相呼應的是，慈禧開始緊鑼密鼓地給不到三十歲的光緒挑選繼承人了。

從感情上來說，慈禧實在是對光緒太失望了。她在光緒身上傾注了大量心血和關愛，希望光緒能夠延續自己的政治理念治理好國家，想不到光緒竟然信任康有為等人要抓拿自己，置自己於死地。她對光緒絕望了，決心找人替換光緒。所謂的「繼承人」是幌子，慈禧估計先挑選著，等待時機成熟就把光緒換下馬來。慈禧的這個主意，立刻在反對光緒的人群中迎來了喝彩聲。

一九〇〇年一月二十四日，清廷發布上諭，宣布立端郡王載漪之子溥儁為「大阿哥」。

這個載漪，沒有任何過人之處，慈禧也不太喜歡他。可載漪的妻子是桂祥之女、隆裕皇后的姐姐，也就是是慈禧的侄女。載漪的妻子常常圍著慈禧，討慈禧歡心。慈禧就選定了她的兒子，也就是自己的侄外孫溥儁來替代光緒——慈禧挑選皇帝的標準看起來很固定，主要是兩條：第一必須是葉赫那拉家的孩子，第二必須年幼無知。那個溥儁年紀就很小。你想光緒都不到三十歲，溥儁又是光緒的侄子兼繼子，能有多大啊。這個溥儁進宮「不樂讀書」，整天就和太監們玩耍，最喜歡做的事情是打水漂。

慈禧試探性的舉動，本想看看外界對可能廢黜光緒的反應，不料引起了軒然大波。

首先是列強明確反對廢黜光緒。光緒皇帝勵精圖治、變法自新的形象很得西方列強的喜歡。加上康有為等人在外國一個勁地「保皇」保光緒，使得列強都反對慈禧廢黜光緒。當然了，他們主要是怕中國皇帝更替導致政局不穩，危害到他們的在華利益。其次，地方督撫也反對廢黜光緒皇帝。他們也覺得光緒皇帝沒什麼過錯，突然廢立皇帝容易引起人心不穩地方難治。

宮廷不是不斷傳出光緒皇帝病重的消息嘛，不是向地方徵求名醫嘛，西方列強就照會中國政府，要求派西醫替光緒診治。慈禧沒料到洋人來這一招，百般不願，可又沒法拒絕。最後，慶親王奕劻出面安排了法國使館的德對福醫生為光緒診視。洋人公布的診視結果是光緒確實有病，比如腰痛、遺精、嘔吐等，但身體基本情況良好，飲食、運動都很正常，並非「病重」。據此，列強照會清朝現階段只承認光緒是中國的皇帝，不以其他人為交涉對象。

這下，算是把慈禧太后廢黜光緒的路給堵死了。慈禧受此挫折，把和洋人的新仇舊恨都聯繫起來，恨死了列強。剛好當年直隸山東地區興起的義和團「扶清滅洋」，說到了慈禧的心裡去。列強要求清朝鎮壓義和團，慈禧置之不理，還扶持義和團運動，希望給洋人看看厲害。就此，慈禧與洋人的矛盾激化了。隨著義和團殺洋人燒教堂，列強在華利益受到極大侵害，最終派兵來華保護。在天津大沽口，列強聯軍和清軍開戰了。慈禧不知道從哪裡得到了洋人的「照會」。「照會」要求慈禧歸政光緒、懲辦對外強硬分子、允許列強駐軍等等。慈禧失去判斷，向十一國列強宣戰，引發了八國聯軍侵華戰爭。

戰爭的結果是北京城第二次被列強聯軍攻陷，慈禧第二次逃亡。

一九〇〇年八月十五日，八國聯軍進攻北京了。慈禧如坐針氈，不知如何是好。突然，載瀾慌慌張張衝入宮內，急喊：「夷兵已入內城，要攻打東華門了！」慈禧大驚失色，沉靜片刻慌忙穿上太后宮服，想投水自盡。載瀾忙攔住太后，跪奏：「不如且避之，徐為後計。」慈禧想了想，脫去太后宮服，改穿普通農婦的青衣，臉也不洗、頭髮凌亂，打扮成逃難模樣，帶上若干侍衛宮人出宮，向西北方向逃去。光緒穿著一件黑紗長衫和黑布長裙，被太監從瀛台帶出，隨慈禧逃亡。之前，珍妃被推入井中，死了。

慈禧此次逃亡狼狽異常，一路狂奔連續餓了兩天，蓬頭垢面的，最後才在路上看到穿著骯髒官服的懷來縣知縣吳永來迎駕。慈禧太后竟然對著一個知縣，一把鼻涕一把淚地哭訴：「連日奔走，不得飲食，又冷又餓。途中口渴，命太監取水，井內竟有死屍。不得已采秫秸稈與皇帝共嚼。夜裡既無床鋪，只好躺在凳子上。晨夜寒氣透骨，難以忍耐。爾看我，全然一個鄉姥姥。今至此已兩日不得食，腹內殊餒，此間如有食物，趕快拿來。」吳永回答：「此處本已準備了肴席，已被潰兵搶掠。還有煮好的三鍋小米綠豆粥，也被搶食二鍋。僅餘一鍋，因恐粗糲，未敢上進。」慈禧太后也不嫌棄，把小米綠豆粥喝得津津有味。

八國聯軍之亂是慈禧政治生涯最大的失敗，而它很大程度上起源於慈禧和光緒的家庭矛盾。這場大亂的結果是清朝被迫接受《辛丑條約》，慈禧最擔心列強要求懲治自己的結果沒有出現。不過她和光緒應列強的要求將大清與列強的關係恢復到了一八九八年的狀態。溥儁被撤去大阿哥名號，遷出宮去，只領俸祿不得當差。溥儁之後無所事事，有人常見他在北京什剎海蒙古右羅王府後面一帶茶坊裡喝茶，最後不知下落了。

轉眼到了一九〇八年（光緒三十四年）十一月十四日。這一天上午，清朝宮廷又頒布一道徵召良醫上諭，稱從去年入秋以來，直隸、兩江、湖廣、江蘇、浙江各督撫先後保送了名醫多人來京診治光緒的疾病，卻沒有見效。光緒的病情反而加重了，「陰陽兩虧，標本兼病，胸滿胃逆，腰腿酸痛，飲食減少」，「夜不能寐，精神困憊，實難支持」。因此朝廷再次命令各省將軍、督撫遴選名醫，迅速保送來京候診。這本是一道很尋常的上諭，可各省的督撫可能都還沒看到這道上諭，光緒皇帝就在十四日下午酉時（五到七時）在瀛台涵元殿死了，終年三十七歲，無子嗣。上午發布的上諭就成了光緒皇帝的死亡預告書。

前一天（十一月十三日）午後，也正在生病的慈禧太后在寢宮召見軍機大臣之後，內閣即頒布兩道上諭，第一是讓醇親王載灃之子溥儀進宮教養，第二是任命醇親王載灃爲攝政王。聯繫到第二天光緒的死，慈禧顯然是在提前進行光緒死後的權力布局。難道慈禧她知道光緒會在第二天死亡嗎？

更蹊蹺的是，十一月十五日午後未時（一到三時），七十四歲的慈禧太后也死了，離光緒皇帝的死還不到二十小時。

人們很自然懷疑光緒的死是不是正常死亡，該不會是被慈禧或者其他人害死的吧？

除了兩人死亡前後的蹊蹺情形外，最大的懷疑還是慈禧死後光緒如果活著必然對許多人不利。一九〇四年，外間盛傳慈禧太后病危。日本駐華公使內田康哉專門詢問外務部侍郎伍廷芳：太后駕崩後，皇上命運會如何？伍廷芳婉轉地向內田表示：太后駕崩便是皇上身上禍起之時，「今圍繞皇太后之宮廷大臣，及監官等俱知太后駕崩即其終之時。於太后駕崩時，當會慮及自身安全而謀害皇上」。會不會是慈禧預感到自己來日不多，趕緊布置後事再把光緒殺掉呢？或者是袁世凱、李蓮英等得罪過光緒的人，怕光緒在慈禧死後反攻倒算，趕在慈禧死之前先害死光緒呢？這些懷疑合乎情理，之前朝廷不斷公布的光緒的病情可能就是陰謀的「伏筆」。

光緒和慈禧的病案和《起居注》保留了下來，大臣們的宮中日記等資料也留下來很多，通過對它們的解讀，一個基本事實是：慈禧太后病重之後，一直「病病怏怏」了十年的光緒皇帝的病情急劇惡化。一些名醫本以爲入京爲皇帝看病是名利雙收的好事，來京後紛紛發出「不求有功但求無過」的感慨，有人暗示「此中情形複雜」。在光緒生命的最後十幾天中，瀛台到底發生了什麼？這是後人猜測的一大疑團。近年來，清史專家利用現代科技檢測了光緒皇帝的遺骨和毛髮，證明光緒皇帝是被砒霜毒死的。光緒被毒殺的基本事實清楚了，但凶手是誰呢？沒有確切的結論。

如果是慈禧指使毒死的光緒，那麼這簡直是一場家庭人倫慘劇。

曾經伺候慈禧的宮廷女官德齡回憶說，光緒在瀛台的時候一直堅持學習外語，關注國內外時事。德齡離開清宮前，光緒私下告訴她「有意振興中國」。可惜，光緒皇帝沒有等來這樣的機會。

三

光緒和親爸爸慈禧一起走入了陵墓，隆裕皇后還得繼續枯燥苦悶的宮廷生活。

在許多歷史書中，隆裕的形象負面爲主。而在隆裕的弟弟德錫眼中，姐姐是一個溫良恭儉讓、與世無爭的好脾氣的人：「事實並不像人們想像的那樣。隆裕雖然長相不如珍妃，但是並不像人們所說的那麼壞。她在家時就對我們弟妹們很好，她很和善，樣子有點憂鬱，一點傲慢的意思都沒有。後來進了宮，她就更加憂鬱了。但是她還是對人很和善，別人覲見時向她問候或者致意，她總是以禮相待，從不多說一句話。老太后和光緒接見其他人時，隆裕也總是陪伴在場，但她坐的位置卻與他們有一點距離。有時候她從外面走進老太后和光緒所在的大殿，便站在後面一個不顯眼的地方，侍女站在她左右。這個時候有人會給她讓出位置來，但她還是不願意在更多人面前說話。她總是在別人不注意的時候，退出大殿或者到其他房中。每到夏天，隆裕總是孤獨地在侍女的陪伴下漫無目的地散步，她臉上常常帶著和藹安詳的表情，她總是怕打擾別人，也從不插手任何事情。到了冬天，她也是在身邊宮女的陪伴下寫寫書法，或者做點其他事情。就是這麼一個與世無爭的人，在死後人們還對她妄加指責，把老太后與珍妃的矛盾說成是她挑撥的，這是不對的。」（《我所知道的慈禧太后》）

德齡也對隆裕的印象很好：「皇后總是話不多，每天早上她都是第一個到太后寢宮問安，並告訴我們怎麼討太后歡心。一次太后早晨起來發脾氣，她告訴我說只有我才能讓太后情緒好起來，因爲太后最喜歡我了。我們吃完飯後到皇后那裡去，她總是問我們吃好了嗎？並且會時常賞賜我們一些小東西。」

好脾氣的隆裕的悲慘命運，肇因於慈禧「賜予」的婚姻。慈禧讓她走入了深宮大院，以爲能給她帶來幸福，卻事與願違。光緒不喜歡隆裕，隨著不斷遭遇打擊和挫折，他對皇后的態度也日漸惡劣。後期，隆裕和光緒過著事實分居的生活，幾乎沒有什麼交流。

光緒被囚禁瀛台的時候，隆裕在瀛台陪伴著丈夫。皇帝和皇后第一次也是唯一一次長時間地單獨在一起。當時光緒的情緒很糟糕，夫妻倆當天晚上就打了一架。隆裕就搬到了另外的一間房子去住。「但隆裕想撫慰光緒心情的想法並沒有變，在陪伴光緒的這段時間裡，隆裕儘量不去想皇宮裡發生的事情，彷彿除了瀛台，外邊的任何紛爭都與自己沒有關係。每天早上，隆裕照例要去問候光緒，並且陪著光緒一起吃早飯。剩下的時間，隆裕讓手下的太監們給她帶來小蠶蛹，開始自己動手養蠶。從孵化開始，一直到飼桑葉、結蠶架，然後繅絲，日子倒也過得順暢。同時也離開了紛爭，隆裕的心情大好。」

「當第一隻小蠶寶寶出生時，隆裕興奮得像個孩子，招呼光緒過來看她養的蠶寶寶。光緒在瀛台沒有什麼事情可做，也在反思自己對待後宮的行為，對隆裕似乎也有了一些同情。於是在隆裕招呼光緒看自己養的蠶寶寶時，光緒也非常驚奇，他沒想到隆裕還有這麼一手，對她的態度也漸漸好了起來。後來，兩個人就一起培育這些蠶。當然光緒是不插手做這些事情的，只是在旁邊不停地看，所有這一切，對於光緒來說，都是非常新鮮的。」（《我所知道的隆裕皇后》）

可惜的是，這樣的好日子沒過幾年，光緒死了，隆裕從皇后變成了皇太后。

慈禧對死後的權力結構的設計類似於當年自己和恭親王奕訢叔嫂聯合的樣子，布置了隆裕和載灃共治的局面。可隆裕沒有慈禧的能力和手腕，載灃也不是奕訢，隆裕和載灃的合作執政不到三年就走到了盡頭。清王朝風雨飄搖，南方革命黨起義風雲湧，內部又是袁世凱的北洋勢力在逼宮。隆裕手忙腳亂，先是讓載灃「回家休息」去，把權力交給袁世凱，結果就面臨是否終結清王朝的問題了。

一九一二年二月十二日，隆裕頒布了《清帝退位詔書》，親手終結了中國的王朝政治。這讓隆裕永遠刻在了史冊之中。

埋葬王朝的壓力讓原本脆弱的隆裕難以承受。她起居無常、飲食無節，常常在宮中沒有目的地行走，餓了就隨便吃點東西。退位的第二年（民國二年，一九一三年）隆裕就病逝了，享年四十五歲。隆裕死後，倍及哀榮。民國政府隆重召開了全國國民哀悼會，參議院參議長吳景濂主祭，並恭讀祭文，盛讚隆裕太后的遜位之德，以「堯舜禪讓」之心贊同「共和之美」。

其實「共和之美」與隆裕何干？她只是一個大動盪大變革時代一個不幸福的皇后而已。

隆裕曾經對弟弟德錫談了很多，其中有自我評價的內容：「從進入這個皇宮起，我的心就一天也沒踏實過。說實話，我沒進宮之前，就對皇宮沒什麼興趣。我是個與世無爭的人，在皇宮裡，恰恰是什麼事情都會有人給你下絆子。我以前就聽說過老太后怎麼在宮裡與陷害她的人做鬥爭，在這些方面，老太后是個聰明人，所以她成功了。別看後宮這些人舉止端莊，可私底下心眼很壞，這一點我是知道的。我想以我這樣的性格，如果皇上喜歡，我可以生活得舒心一點，如果皇上不喜歡，那就是我的命不好了。我知道，很多人質疑我的長相，可我當年也不輸給其他人。只是這種在夾縫裡生存的日子實在難熬，放在任何人身上，都是非常難過的。很多人都說皇上喜歡恪順皇妃，不喜歡我。也的確，入宮的時候，還是珍嬪恪順年紀小，才十三歲，而皇上也只有十七歲。都是小孩兒的心性，能玩在一起也不足為奇。在宮裡，我的歲數最大，所以我要舉止得體，不能跟著珍嬪亂瘋亂玩，這對於我來說是最基本的。珍嬪可以穿男裝逗皇上高興，而如果我穿上男裝跟皇上一起玩樂，這個皇宮成了什麼？好歹我有這個位置，所以要有自己的尊嚴，這也是皇上不太喜歡我的主要原因吧。」

從咸豐、慈禧時代開始，經同治、阿魯特皇后，再到光緒、隆裕，家庭生活都遠遠談不上幸福。看似無比尊貴的皇室，往往得不到幸福的家庭生活，這可能算是皇室的一大「特色」吧。

國家圖書館出版品預行編目(CIP)資料

王的女人：邂逅政治的紅顏／張程著. -- 初版. --
臺北市：遠流，2018.06
面；公分
ISBN 978-957-32-8298-3(平裝)
1. 后妃 2. 女性傳記 3. 中國
782.22 107007337

王的女人——邂逅政治的紅顏

作　　者——張程
總監暨總編輯——林馨琴
責任編輯——楊伊琳
特約編輯——林伯瀚、金文蕙
封面設計——小比
內頁編排——邱方鈺
行銷企畫——張愛華

發 行 人——王榮文
出版發行——遠流出版事業股份有限公司
地址：臺北市10084南昌路二段81號6樓
電話：（02）36926899　傳真：（02）23926658
郵撥：0189456-1
著作權顧問——蕭雄淋律師

2018年6月1日　初版一刷
新台幣定價320元　（缺頁或破損的書，請寄回更換）

ISBN 978-957-32-8298-3

YLib 遠流博識網
http://www.ylib.com　E-mail:ylib@ylib.com